JN119854

新型コロナ関連を
21問のQ&Aで解決!!

三訂版

多様な雇用形態をめぐる源泉徴収Q&A

税理士 深澤邦光［編著］

源泉徴収の基礎知識と実務のポイントを
Q&Aで丁寧に解説!!

- 適切な判断に役立つ裁決例・裁判例の要旨を厳選して収録
- パートタイマー・アルバイト・非居住者の取扱いも解決

一般財団法人 大蔵財務協会

はしがき（三訂版に当たって）

本書は、平成26年３月、多様な働き方と密接に関係する源泉所得税の取扱いにスポットをあてQ＆A形式で完結的に解説するとともに、パートタイマーやアルバイトで働く皆様の関心が高い「103万円の壁」「130万円の壁」等の疑問におこたえするものとして初版を発行、平成29年８月、税制改正や社会保険制度の改正内容等を踏まえた見直しを行い、改訂版を発行しました。

その後、平成30年には配偶者を中心とする非正規雇用者の働き方に対してより中立的な税制を目指す観点から、配偶者特別控除の適用範囲が拡大され、本年（令和２年）からは、寡婦（寡夫）控除が寡婦控除とひとり親控除に改正されたことから、こうした改正等を踏まえた所要の改訂を行うとともに新たな項目を追加するなど、その内容の充実に努め、この度、三訂版を刊行することとしました。

特に今回の改訂では、新型コロナウイルス感染症の感染拡大に伴う新たな生活・社会様式が求められるなど、変化する社会の中で発生する諸手当の支給や福利厚生事業の実施に伴う経済的利益に対する所得税の課税などの源泉徴収制度をめぐる疑問にこたえるとともに、源泉徴収に関係する裁決・判例の要旨を収録し、Q＆Aでは記述が難しい、取扱いや判断の事例を提供することにより、より理解を深めていただけるよう配意しました。

また、主たる納税者が配偶者控除を受けられるように、配偶者が103万円以内に給与収入を抑えるという就業調整は、配偶者特別控除の適用範囲拡大で解消されていますが、同金額は扶養控除の適用基準として、更に、家族手当の支給基準として多くの企業で援用されており、社会保険制度についても、加入対象者が106万円に拡大され、130万円は被扶養者の資格基準とされているため、今なお給与収入をその基準内に抑えるという傾向があります。そこで、パートタイマー等で働くに当たって、皆さんご自身の給与収入額と手取り額、主たる納税者の手取り額への影響を計算していただけるように内容を改めました。

初版・改訂版同様、源泉徴収事務を担当する皆さんの事務処理や、パートタイマーなどで働く皆さんの働き方の参考として、また、税の専門家である税理士の先生方にも実務の参考としてお役立ていただければ幸いです。

令和２年11月

執筆者　税理士　深　澤　邦　光
税理士　丸　田　　均
税理士　横　山　　馨

はしがき（改訂版に当たって）

本書を平成26年３月に出版させていただいて、その後、数度にわたり改訂版のお話をいただいておりましたがお応えすることができませんでした。

その間、「非正規雇用の現状と課題」、「外国人雇用状況」（厚生労働省のホームページ）によりますと、平成28年度平均の非正規雇用数は2,023万人で労働者全体の37.5％を占め、また、平成28年10月末現在の外国人労働者数も108万人を超え、いずれも過去最高を更新したと記載されており、本書の果たす役割がますます高まっているものと考えます。

また、平成29年度税制改正においては、配偶者を中心とする非正規雇用者が、主たる納税者の配偶者控除等が適用される103万円以内に給与収入を抑えるという就業調整の課題に対応するために、配偶者特別控除の適用範囲を拡大するなどの改正が行われ、平成30年分（個人住民税については平成31年度分）以降適用されることとなりました。

社会保険制度においても、被用者でありながら被用者保険の恩恵を受けられない非正規労働者に被用者保険を適用し、セーフティネットを強化することで、社会保険における「格差」を是正することなどを目的として、社会保険の加入対象者が拡大され、平成28年10月１日から適用されています。

本書では、こうした改正等を踏まえた所要の見直しを行うとともに、新たな項目を追加するなど、その内容の充実に努めました。

特に、配偶者がパートタイマーやアルバイトで働いた場合の給与収入と手取り額、また、配偶者の給与収入の額が主たる納税者の配偶者控除等にどのような影響を与えるのか、更に、家庭全体の手取り額がどのように変化するかなどについて、新たな観点から最適なデータに基づいてシミュレーションを行い、その結果を解説するとともに、税制改正の効果や社会保険制度改正の影響などについても検討を加えました。

初版本同様、源泉徴収事務を担当する皆さんの事務処理の参考として、また、パートタイマーやアルバイトとして働いている皆さん、これから働くことをお考えの皆さんの働き方を決めいただく際の参考としていただければ幸いです。

平成29年８月

執筆者　税理士　深澤邦光
税理士　丸田均
税理士　横山薫

はしがき

「非正規雇用の現状はどうなっているの？」（厚生労働省のホームページ）によりますと、非正規雇用は労働者全体の３分の１を超え、過去最高の水準となっており、なかでも契約社員や派遣社員が増加し、正社員として働く機会がなく非正規雇用で働いている者の割合も上昇傾向にあると記載されています。

一言に「非正規雇用」といっても、フリーターや契約社員、派遣社員のほか、高齢者の再雇用、家計の補助などを目的にパートタイマーとして働く者や、学生のアルバイトなど、その態様はさまざまで雇用形態は多様化しています。

更に、近年では外国人労働者の就労も増加しており、特に非居住者に支払う報酬等については、わが国の所得税法と各国と締結した租税条約の規定とが競合する場合は、租税条約の規定が優先的に適用されるなど、その取扱いが複雑となっています。

こうした方々の源泉所得税の計算と徴収・納付が適正に行われるためには、源泉徴収事務を担当する皆さんが、一般の源泉徴収事務に加え、正社員以外の社員に係る取扱いについても十分理解していただくことが重要となります。

また、正社員の皆さんは特に労働期間の定めがなく、所定労働時間がフルタイムであることなどから働き方について考える機会は少ないと思われますが、正社員以外の皆さんは、パートタイマーやアルバイトとしての労働の対価である賃金額に加えて、家族の主たる納税者の所得税や個人住民税の課税所得計算における配偶者控除や扶養控除、社会保険の被扶養者、家族手当等にも影響を及ぼすことから、どのような働き方をするかが大変重要となっています。

そこで、本書では、多様な働き方と密接に関係する取扱いにスポットを当てるとともに、一般的な源泉所得税の取扱いについてもＱ＆Ａ形式でわかりやすく解説するよう心掛けて編集しましたので、各企業の給与事務担当者や税の専門家はもとより、これからパートタイマーなどで働きたいとお考えの方など幅広い読者の皆さんのニーズにお応えできると思っています。

特に、本書には、パートタイマーやアルバイトで働く前に知っておきたい源泉所得税の基礎的な事項を第６章にまとめるほか、個人住民税や社会保険、家族手当等についても概括的に説明を加えるとともに、パートタイマーなどで得る賃金が、その世帯の手取額にどのように影響するかを、主たる納税者の所得階層別にシミュレーションしましたので、大いにご活用いただけるものと信じています。

本書にお気付きの点がありましたら編集部までご意見を賜りますようお願いいたします。

終わりに、本書の刊行の機会を与えていただきました一般財団法人大蔵財務協会の石坂理事長をはじめ、執筆に当たり終始ご協力をいただきました編集局の皆さんに心から感謝申し上げます。

平成26年２月

執筆者　税理士　深澤邦光
税理士　丸田　均
税理士　横山　薫

目　次

第１章　源泉徴収制度の基礎

第２章　非正規労働者に係る源泉徴収事務

第3章　海外から来て働いている方の源泉徴収

第4章　経済的利益と非課税制度

◆　特殊な給与　◆

第６章　給与所得に対する源泉徴収税額の計算例

第７章　パートタイマーなどで働く前に知っておきたい基礎知識

凡　例

所法…………所得税法
所令…………所得税法施行令
所規…………所得税法施行規則
所基通………所得税基本通達
復興財確法…東日本大震災からの復興のための施策を実施するために必要な財源の確保に関する特別措置法
実特法………租税条約の実施に伴う所得税法、法人税法及び地方税法の特例等に関する法律
実特令………租税条約の実施に伴う所得税法、法人税法及び地方税法の特例等に関する法律施行令
実特規………租税条約の実施に伴う所得税法、法人税法及び地方税法の特例等に関する法律施行規則
通則法………国税通則法
通則法令……国税通則法施行令
租税条約……日本と各国との租税条約
地法…………地方税法
地令…………地方税法施行令
措法…………租税特別措置法
最判…………最高裁判所判決
令和2年改正法……所得税法等の一部を改正する法律（令和2年法律第8号）

㈤　所法2③四…所得税法第2条第3項第4号

㈲　本書は、令和2年5月15日現在の法令・通達及び執筆時において筆者が知り得た情報に基づき解説しています。

第１章　源泉徴収制度の基礎

1－1　所得税の源泉徴収制度は

Q

源泉徴収制度の概要について教えてください。

源泉徴収制度とは、給与や利子、配当、税理士報酬などの所得を支払う者がその所得を支払う際に所定の方法により所得税額を計算し、支払金額からその所得税額を差し引いて国に納付することをいいます。

1　源泉徴収制度の意義

所得税は、所得者が自らその年の所得金額とこれに対する税額を計算し、これらを自主的に申告し、併せて税額を納付する、いわゆる「申告納税制度」が建前とされています。

一方で、特定の所得については、その所得の支払の際に支払者が所得税を徴収して納付する源泉徴収制度が採用されています。

この源泉徴収制度は、給与や利子、配当、税理士報酬などの所得を支払う者が、その所得を支払う際に所定の方法により所得税額を計算し、支払金額からその所得税額を差し引いて国に納付するというものです。

また、復興特別所得税においても、平成25年１月１日から令和19年12月31日までの間に生じる所得のうち、所得税の源泉徴収の対象とされている所得については、所得税を徴収する際に、復興特別所得税を併せて徴収し、徴収した所得税と併せて納付する源泉徴収制度が採用されています。

2　給与所得の年末調整等

この源泉徴収制度により徴収された給与所得に係る所得税及び復興

特別所得税の額は、通常は年末調整という手続を通じて、精算される仕組みになっています。

また、給与所得以外の報酬・料金等に対する源泉徴収税額については、源泉分離課税とされる利子所得などを除き、所得者自身が確定申告を行って精算していただきます。

■　【主な関係法令通達】　所法28、183、190、204、212

1－2 源泉徴収義務者は

Q

所得税を源泉徴収して国に納付する義務のある者とは、具体的にどのような者が該当するのですか。

Answer

所得税を源泉徴収して国に納付する義務のある者を源泉徴収義務者といいます。

給与所得等の源泉徴収の対象とされている所得の支払者は、例外となる一部の者を除き源泉徴収義務者となります。

パートタイマーやアルバイトしか採用していない者であっても、その者が家事使用人でない限り、給与の支払者は源泉徴収義務者となります。

1　源泉徴収義務者

源泉徴収義務者とは、源泉徴収に係る所得税や復興特別所得税を徴収して国に納付する義務のある者、即ち、給与等の支払をする者等をいいます。

源泉徴収の対象とされている所得の支払者は、それが会社や協同組合である場合はもちろん、官公庁や学校、個人や人格のない社団・財団であっても、源泉徴収義務者となります。

2　源泉徴収義務のない者

源泉徴収の対象とされている所得の支払者であっても、常時２人以下の家事使用人のみに対して給与の支払をする個人は、その支払う給与や退職手当について源泉徴収は要しないこととされています。

また、給与所得について源泉徴収義務を有しない個人が支払う弁護士報酬などの報酬・料金等については、源泉徴収を要しないこととされています。

3　給与支払事務所等の開設届出

給与の支払者は、次に掲げる事実が生じた場合には、その事実が生じた日から１か月以内に「給与支払事務所等の開設届出書」をその給与の支払事務所等を所轄する税務署長に提出する必要があります。

① 新たに給与の支払を取扱う事務所等を設けたこと（例えば、法人の設立、支店や営業所の開設等）

② 支店や営業所等で新たに給与の支払事務を取扱うこととなったこと

ただし、個人が新たに事業を始めたり、事業を行うために事務所を設けた場合には、「個人事業の開業等届出書」を提出することになっていますので「給与支払事務所等の開設届出書」を提出する必要はありません。

■【主な関係法令通達】　所法６、184、200、204②二、229、230、所規99
復興財確法８②

■【参考裁決例】　① 確定申告をしたことにより支払者の源泉徴収義務が消滅することはないとした事例（425ページ）

② 受給者が既に確定申告を行っているからといって、所得税を徴収し、納付する義務に影響を与えるものではないとした事例（425ページ）

●非居住者等から土地等を購入したとき

非居住者等から日本国内にある土地等を購入してその譲渡対価を国内で支払う者（事業者かどうかは問いません。）は、その対価を支払う際10.21％の税率により計算した額の所得税及び復興特別所得税を源泉徴収しなければなりません。

ただし、個人が自己等の居住の用に供するために土地等を購入した場合であって、その土地等の譲渡対価が１億円以下である場合には、その個人は源泉徴収をする必要はありません。

1－3　源泉徴収する時期は

Q

給与の支払が遅延していますが、源泉徴収は本来の給与支給日に行わなければいけないのでしょうか。

Answer

給与を実際に支払う日に源泉徴収を行ってください。

1　源泉徴収する時期（原則）

所得税及び復興特別所得税の源泉徴収をする時期は、現実に源泉徴収の対象となる所得を支払う際とされています。したがって、これらの所得を支払うことが定まっていても、現実に支払が行われるまでは、源泉徴収をする必要はありません。

なお、源泉徴収を行う際の「支払」には、現実に金銭を交付する行為のほか、元本に繰り入れ又は預金口座に振り替えるなどその支払の債務が消滅する一切の行為が含まれます。

2　源泉徴収する時期（例外）

源泉徴収は、給与や利子、配当、税理士報酬などの所得を支払う者が、その所得を支払う際に行うこととされていますが、次の場合には、それぞれ次により源泉徴収をすることとされています。

なお、実務においては、次の配当等及び役員賞与について源泉徴収の時期を誤る事例が多く見受けられますので、注意が必要です。

① 配当等（投資信託又は特定受益証券発行信託の収益の分配を除きます。）について支払の確定した日から１年を経過した日までにその支払がない場合・・・その１年を経過した日

② 法人税法第２条第15号に規定する法人の役員に対する賞与につ

いて支払の確定した日から１年を経過した日までにその支払がない場合・・・その１年を経過した日

㈲「役員」とは、法人の取締役、執行役、会計参与、監査役、理事、監事及び清算人並びにこれら以外の者で法人の経営に従事している者のうち一定の者をいいます。

③　非居住者又は外国法人が配分を受ける組合契約事業から生ずる利益について、組合契約に定める計算期間の末日の翌日から２か月を経過する日までに金銭等の交付がされない場合・・・その２か月を経過する日

④　割引債の償還差益・・・その割引債の発行の際

⑤　割引債（一定の割引債を除きます。）の償還金（平成28年１月１日以降に支払われるものに限ります。）に係る差益金額・・・その償還金の支払の際

■【主な関係法令通達】　所法181②、183②、212⑤、措法41の12③、41の12の２②、復興財確法28、所基通181～223共−１

1－4　給与等とは

Q

給与等の支払をする者は所得税を源泉徴収して国に納付する義務があると聞いていますが、給与等の支払とは、どのようなものをいいますか。

Answer

給与等とは、給料、賃金、賞与等その名目のいかんにかかわらず、雇用関係又はこれに準ずる関係に基づいて提供される労務の提供の対価として勤務先から支払われるものをいいます。

1　給与所得の意義

所得税法では、給与所得について「給与所得とは、俸給、給料、賃金、歳費及び賞与並びにこれらの性質を有する給与に係る所得をいう。」と規定しています。

そして、「給料、賃金、賞与等その名目のいかんにかかわらず、雇用関係又はこれに準ずる関係に基づいて提供される労務の提供の対価として支払われるもの」が給与と解されています。

したがって、税務上は、給料・賞与・賃金・俸給、月給・週給・日給、固定給・歩合給、定期給・臨時給（賞与）、手当、現物給与などの名称は、名目や性質を指すものに過ぎず、勤務先から勤務の対価として受け取る報酬はすべて給与に該当することになります。

2　給与所得に含まれる報酬・手当等

給与所得とは、「雇用契約又はこれに類する原因に基づき使用者の指揮命令に服して提供した労務の対価として受ける給付」をいいますので、会社との間では委任関係にある役員が受ける報酬、家族従業員に支払う専従者給与も含まれます。

■【主な関係法令通達】　所法28、36、57、所基通36-15

1－5　給与所得となる「これらの性質を有するもの」とは

Q

給与所得とは、給料、賃金、賞与のほか、これらの性質を有するものをいうとされていますが、「これらの性質を有するもの」にはどのようなものがありますか。

Answer

「これらの性質を有するもの」とは、使用人等に支給する残業手当や家族手当等の各種手当や住宅等の無償提供などの経済的利益が含まれます。

しかし、例外として、通勤手当のうち一定の金額以下のものなどを非課税としていますので注意が必要です。

パートタイマーやアルバイトが支払を受ける手当や経済的利益についても同様の取扱いとなります。

1　各種手当

残業手当や休日出勤手当、職務手当等のほか、家族手当、住宅手当なども原則として給与所得となりますが、通勤手当のうち一定金額以下のものや旅費のうち通常必要と認められるものなどは例外として非課税となります。

2　経済的利益

食事の現物支給や商品の値引販売など本来従業員が負担すべき費用等を会社が代わりに負担した場合には、従業員が経済的利益を得たとみなし、給与所得として課税されます。

これらの経済的利益を一般に現物給与といいますが、使用者側の業務遂行上の必要から支給されるものやその評価が困難又は換金性に欠けるもの、また、受給者側に物品などの選択の余地がないものなど、金銭で支払う給与とその性質が異なるため、特定の現物給与については、課税上金銭給与とは異なった取扱いが定められています（1－7～1－9参照）。

■【主な関係法令通達】　所法９、28、36、57、36-15

1－6　各種手当の取扱いは

Q

従業員には一般に基本給のほかに通勤手当や残業手当等が支給されますが、これらの手当等を受けた場合の取扱いを教えてください。

Answer

各種手当等は、原則的には通常の給与と同様に源泉徴収の対象となりますが、例外としてその性質上非課税となるものがあり、具体的な取扱いは次のとおりとなります。

なお、パートタイマーやアルバイト、契約社員等が受けるこれらの手当等の取扱いについても、同様です。

1　各種手当等の課税上の取扱い

役員や使用人に支給する手当は、原則として給与所得となります。

具体的には、正規の勤務時間以外の勤務に対して支給される残業手当や休日出勤手当、職務の責任の重さに応じて支給される職務手当等のほか、所得者の扶養の有無・人員に応じて支払われる家族手当、所得者の住居費用に充てるために支払われる住宅手当なども給与所得となります。

2　非課税所得となる手当

非課税となる手当の主なものは次のとおりです。

①　通勤手当　：　通勤手当のうち、1か月当たりの合理的な運賃等の額として、150,000円以下のもの（4－1～4－3参照）

②　旅費　：　通常勤務する場所を離れてその職務を遂行するために行う旅行の費用等で、通常必要と認められる範囲のもの（4－4、

4－5参照）

③　宿日直料　：　１回の宿日直について支給される金額のうち、4,000円（食事が支給される場合には、4,000円から食事の価額を控除した残額）までの部分の金額

④　深夜勤務者の食事代　：　深夜勤務者（午後10時から翌日午前5時）に対し、夜食の提供ができないため、これに代えて給与に加算して支給される食事代で、その支給額が勤務１回につき300円以下のもの（4－7参照）

■【主な関係法令通達】　所法９①四、五、所令20の２、所基通９－３、28－１、36-24、昭59直法６－５、平元直法６－１（平26課法９－１改正）

■【参考裁決例】　救急病院等に勤務する医師等に対する宿直料は、本来の職務に従事したことに対する対価であるから、所得税基本通達28－１ただし書は適用できないとした事例〔426ページ〕

1－7　現物給与とは

Q

金銭で支給される給与のほかに、現物給与というものがあるそうですが、どのようなものか教えてください。

Answer

永年勤続者の記念品や創業記念品など金銭以外の物品等で支給されるものを一般的に現物給与といい、原則として課税の対象とされます。

なお、パートタイマーやアルバイト、契約社員等が受けるこれらの現物給与の取扱いについても、同様です。

1　現物給与の意義

給与所得の金額の計算上、収入金額とすべき金額又は総収入金額に算入すべき金額は、別段の定めがあるものを除き、その年において収入すべき金額（金銭以外の物又は権利その他経済的な利益をもって収入する場合には、その金銭以外の物又は権利その他経済的な利益の額）とされています。

そして、金銭以外の物又は権利その他経済的な利益の価額は、その物若しくは権利を取得し、又はその利益を享受する時における価額とされ、これら金銭による支給以外の経済的利益を一般的に「現物給与」といいます。

2　現物給与は原則として給与所得を構成

現物給与は以下のような物又は権利その他の経済的利益をもって支給され、原則として給与所得の収入金額を構成し、源泉徴収の対象となります。

①　物品その他の資産を無償又は低い価額により譲り受けたことに

よる経済的利益

② 土地、家屋、金銭その他の資産を無償又は低い対価により借り受けたことによる経済的利益

③ 福利厚生施設の利用など②以外の用益を無償又は低い対価により提供を受けたことによる経済的利益

④ 個人的債務の免除を受け又は他人がその債務を負担したことによる経済的利益

なお、一定の要件を満たすものについては、課税の対象から外されていますので留意してください（１－８参照)。

■【主な関係法令通達】　所法36①、②、所基通36-15

1－8 現物給与であっても課税されないものは

Q

現物給与であっても、課税しなくてよいものがあるそうですが、どのようなものか教えてください。

Answer

食事の支給や創業記念品等の支給のうち、一定の要件を満たすものについては課税しなくてよいこととされています。

1　課税されない現物給与

特定の現物給与については、使用者側の業務遂行上の必要から支給されるものや換金性に欠け評価が困難であるなどの理由から、課税上、金銭による給与とは異なった取扱いが以下のように定められています。

2　主な非課税となる現物給与

① 食事の支給　：　従業員等に支給する食事については、使用者の負担額が一人当たり月額3,500円以下で、従業員等が食事の価額の半額以上を負担していること（4－13、4－14参照）

② 創業記念品等の支給　：　創業記念等として支給する記念品については、社会通念上記念品としてふさわしいもので、その処分見込価額が10,000円以下、かつ、概ね５年以上の期間ごとに支給するものであること（4－18参照）

③ 商品、製品等の値引販売　：　従業員に対する取扱商品・製品の値引販売については、販売価格が取得価額及び通常他に販売する価額の概ね70％以上で、値引率がすべての従業員に一律等であり、かつ、一般の消費者が家事のために通常消費すると認められる程度の数量であること（4－19参照）

④　福利厚生施設の運営費等の負担　：　福利厚生施設を利用した従業員等が受ける経済的利益で、その額が著しく多額であると認められないもの（４-20参照）

⑤　レクリエーション費用の負担　：　従業員等のレクリエーションのために、社会通念上一般的に行われていると認められる会食、旅行、演芸会、運動会等の経済的利益で、その額が少額で、少額不追求の範囲内と認められるもの（４-23参照）

⑥　社宅等の貸与　：　従業員に無償又は低額の賃貸料で社宅や寮を貸与することにより供与する経済的利益については、賃貸料相当額の50％以上の賃貸料を徴収していること（４-24、４-25参照）

⑦　その他の経済的利益　：　金銭の無利息貸付け、生命保険料や損害保険料の負担、少額な保険料で一定の要件を満たすもの（４-26参照）

■【主な関係法令通達】　所令321、所基通36-22、36-23、36-28、36-30、平元直法６-１（平26課法９-１改正）

1－9　現物給与の評価は

Q

会社が取扱う商品や製品を低額で譲り受けたり、金銭を無利息で借り入れたことなどにより受ける経済的利益の額は、どのように算定するのでしょうか。

Answer

従業員が自社の取扱い商品や製品を低額で譲り受けた場合や、金銭を無利息で借り入れた場合などは、その現物給与（経済的利益）の態様（種類）に応じてそれぞれ評価します。

1　評価の必要性

従業員等が会社から受ける現物給与は、原則として課税の対象とされ、その者の通常の給与等に現物給与に係る利益の額を加算して源泉徴収を行うことになります。

このため、従業員等が受けた現物給与に係る利益の額を算定する必要があります。

2　評価の原則

現物給与に係る利益の額の評価は、次の表のとおりその物を取得し、又は経済的利益を享受する時における時価によって行うことを原則としています。

区　分	評　価　の　方　法
商品・製品（有価証券・食事を除く）	その支給時における次に掲げる価額により評価します（所基通36―39）。 (1)　使用者において通常他に販売するものである場合 ①　製造業者が自家製品等を支給する場合・・・製造業者の販売価額 ②　卸売業者が取扱商品を支給する場合・・・・卸売価額 ③　小売業者が取扱商品を支給する場合・・・・小売価額 (2)　使用者において通常他に販売するものでない場合 ・・・その商品等の通常売買される価額 ただし、その商品等が、役員又は使用人に支給するために使用者が購入したものであり、かつ、購入時からその支給時までの間にその価額にさして変動がないものであるときは、その購入価額によることができます（所基通36-39(2)）。
有価証券	その支給時の価額により評価します（所基通36-36）。 (注)　発行法人から与えられた新株等を取得する権利を除きます。
保険契約等に関する権利	その支給時に契約を解除したとした場合に支払われることとなる解約返戻金の額（解約返戻金のほかに支払われることとなる前納保険料の金額、剰余金の分配額等がある場合には、これらの金額との合計額）（所基通36-37）。
食事	次に掲げる金額により評価します（所基通36-38）。 (1)　調理して支給するもの・・・その食事の主食、副食、調味料等に要する直接費の額に相当する金額 (2)　飲食店等から購入して支給するもの・・・その食事の購入価額に相当する金額
用役	その用役につき通常支払われるべき対価の額により評価します（所基通36-50）。ただし、非課税とされるレクリエーションの行事に参加した従業員等が受ける経済的利益で、その行事に参加しなかった従業員等（使用者の業務の必要に基づき参加できなかった者を除く。）に対してその参加に代えて金銭が支給される場合に受けるものについては、その参加しなかった従業員等に支給される金銭の額に相当する額とされます。

区　分	評　価　の　方　法
利息相当額	次に掲げる利率により評価します（所基通36-49）。 ⑴　使用者が他から借り入れて貸し付けた場合・・・その借入金の利率 ⑵　その他の場合・・・貸付けを行った日の属する年の租税特別措置法第93条第２項（利子税の割合の特例）に規定する特例基準割合（注１）による利率（注２） ㈱１　特例基準割合とは、各年の前々年の10月から前年の９月までの各月における銀行の新規の短期的約定平均金利の合計を12で除して計算した割合として各年の前年12月15日までに財務大臣が告示する割合に、年１％の割合を加算した割合をいいます。 　平成20年以降の特例基準割合（利率）の推移は次のとおりです。

貸付を行った年	貸付利率
平成20年	4.7%
平成21年	4.5%
平成22年～25年	4.3%
平成26年	1.9%
平成27年～28年	1.8%
平成29年	1.7%
平成30年～令和２年	1.6%

２　⑵の場合で、平成25年12月31日以前に貸付けを行ったものについては、貸付けを行った日の属する年の前年の11月30日を経過する時における日本銀行法第15条第１項第１号の規定により定められる商業手形の基準割引率に年４％を加算した利率により評価します。

■【主な関係法令通達】　所法36②、所基通36-36～36-39、36-49、36-50

1－10　扶養控除等申告書の提出は

Q

「給与所得者の扶養控除等申告書」は、どのような場合に提出しなければならないか教えてください。

Answer

国内において給与の支払を受ける者は、原則として「給与所得者の扶養控除等申告書」をその年の最初に給与の支払を受ける日の前日までに給与の支払者へ提出しなければならないとされています。

1　扶養控除等申告書の提出

「給与所得者の扶養控除等申告書」は、給与の支払を受ける者が、その給与について配偶者控除や扶養控除、障害者控除などの控除を受けるための手続で、その年の最初に給与の支払を受ける日の前日（中途就職の場合には、就職後最初の給与の支払を受ける日の前日）までに、同申告書に該当する事項等を記載した上、給与の支払者へ提出しなければならないとされています。

なお、2か所以上から給与の支払を受けている場合には、原則として、そのうちの1か所にしか提出することができません。

「給与所得者の扶養控除等申告書」の提出がない場合は、源泉徴収税額表の「乙欄」（「甲欄」より高い税率となっています。）を適用して源泉徴収税額が算出され、年末調整も受けられないことになりますので注意が必要です。

2　扶養控除等異動申告書の提出

当初提出した申告書の記載内容に異動があった場合には、その異動の日後、最初に給与の支払を受ける日の前日までに異動の内容等を記載した「給与所得者の扶養控除等異動申告書」を提出してください。

3　従たる給与についての扶養控除等申告書の提出

「従たる給与についての扶養控除等申告書」は、2か所以上から給与等の支払を受ける者で、主たる給与等の支払者から支給されるその年中の給与の額（給与所得控除後の金額）が次の①と②の金額の合計額に満たないと見込まれる者が主たる給与等の支払者（この支払者を「従たる給与の支払者」といいます。）の下で源泉控除対象配偶者に係る配偶者（特別）控除や扶養控除を受けるために提出します。

① 主たる給与の支払者から支給される給与につき控除される社会保険料等の額

② その者の障害者控除額、寡婦（寡夫）控除額（令和3年1月1日以降は、寡婦控除額又はひとり親控除額）、勤労学生控除額、源泉控除対象配偶者について控除を受ける配偶者（特別）控除額、扶養控除額及び基礎控除額の合計額

4　主たる給与と従たる給与との間の源泉控除対象配偶者等の移替え

主たる給与の支払者に申告した源泉控除対象配偶者や控除対象扶養親族を年の中途で従たる給与の支払者に移し替えることはできますが、従たる給与の支払者に申告した源泉控除対象配偶者や控除対象扶養親族を年の中途で主たる給与の支払者に移替えすることはできません。

■ **【主な関係法令通達】**　所法194、195①、所令316の2、317、所規73、73の2、所基通194・195－5

1－11　扶養控除等申告書へのマイナンバー記載は

Q

扶養控除等申告書にマイナンバー（個人番号）を記載しなくてもよい場合があるとのことですが、それはどのような場合ですか。

Answer

給与支払者が従業員等のマイナンバー（個人番号）等を記載した一定の帳簿を備えている場合には、そこに記載された従業員等が提出する扶養控除等申告書にはマイナンバー（個人番号）を記載する必要はありません。

1　扶養控除等申告書へのマイナンバーの記載省略

扶養控除等申告書には、基本的には従業員等のマイナンバー（個人番号）を記載する必要がありますが、給与支払者が扶養控除等申告書に記載されるべき従業員本人、控除対象配偶者又は控除対象扶養親族等の氏名及びマイナンバー（個人番号）等を記載した帳簿を備えている場合には、その従業員等が提出する扶養控除等申告書にはその帳簿に記載されている者のマイナンバー（個人番号）を記載する必要はありません。

なお、「給与所得者の配偶者控除等申告書」及び「所得金額調整控除申告書」については、従業員本人のマイナンバー（個人番号）などの記載は不要ですが、配偶者のマイナンバー（個人番号）の記載が必要です。

2　マイナンバー等を記載した帳簿

マイナンバー等を記載した帳簿は、次の申告書の提出を受けて作成されたものに限るとされています。

① 給与所得者の扶養控除等（異動）申告書

② 従たる給与についての扶養控除等（異動）申告書

③ 給与所得者の配偶者控除等申告書

④ 退職所得の受給に関する申告書

⑤ 公的年金等の受給者の扶養親族等申告書

⑥ 所得金額調整控除申告書

また、給与支払者が備えている帳簿に記載された従業員等の氏名又はマイナンバー（個人番号）と給与支払者に提出する扶養控除等申告書に記載すべき従業員等の氏名又はマイナンバー（個人番号）とが異なる場合には、マイナンバー（個人番号）の記載を不要とする取扱いをすることはできません。

㊟1　1の取扱いは、「従たる給与についての扶養控除等申告書」、「退職所得の受給に関する申告書」及び「公的年金等の受給者の扶養控除親族等申告書」についても同様です。

2　年末調整関係書類のうち、「給与所得者の保険料控除申告書」及び「給与所得者の（特定増改築等）住宅借入金等特別控除申告書」については、マイナンバー（個人番号）の記載は不要です。

■【主な関係法令通達】　通則法124、所法195、198⑥、203の５、所令73、措法41の３の４①

1－12 定期的に支払われる給与に対する源泉徴収は

Q

給与等から源泉徴収をする際に用いる税額表には「月額表」と「日額表」の２種類があるそうですが、どのように使い分けるのでしょうか。

Answer

給与所得の源泉徴収税額表には「月額表」と「日額表」があり、原則として、「月額表」は月ごとに支払う給与から源泉徴収する際に、「日額表」は毎日支払う給与から源泉徴収する際に用います。

1　給与所得の源泉徴収税額表

給料や賃金等を月々（又は日々）支払う際に源泉徴収する税額は、「給与所得の源泉徴収税額表」によって求めます。

2　月額表を適用する給与

月額表を適用して税額を計算する給与には、次の３つのものがあります。

①　月ごとに支払われる給与

通常の給与のほか、いわゆる日給月給のように計算の期間を日額で定めて１か月分ずつ支給する給与も、年俸幾ら幾らと定めてそれを毎月分割して支払う給与も、この月ごとに支払われる給与に含まれます。

②　半月ごと、旬ごとに支払う給与

半月ごとや10日ごとに支払う給与については、その給与の２倍又は３倍に月額表を適用して求めた税額を２又は３で除して計算します。

③ 月の整数倍の期間ごとに支払われる給与

例えば、役員報酬半期4,800,000円と定め、６か月分を半期末に支給するような場合には、その給与の月割額に月額表を用いて求めた税額をその月数倍して計算します。

3 日額表を適用する給与

日額表を適用して税額を計算する給与には、次のようなものがあります。

① 毎日支払う給与

通常の日給や日雇賃金がこれに該当します。

② 月額表を適用できない給与

給与を、週ごとや３日ごと、５日ごとなどのように支払う場合、臨時雇用者に対して６日分を支払うような場合、また、通常は月ごとに支払うこととしているが、中途就職者や中途退職者に対して日割計算により支払う場合で、例えば17日分とか22日分というような「月額表」を使用できない給与であるときは、すべて日額表を適用して計算します。

月額表と日額表の適用区分

区分	支給方法	適用区分	税額の求め方
月額表を使用	毎月支給	甲(又は乙)欄(注1)	その給与等の金額の甲（又は乙）欄の税額表により求めた金額
	半月ごとに支給	甲(又は乙)欄	その給与等の金額を２倍した金額について、甲（又は乙）欄の税額表により求めた税額を２分の１した金額
	旬ごとに支給	甲(又は乙)欄	その給与等の金額を３倍した金額について、甲（又は乙）欄の税額表により求めた税額を３分の１した金額
	月の整数倍ごとに支給	甲(又は乙)欄	その給与等の金額を月額にした金額について、甲（又は乙）欄の税額表により求めた税額を整数倍した金額
日額表を使用	毎日支給	甲(又は乙)欄	その給与等の金額の甲（又は乙）欄の税額表により求めた金額
	毎週支給	甲(又は乙)欄	その給与等の金額を７分の１した金額について、甲（又は乙）欄の税額表により求めた税額を７倍した金額
	日割で支給	甲(又は乙)欄	その給与等の税額をその給与等の支払の計算の基礎となった期間の日数で除して計算した金額（日割額）について、甲（又は乙）欄の税額表により求めた税額に、その期間の日数を乗じた金額
	日雇賃金(注2)	丙欄	その日給の金額に丙欄の該当する税額により求めた金額

(注)１　適用区分「甲（又は乙）欄」とあるのは「扶養控除等申告書」の提出の有無により、その提出がある場合は「甲欄」を、ない場合は「乙欄」を適用することを示します（１-13、２-10参照）。

２　「日雇賃金」とは、日々雇い入れられる者が、労働した日又は時間によって算定され、かつ労働した日ごとに支払を受ける給与等をいいます。

ただし、同一の給与の支払者から継続して２か月を超えて賃金の支払を受ける場合には、その２か月を超える部分の期間につき支払を受ける給与は、ここでいう「日雇賃金」には含まれません。

■【主な関係法令通達】　所法185、所令309、所基通185-１～５

1－13　「甲」欄、「乙」欄等の適用は

Q

「月額表」には「甲」欄、「乙」欄が、「日額表」には「甲」欄、「乙」欄及び「丙」欄があるとのことですが、これらの適用区分について教えてください。

Answer

給与所得の源泉徴収税額表には「月額表」と「日額表」があり、それぞれの「甲」欄、「乙」欄及び「丙」欄の適用区分は、給与の支給形態や「給与所得者の扶養控除等申告書」の提出の有無に応じて適用します。

1　「甲」欄、「乙」欄及び「丙」欄の適用区分

「給与所得の源泉徴収税額表」には「月額表」と「日額表」があり、「月額表」には「甲」欄、「乙」欄が、「日額表」には「甲」欄、「乙」欄、「丙」欄がありますが、それぞれの適用区分は、給与の支給形態と「給与所得者の扶養控除等申告書」の提出の有無等によって異なります（2-11参照）。

2　具体的な適用区分

具体的には次表のとおり適用します。

給与の支給形態	使用する税額表	扶養控除等申告書の提出の有無	適用する欄
①　月ごとに支払うもの ②　半月ごと、旬ごとに支払うもの ③　月の整数倍の期間ごとに支払うもの	月額表	有	甲欄
		無	乙欄
④　毎日支払うもの ⑤　週ごとに支払うもの ⑥　日割で支払うもの	日額表	有	甲欄
		無	乙欄
⑦　日雇賃金（注）	日額表	（提出不要）	丙欄

㈱「日雇賃金」とは、日々雇い入れられる者が、労働した日又は時間によって算定され、かつ労働した日ごとに支払を受ける給与等をいいます。

ただし、同一の給与の支払者から継続して２か月を超えて賃金の支払を受ける場合には、その２か月を超える部分の期間につき支払を受ける給与は、ここでいう「日雇賃金」には含まれません。

■【主な関係法令通達】　所法185、所令309、所基通185－８～10

1－14 賞与に対する源泉徴収は

Q

賞与を支給したときに適用する税額表と、源泉徴収税額の算出方法を説明してください。

Answer

賞与に対する源泉徴収税額は、通常、「賞与に対する源泉徴収税額の算出率の表」を用いて求めますが、「月額表」を用いて求める場合もあります。

1　税額表等の適用区分

賞与に対する源泉徴収税額は、一般の場合には、「賞与に対する源泉徴収税額の算出率の表」を用いて算出しますが、賞与の支給を受ける者が、その支給を受ける月の前月中に賞与以外の普通の給与の支給を受けていない場合など、特殊な賞与の場合には月額表を用いる場合もあります。

具体的には次表のとおり適用します。

区分	賞与の支給区分	使用する税額表	扶養控除等申告書の提出の有無	適用する欄
1	前月中に賞与以外の普通給与の支払がある者に支払う賞与（前月中の普通給与の10倍を超える賞与を除きます。）	算出率表	有	甲　欄
2			無	乙　欄
3	前月中の普通給与の10倍を超える賞与	月額表	有	甲　欄
4			無	乙　欄
5	前月中に賞与以外の普通給与の支払がない者に支払う賞与	月額表	有	甲　欄
6			無	乙　欄

2　源泉徴収税額の算出方法

賞与に対する源泉徴収税額の具体的な算出は次のとおり行います。

なお、下表の「３の場合」から「６の場合」の算出例は、賞与の計算の基礎となった期間を６か月とした場合であり、その期間が６か月を超えるときは、「６」を「12」と読み替えてください。

上記１の区分	算　出　方　法
１の場合	①　前月中に支払を受けた普通の給与（社会保険料控除後）の金額　➡「算出率表」の「甲」欄の扶養親族等の数に応じる「賞与の金額に乗ずべき率」 ②　源泉徴収税額 ＝ ①の率 × 賞与（社会保険料控除後）の金額
２の場合	①　前月中に支払を受けた普通の給与（社会保険料控除後）の金額　➡「算出率表」の「乙」欄の「賞与の金額に乗ずべき率」 ②　源泉徴収税額 ＝ ①の率 × 賞与（社会保険料控除後）の金額
３の場合	①　賞与（社会保険料控除後）の金額 ÷ 6 ②　①の金額 ＋ 前月中に支払を受けた普通の給与（社会保険料控除後）の金額 ③　②の金額に基づき「月額表」の「甲」欄の扶養親族等の数に応ずる「税額」を算出 ④　③で求めた税額 － 前月中に支払を受けた普通の給与の額に対応する税額 ⑤　源泉徴収税額 ＝ ④で求めた税額 × 6
４の場合	①　賞与（社会保険料控除後）の金額 ÷ 6 ②　①の金額 ＋ 前月中に支払を受けた普通の給与（社会保険料控除後）の金額 ③　②の金額に基づき「月額表」の「乙」欄の対応する「税額」を算出 ④　③で求めた税額 － 前月中に支払を受けた普通の給与の額に対応する税額 ⑤　源泉徴収税額 ＝ ④で求めた税額 × 6
５の場合	①　賞与（社会保険料控除後）の金額 ÷ 6 ②　①の金額に基づき「月額表」の「甲」欄の扶養親族等の数に応ずる「税額」を算出 ③　源泉徴収税額 ＝ ②で求めた税額 × 6

上記１区分	算　出　方　法
6の場合	①　賞与（社会保険料控除後）の金額 ÷ 6 ②　①の金額に基づき「月額表」の「乙」欄の対応する「税額」を算出 ③　源泉徴収税額 ＝ ②で求めた税額 × 6

■ 【主な関係法令通達】　所法186

1 −15　源泉徴収をした所得税の納付手続きは

源泉徴収をした所得税の納付手続を教えてください。

徴収した源泉所得税や復興特別所得税は、「給与所得・退職所得等の所得税徴収高計算書」（以下「納付書」といいます。）を作成して、最寄りの金融機関や郵便局、税務署窓口で納付します。

また、一定の方法によりコンビニエンスストアでも納付することができるほか、ダイレクト納付、インターネットバンキング又はクレジットカード納付等を利用して電子納税することもできます。

1　現金に納付書を添えて納付する方法

⑴　金融機関又は所轄の税務署で納付する場合

現金に納付書を添えて、金融機関（日本銀行歳入代理店）又は住所地等の所轄の税務署の納税窓口で納付してください。

※　納付書（一般用）は、税務署又は所轄の税務署管内の金融機関で用意しています。

　また、金融機関に納付書がない場合には、所轄の税務署にご連絡ください。

⑵　コンビニエンスストアで納付する場合

現金を添えて、次の①又は②の方法によりコンビニエンスストアに納付を委託して納付します。

なお、いずれの場合も利用可能額は30万円以下となっています。

①　コンビニ納付（バーコード）

税務署から送付又は交付されたコンビニ納付専用のバーコード付納付書を使用します。

②　コンビニ納付（QRコード）

自宅のパソコン等で作成したQRコードをコンビニエンスストアの端末機で読み取らせて納付書を出力し、これにより納付します。

2　ダイレクト納付、インターネットバンキング等又はクレジットカード納付を利用して電子納税する方法

電子納税は自宅に居ながらにして国税の納付が可能となることから、金融機関の窓口まで出向かなければならない、あるいは窓口の受付時間内しか納付できないなどの場所・時間的な制約がなくなるというメリットがあります。

ダイレクト納付、インターネットバンキング等及びクレジットカード納付の手続等の概要は次のとおりです。

(1)　ダイレクト納付の手続

ダイレクト納付とは、e-Tax（国税電子申告・納税システム）により申告書等を提出した後、納税者本人名義の預貯金口座から、即時又は指定した期日に、口座引落しにより電子納付する手続であり、その利用に当たっては、事前に税務署へe-Taxの利用開始手続を行った上、専用の届出書を提出する必要があります。

(2)　インターネットバンキング等からの納付

インターネットバンキング等からの納付とは、インターネットバンキングやATM等により電子納付する手続であり、その利用に当たっては、取引先の金融機関にインターネットバンキング口座又はモバイルバンキング口座を開設する必要があるほか、事前に税務署へe-Tax（国税電子申告・納税システム）の利用開始手続を行う必要があります。

(3)　クレジットカード納付の手続

クレジットカード納付とは、インターネット上でのクレジットカード支払の機能を利用して、国税庁長官が指定した納付受託者へ、

国税の納付の立替払を委託することにより国税を納付する手続です。

その具体的な利用は、「国税クレジットカードお支払サイト」（国税庁長官が指定した納付受託者が運営する国税のクレジットカード納付専用の外部サイト）にアクセスして必要事項を入力します。

㈰　各納付手続の詳細等については、「電子納税の詳細」（国税庁e-Taxホームページ）や「クレジットカード納付のQ＆A」（国税庁ホームページ）等でご確認ください。

■　**【主な関係法令通達】**　所法183①、190、220、所規80、通則法34、34の3

1－16　源泉徴収をした所得税の納期限は

源泉徴収をした所得税の納期限を教えてください。

Answer

徴収した源泉所得税や復興特別所得税は、原則として源泉徴収の対象となる所得を支払った月の翌月10日までに納付します。

1　納期限

源泉徴収した所得税及び復興特別所得税は、原則として、給与などを実際に支払った月の翌月10日が納期限となります。

しかし、納期の特例の承認を受けている場合は、１月から６月までの支払分は７月10日、７月から12月までの支払分は翌年１月20日が納期限となります。

なお、これらの日が日曜日、祝日などの休日や土曜日に当たる場合には、その休日明けの日が納期限となります。

2　納期の特例承認

給与の支給人員が常時10人未満の源泉徴収義務者は、源泉徴収した所得税及び復興特別所得税を、その年の１月から６月までと、７月から12月までの年２回にまとめて納めることができる特例が定められています。

ただし、この特例の対象となるのは、給与や退職金、税理士や弁護士、司法書士などの一定の報酬から源泉徴収をした所得税及び復興特別所得税に限られています。

この特例を受けるためには、「源泉所得税の納期の特例の承認に関する申請書」（以下、「承認申請書」という。）を、給与等の支払を行う事務所などの所在地を所轄する税務署長に提出する必要があります。

この承認申請書を提出した日の翌月末日までに税務署長から承認又は却下の通知がない場合には、その申請月の翌月末日に承認があったものとされ、申請月の翌々月の納期分からこの特例が適用されます。

なお「常時10人未満」とは、平常の状態において10人に満たないことをいい、多忙な時期等に臨時に雇い入れたパートタイマーやアルバイトがいる場合はその者を除いて判定します。

■【主な関係法令通達】　所法183、199、204、212、216、217、復興財確法28、通則法10②、通則法令２②

1－17　年末調整は

なぜ年末調整を行うのか教えてください。

Answer

年末調整とは、１年間の給与総額が確定する年末にその年に納めるべき税額を計算し、それまでに徴収した税額との過不足額を求め、その差額を徴収又は還付し精算する手続をいいます。

1　年末調整

１年間の給与総額が確定する年末に、給与の受給者がその年に納めるべき税額を計算し、それまでに給与の支給者において毎月（日）の給与の支払の際に「源泉徴収税額表」によって所得税及び復興特別所得税を源泉徴収した税額との過不足額を求め、その差額を徴収又は還付し精算する手続を「年末調整」と呼んでいます。

このことにより、給与所得者は、現に勤務している会社等から受ける給与以外に所得がないか、あっても少額である者が大部分を占めていることから、それらの者は確定申告などの手続を行う必要がなくなります。

2　年末調整の対象者

年末調整は、原則として給与の支払者に「扶養控除等（異動）申告書」を提出している人の全員について行いますが、例外的に年末調整の対象とならない人もいます。年末調整の対象となる人とならない人を区分して示すと次のとおりであり、それぞれそのいずれかに該当する人です。

年末調整の対象となる人	年末調整の対象とならない人
(1)　１年を通じて勤務している人 (2)　年の中途で就職し、年末まで勤務している人 (3)　年の中途で退職した人のうち、次の人 ①　死亡により退職した人 ②　著しい心身の障害のため退職した人で、その退職の時期からみて、本年中に再就職ができないと見込まれる人 ③　12月中に支給期の到来する給与の支払を受けた後に退職した人 ④　パートタイマーとして働いている人などが退職した場合で、本年中に支払を受ける給与の総額が103万円以下である人（退職後本年中に他の勤務先等から給与の支払を受けると見込まれる場合を除きます。） (4)　年の中途で海外の支店等に転勤したことなどの理由により、非居住者となった人（非居住者とは、国内に住所も１年以上の居所も有しない人をいいます。）	(1)　左欄に掲げる人のうち、本年中の主たる給与の収入金額が2,000万円を超える人 (2)　左欄に掲げる者のうち、災害により被害を受けて、「災害被害者に対する租税の減免、徴収猶予等に関する法律」の規定により、本年分の給与に対する源泉所得税及び復興特別所得税の徴収猶予又は還付を受けた人 (3)　２か所以上から給与の支払を受けている人で、他の給与の支払者に扶養控除等（異動）申告書を提出している人や、年末調整を行なうときまでに扶養控除等（異動）申告書を提出していない人（月額表又は日額表の乙欄適用者） (4)　年の中途で退職した人で、左欄の(3)に該当しない人 (5)　非居住者 (6)　継続して同一の雇用主に雇用されないいわゆる日雇労働者など（日額表の丙欄適用者）

3　年末調整を行う時

年末調整は、原則として本年最後に給与の支払をするときに行うこととなっていますので、通常は12月に行いますが、次に掲げる人についてはそれぞれ次の時に行います。

年末調整の対象となる人	年末調整を行う時
(1)　年の中途で死亡により退職した人 (2)　著しい心身の障害のため退職した人で、その退職の時期からみて、本年中に再就職ができないと見込まれる人 (3)　12月中に支給期の到来する給与の支払を受けた後に退職した人 (4)　パートタイマーとして働いている人などが退職した場合で、本年中に支払を受ける給与の総額が103万円以下である人（退職後本年中に他の勤務先等から給与の支払を受けると見込まれる場合を除きます。） (5)　年の中途で海外の支店等に転勤したことなどの理由により、非居住者となった人	退職の時 退職の時 退職の時 退職の時 非居住者となった時

■　【主な関係法令通達】　所法190、191、192、復興財確法30

1－18　年末調整のための準備と手続きは

Q

年末調整のためにはどのような準備が必要ですか。また、その手順を教えてください。

年末調整に当たっては、まず、「給与所得者の扶養控除等（異動）申告書」などに基づいて各種の控除額を確定する必要があり、そのために各種の控除を受けるための申告書を従業員から提出していただくことからはじまります。

1　年末調整のための準備

年末調整で受給者が申告書を提出することにより受けられる控除は次の表のとおりです。

申　告　書	控　　除
1「令和××年分　給与所得者の扶養控除等（異動）申告書」	扶養控除、障害者控除、寡婦控除、ひとり親控除、勤労学生控除
2「令和××年分　給与所得者の基礎控除申告書」	基礎控除
3「令和××年分　給与所得者の配偶者控除申告書」	配偶者控除、配偶者特別控除
4「令和××年分　所得金額調整控除申告書」	所得金額調整控除
5「令和××年分　給与所得者の保険料控除申告書」	生命保険料控除、地震保険料控除、社会保険料控除（申告分）、小規模企業共済等掛金控除（申告分）
6「令和××年分　給与所得者の（特定増改築等）住宅借入金等特別控除申告書	（特定増改築等）住宅借入金等特別控除

2　年末調整の手続き

手　順	手　　続　　き
1	その年の１月１日から12月31日までの間に支払うべきことが確定した給与の合計額を計算するとともに、「年末調整等のための給与所得控除後の給与等の金額の表」を使って給与所得控除後の給与の額を求めます。
2	給与所得控除後の給与の額から基礎控除、扶養控除や各種保険料控除等を差し引いて課税給与所得金額を求めます。
3	この課税給与所得金額に「令和○○年分の年末調整のための所得金額の速算表」を適用して税額を求めます。
4	年末調整で住宅借入金等特別控除を行う場合には、この控除額を税額から差し引きます。
5	この控除額を差し引いた税額に102.1％を乗じた税額から100円未満を切り捨てた税額がその人が１年間に納めるべき所得税及び復興特別所得税になります。
6	源泉徴収をした所得税及び復興特別所得税の合計額が１年間に納めるべき所得税及び復興特別所得税額より多い場合には、その差額の税額を還付します。 また、源泉徴収をした所得税及び復興特別所得税の合計額が１年間に納めるべき所得税及び復興特別所得税額より少ない場合には、その差額の税額を徴収します。

㈱1　課税給与所得金額に1,000円未満の端数があるときは、これを切り捨てます。
　2　課税給与所得金額が18,050,000円を超える場合は、年末調整の対象となりません。

3　給与所得控除額

給与所得の金額は、その年中の給与等の収入金額から給与所得控除額を控除した残額とされています。

この給与所得控除額は、給与等の収入金額に応じて、次のように定められています。

給与等の収入金額	給与所得控除額
180万円以下	収入金額 × 40% － 10万円 （最低控除額55万円）
180万円超　360万円以下	収入金額 × 30% ＋ ８万円
360万円超　660万円以下	収入金額 × 20% ＋ 44万円
660万円超　850万円以下	収入金額 × 10% ＋ 110万円
850万円超	195万円

㈱　給与等の収入金額が660万円未満である場合には、「年末調整等のための給与所得控除後の給与等の金額の表」で給与所得の金額を求めますので、上記の計算とは若干異なる場合があります。

■　【主な関係法令通達】　所法28③、④、190～192、194、195の２、195の３、196、所法別表第５、措法41の２の２、復興財確法28、30

1－19 給与所得者の基礎控除申告書と所得金額調整控除申告書は

Q

年末調整のための資料の一つとして、給与所得者の基礎控除申告書と所得金額調整控除申告書の提出を求められましたが、これらの申告書はどのような人が、どのような目的で提出するのでしょうか？

Answer

給与所得者の基礎控除申告書や所得金額調整控除申告書は、給与所得者が年末調整において基礎控除や所得金額調整控除を受けるための申告書です。

これらの控除を受けようとする給与所得者は、その年の最後に給与を受ける日の前日までに、給与の支払者に提出する必要があります。

なお、これらの控除の具体的な内容等は次のとおりです。

1　基礎控除

基礎控除について、合計所得金額が2,400万円を超える所得者についてはその合計所得金額に応じて控除額が逓減し、合計所得金額が2,500万円を超える所得者については基礎控除を適用できないこととされました。

このため、給与所得者が年末調整において基礎控除の適用を受けようとする場合に、「給与所得者の基礎控除申告書」にその年中の合計所得金額の見積額等を記載して給与の支払者に提出するものです。

なお、所得者のその年中の年末調整の対象となる給与の収入金額が2,000万円を超える場合には、年末調整を行うことができませんので、この申告書を提出する必要はありません。

2　所得金額調整控除

所得金額調整控除とは、その年の給与等の収入金額が850万円を超える居住者で、特別障害者に該当するもの又は年齢23歳未満の扶養親族を有するもの若しくは特別障害者である同一生計配偶者若しくは扶養親族を有するものの総所得金額を計算する場合に、給与等の収入金額（その給与等の収入金額が1,000万円を超える場合には、1,000万円）から850万円を控除した金額の100分の10相当額を、給与所得の金額から控除するというものです。

給与所得者が年末調整において所得金額調整控除の適用を受けようとする場合には、「所得金額調整控除申告書」に所要の事項を記載して給与の支払者に提出する必要があります。

なお、所得者のその年中の年末調整の対象となる給与の収入金額が850万円以下である場合には、この控除の適用を受けることはできませんので、この申告書を提出する必要はありません。

■　**【主な関係法令通達】**　所法86①、190①二ホ、195の３、措法41の３の３①⑤、41の３の４

1－20　配偶者控除、扶養控除等は

扶養控除等人的控除にはどのようなものがありますか。

Answer

年末調整の際に控除される人的控除としては、基礎控除、配偶者控除、扶養控除がその代表的なものです。

1　人的所得控除

所得税は、納税者の担税力に応じた課税を行うなどのため、各種の控除を行うこととしていますが、年末調整の段階で控除される人的控除の種類及びその控除額は次の表のとおりです。

種　類		控　除　額
(1)　基礎控除		（最高）480,000円
(2)　配偶者控除	一般の控除対象配偶者	（最高）380,000円
	老人控除対象配偶者	（最高）480,000円
(3)　配偶者特別控除		（最高）380,000円
(4)　扶養控除	一般の控除対象扶養親族（年齢16歳以上　下記以外）	380,000円
	特定扶養親族（年齢19歳以上～23歳未満）	630,000円
	老人扶養親族（年齢70歳以上） 同居老親等以外の者	480,000円
	同居老親等	580,000円
(5)　障害者控除	一般の障害者	270,000円
	特別障害者	400,000円
	同居特別障害者	750,000円
(6)　寡婦控除		270,000円
(7)　ひとり親控除		350,000円
(8)　勤労学生控除		270,000円

2　各種人的控除の適用要件

各種人的控除とその控除額は１の表のとおりですが、ここでは人的控除の代表的な制度である基礎控除、配偶者控除及び扶養控除について、その具体的な内容を説明します。

なお、配偶者特別控除については１－21を、ひとり親控除、寡婦控除については１－22を参照ください。

⑴　基礎控除

基礎控除とは、所得者の合計所得金額が2,500万円以下である場合に、その所得者本人の所得金額から48万円を限度として、所得者の合計所得金額に応じて控除するというもので、具体的には次の表のとおりです。

所得者の合計所得金額	控除額
2,400万円以下	48万円
2,400万円超2,450万円以下	32万円
2,450万円超2,500万円以下	16万円
2,500万円超	0円

⑵　配偶者控除

配偶者控除とは、所得者（合計所得金額が1,000万円以下の人に限ります。）が控除対象配偶者を有する場合に、その所得者本人の所得金額の合計額から38万円（配偶者が老人控除対象配偶者の場合は48万円）を限度として、所得者の合計所得金額に応じた金額を控除するというもので、具体的には次の表のとおりです。

所得者の合計所得金額	控　除　額	
	控除対象配偶者	老人控除対象配偶者（注）
900万円以下	38万円	48万円
900万円超950万円以下	26万円	32万円
950万円超1,000万円以下	13万円	16万円
1,000万円超	0円	0円

(注)「老人控除対象配偶者」とは、控除対象配偶者のうち、その年の12月31日現在の年齢が70歳以上の者をいいます。

(3) 扶養控除

所得者と生計を一にする親族（配偶者、青色事業専従者として給与の支払を受ける者及び白色事業専従者を除きます。）で、合計所得金額が48万円以下の人を「扶養親族」といい、扶養親族のうち年齢16歳以上の人を「控除対象扶養親族」といいます。

扶養控除とは、所得者に控除対象扶養親族（年齢16歳以上の扶養親族をいいます。）がある場合に受ける控除で、控除対象扶養親族の年齢や所得者等との同居の有無等によって控除額が異なります。具体的には次の表のとおりです。

区　分		控除額
一般の扶養親族（年齢16歳以上、下記以外）		38万円
特定扶養親族（19歳以上23歳未満）		63万円
老人扶養親族（70歳以上）	同居老親等以外	48万円
	同居老親等（注）	58万円

(注)「同居老親等」とは、老人扶養親族のうち、所得者又はその配偶者（以下「所得者等」といいます。）の直系尊属（父母や祖父母などをいいます。）で所得者等のいずれかと同居を常況としている人をいいます。

なお、「同居老親等」とは、老人扶養親族のうち、所得者又はその配偶者（以下「所得者等」といいます。）の直系尊属（父母や祖父母などをいいます。）で所得者等のいずれかと同居を常況としている人をいい、その老人扶養親族が同居老親等に該当するかどうかは、年末調整を行う日の現況により判定しますが、次のような場合にはそれぞれ次によります。

①　所得者等と同居を常況としている老親等が、病気などの治療のために入院していることにより、所得者等と別居している場合・・・・同居老親等に該当

なお、老親等が老人ホームなどへ入所している場合には、その老人ホームが居所となりますので、所得者等と同居しているとはいえません。

②　その老親等が所得者等の居住する住宅の同一敷地内にある別棟の建物に居住している場合・・・・その人が所得者等と食事を一緒にするなど日常生活を共にしているときは同居老親等に該当

③　所得者が転勤したことに伴いその住所を変更したため、その老親等が所得者等と別居している場合・・・・同居老親等に非該当

■　【主な関係法令通達】　所法2①二十八～三十二、三十三の二、三十三の三、三十四～三十四の四、79～86、措法41の16、所基通2-46～2-49

■　【参考判例・裁決例】

①　配偶者は法律上の婚姻関係のある者に限られるとした事例〔427ページ〕

②　内縁の夫は控除対象配偶者に該当しないとした事例〔427ページ〕

③　年の中途で死亡した者の控除対象配偶者に該当するかどうかは、死亡時の現況により見積もったその年の1月1日から12月31日までの配偶者の合計所得金額により判定するとした事例〔428ページ〕

④　婚姻の届出をしていない事実上婚姻関係と同様の事情にある者との間の未認知の子又はその者の連れ子は、扶養控除の対象となる親族には該当しないとした事例〔428ページ〕

⑤　請求人と請求人の夫がいずれもその扶養親族として申告している場合には、いずれの扶養親族に該当するかを判断すべきであるとした事例〔429ページ〕

⑥　特別障害者である扶養親族は、介護施設に入居しており当該請求人と「同居を常況としている者」に当たらないとした事例〔430ページ〕

1－21　配偶者特別控除は

Q

配偶者控除が受けられない人でも、配偶者特別控除を受けることができると聞きますがどのような者でしょうか。

Answer

配偶者特別控除は、配偶者の合計所得金額が48万１円から133万円以下の者がその所得額に応じて最高38万円までの控除を受けることができます。

1　配偶者特別控除とは

配偶者特別控除とは、所得者の合計所得金額が1,000万円以下で生計を一にする配偶者（合計所得金額が48万１円から133万円以下の者に限ります。）を有する場合に、その所得者本人の所得金額の合計額から配偶者の合計所得金額に応じて最高38万円を限度として控除するというものです。

2　配偶者特別控除額

配偶者特別控除額は、次のとおりです。

配偶者の合計所得金額	控　除　額		
	所得者の合計所得金額		
	900万円以下	900万円超 950万円以下	950万円超 1,000万円以下
48万円超　95万円以下	38万円	26万円	13万円
95万円超　100万円以下	36万円	24万円	12万円
100万円超　105万円以下	31万円	21万円	11万円
105万円超　110万円以下	26万円	18万円	9万円
110万円超　115万円以下	21万円	14万円	7万円
115万円超　120万円以下	16万円	11万円	6万円
120万円超　125万円以下	11万円	8万円	4万円
125万円超　130万円以下	6万円	4万円	2万円
130万円超　133万円以下	3万円	2万円	1万円

3　配偶者特別控除の留意事項

①　配偶者の所得要件

配偶者の所得が給与所得だけの場合は、本年中の給与の収入金額が103万円以下のとき又は201万６千円以上であるとき、また、配偶者の所得が公的年金等に係る雑所得だけの場合は、本年中の公的年金等の収入金額が年齢65歳以上の者については158万円以下のとき又は243万円を超えるとき、年齢65歳未満の者については108万円以下のとき又は214万円を超えるときは、配偶者特別控除は受けられません。

②　配偶者特別控除を受けようとする所得者の要件

配偶者特別控除を受けようとする所得者の合計所得金額が1,000万円を超えている場合には、この控除を受けることはできません。

■【主な関係法令通達】　所法83の２、190、195の２、所基通２−46

1－22　ひとり親控除とは

Q

令和２年度の税制改正で「ひとり親控除」という制度が創設されたそうですが、その具体的な内容を教えてください。

Answer

ひとり親控除は、令和２年度税制改正により創設されたもので、居住者が一定の要件を満たすひとり親に該当する場合には、その者のその年分の総所得金額等から35万円を控除するというものです。

その具体的な内容は次のとおりです。

1　ひとり親控除の創設

(1)　居住者がひとり親（現に婚姻をしていない者又は配偶者の生死が明らかでない一定の者のうち、次の要件を満たすものをいいます。以下同じです。）に該当する場合には、ひとり親控除として、その者のその年分の総所得金額等から35万円を控除します。

①　その者と生計を一にする子（他の者の同一生計配偶者又は扶養親族とされている者を除き、その年分の総所得金額等の合計額が48万円以下のものに限ります。）を有すること。

②　合計所得金額が500万円以下であること。

③　その者と事実上婚姻関係と同様の事情にあると認められる次に掲げる者がいないこと。

イ　その者が住民票に世帯主と記載されている者である場合には、その者と同一の世帯に属する者の住民票に世帯主との続柄が世帯主の未届の夫又は未届の妻である旨その他の世帯主と事実上婚姻関係と同様の事情にあると求められる続柄である旨の記載がされた者

ロ　その者が住民票に世帯主と記載されている者でない場合には、その者の住民票に世帯主との続柄が世帯主の未届の夫又は未届の妻である旨その他の世帯主と事実上婚姻関係と同様の事情にあると認められる続柄である旨が記載されているときのその世帯主

この改正は、令和２年分以後の所得税について適用されます。

(2)　上記(1)のひとり親控除は、給与等及び公的年金等の源泉徴収の際に適用できることとされています。

この改正は、令和３年１月１日以後に支払うべき給与等及び公的年金等について適用されますが、給与所得者については、令和２年分の年末調整においてひとり親控除を適用することができることとする経過措置が講じられています。

2　寡婦控除の見直し

寡婦控除について、次の見直しを行った上で、従前の寡婦（寡夫）控除を上記１のひとり親に該当しない寡婦にかかる寡婦控除に改組するとともに、寡婦控除の特例（旧措法41の17）が廃止されました。

(1)　扶養親族を有する寡婦についても、上記１(1)②の要件を追加する。

(2)　上記１(1)③の要件を追加する。

この改正は、令和２年分以後の所得税について適用されます。

○　ひとり親控除と改正後の寡婦控除

<table>
<tr><th colspan="4">対　　象　　者</th><th>控除額</th></tr>
<tr><td>ひとり親控除</td><td rowspan="2">所得者本人</td><td colspan="2">現に婚姻していない人又は配偶者の生死が明らかでない人で、次のいずれの要件にも該当する人
①　生計を一にする子（他の所得者の同一生計配偶者や扶養親族となっている人又は総所得金額等が48万円を超える人を除きます。）を有すること
②　合計所得金額が500万円下であること
③　事実上婚姻関係と同様の事情にあると認められる人がいないこと（注）</td><td>35万円</td></tr>
<tr><td>寡婦控除</td><td>夫と離婚した後婚姻していない人で、次のいずれの要件にも該当する人
①　扶養親族を有する人
②　合計所得金額が500万円以下であること
③　事実上婚姻関係と同様の事情にあると認められる人がいないこと（注）</td><td>夫の死別後婚姻をしていない人又は夫の生死が明らかでない人のうち、次のいずれの要件にも該当する人
①　合計所得金額が500万円以下であること
②　事実上婚姻関係と同様の事情にあると認められる人がいないこと（注）</td><td>27万円</td></tr>
</table>

㈱　住民票の続柄に「夫（未届）」、「妻（未届）」との記載がある場合は対象外です。

■　【主な関係法令通達】　所法２①三十イ⑵、⑶、ロ、三十一、80、81、190二ハ、194①二、195①、203の３一二、203の６①、所令11の２、所規１の３～４、別表２～４、令和２年改正法附則２、８①②～⑥⑦

1－23　社会保険料控除や生命保険料控除、地震保険料控除は

Q

健康保険料や生命保険料を支払っていますが所得から控除できますか。また、地震保険料についても控除できますか。

Answer

健康保険料はその支払った全額を社会保険料控除として、生命保険料等については一定の金額を生命保険料控除として所得から控除することができます。

また、地震保険料についても一定の金額を控除することができます。

1　健康保険料等

健康保険料等の社会保険料や生命保険料等の種類及びその控除額は次の表のとおりです。

保険料の種類等			控除額
社会保険料控除		給与から控除されたもの	支払った保険料等の全額
		所得者が直接支払ったもの	支払った保険料等の全額
小規模企業共済等掛金控除		所得者が直接支払ったもの	支払った掛金等の全額
生命保険料控除	適用限度額12万円	新生命保険料	最高　40,000円
		旧生命保険料	最高　50,000円
		新・旧生命保険料	最高　40,000円
		介護保険料	最高　40,000円
		新個人年金保険料	最高　40,000円
		旧個人年金保険料	最高　50,000円
		新・旧個人年金保険料	最高　40,000円
地震保険料控除		地震保険料	最高　50,000円
		旧長期損害保険料	最高　15,000円
		地震・旧長期保険がある場合	最高　50,000円

2　社会保険料控除

健康保険料等は、納税者が自己又は自己と生計を一にする配偶者やその他の親族の負担すべき社会保険料を支払った場合又は給与から控除される場合などに受けられる所得控除です。

控除できる金額は、その年に実際に支払った金額又は給与や公的年金から差し引かれた金額です。

3　生命保険料控除等

一定の生命保険料、介護医療保険料及び個人年金保険料や地震保険料を支払った場合には、一定の金額の所得控除を受けることができますが、その適用要件等についてはご確認ください。

4　地震保険料控除

損害保険契約に基づく地震等損害部分の保険料又は掛金を支払った場合には一定の金額の所得控除を受けることができます。

■ 【主な関係法令通達】　所法74～77、196、208、208の２、213、214

1－24　年末調整のために使用する税額表は

Q

課税給与所得に対する年税額は、どのように計算するのですか。

また、住宅借入金等特別控除は年末調整でも受けることができますか。

Answer

年末調整における課税給与所得に対する年税額は、次の速算表により求めた算出所得税額から住宅借入金等特別控除額を控除し、その控除後の金額（年調所得税額）に102.1％を乗じて求めます。

なお、給与所得者は、確定申告をした年分の翌年以降の年分については年末調整でこの特別控除の適用を受けることができますが、住宅を取得した年分については確定申告によって適用を受けてください。

1　令和２年分の年末調整のための算出所得税額の速算表

課税給与所得金額(A)	税率(B)	控除額(C)	税額 ＝ (A)×(B)－(C)
1,950,000円以下	5%	—	(A) × 5%
1,950,000円超　3,300,000円 〃	10%	97,500円	(A) × 10% － 97,500円
3,300,000円 〃　6,950,000円 〃	20%	427,500円	(A) × 20% － 427,500円
6,950,000円 〃　9,000,000円 〃	23%	636,000円	(A) × 23% － 636,000円
9,000,000円 〃　18,000,000円 〃	33%	1,536,000円	(A) × 33% － 1,536,000円
18,000,000円 〃　18,050,000円 〃	40%	2,796,000円	(A) × 40% － 2,796,000円

(注) 1　課税給与所得金額に1,000円未満の端数があるときは、これを切り捨てます。
　2　課税給与所得金額が18,050,000円を超える場合は、年末調整の対象となりません。

2　（特定増改築等）住宅借入金等特別控除

居住者が住宅ローン等を利用してマイホームの新築、取得又は増改築等をした場合で、一定の要件を満たすときは、その取得等に係る住宅ローン等の年末残高の合計額等を基として計算した金額を、居住の用に供した年分以後の各年分の所得税額から控除する「住宅借入金等特別控除」又は「特定増改築等住宅借入金等特別控除」の適用を受けることができます。

（特定増改築等）住宅借入金等特別控除の適用を受けるためには、必要事項を記載した確定申告書に、関係書類を添付して、納税地の所轄税務署長に提出する必要があります。

なお、給与所得者は、確定申告をした年分の翌年以降の年分については年末調整でこの特別控除の適用を受けることができますが、この場合には所要事項を記載した「給与所得者の（特定増改築等）住宅借入金等特別控除申告書」に次の書類を添付して、給与の支払者に提出する必要があります。

①　その人の住所地の税務署長が発行した「年末調整のための（特定増改築等）住宅借入金等特別控除証明書」

②　借入等を行った金融機関等が発行した「住宅取得資金に係る借入金の年末残高等証明書」

■ **【主な関係法令通達】**　所法89、措法41、41の２、41の２の２、措令26、26の３

1－25 給与所得と事業所得の違いは

Q

個人が支払を受ける労務の対価は、その内容により給与（給与所得）になる場合と、報酬（事業所得）になる場合があると聞いていますが、その区分はどのように行うのでしょうか。

Answer

給与所得と事業所得の区分は、雇用契約か請負契約かなどの役務提供契約等の内容をその具体的な事実関係に即し、総合勘案して判定することとなります。

1　給与所得

所得税法は、「給与所得とは、俸給、給料、賃金、歳費及び賞与並びにこれらの性質を有する給与に係る所得をいう。」と規定しています。

そして、具体的には「雇用契約又はこれに類する原因に基づき使用者の指揮命令に服して提供した労務の対価として使用者から受ける給付」をいい、「給与支払者との関係において何らかの空間的、時間的な拘束を受け、継続的ないし断続的に労務又は役務の提供があり、その対価として支給されるものかどうかが重要視されなければならない」と解されています（最判昭56.4.24）。

2　事業所得

所得税法は、「事業所得とは、農業、漁業、製造業、卸売業、小売業、サービス業等から生ずる所得をいう。」と規定しており、具体的には、「自己の計算と危険において独立して営まれ、営利性、有償性を有し、かつ、反復継続して遂行する意思と社会的地位とが客観的に認められる業務から生ずる所得」をいうものと解されています（最判昭56.4.24）。

3　給与所得と事業所得の区分

このように両者の区分は、事業所得が「自己の計算と危険において独立して営まれる業務から生ずる所得」であるのに対し、給与所得は「非独立的ないし従属的な人的役務の提供の対価」であるとされますが、その労務の提供の対価が給与所得か事業所得のいずれに該当するかを判断するためには、このような基準のほかに具体的な役務提供契約等の内容について、総合的に検討することが必要です。

そして、具体的事例に当たっては、次に掲げる事項を総合勘案して判定することとしていますが、一定の役務を提供した者に支払われる対価が給与所得となるか事業所得となるかにより、所得金額の計算方法や源泉徴収の要否・方法が異なりますので、これを区分することは極めて重要です。

① 役務提供のための契約の内容が他人の代替を容れるかどうか（代替を容れない場合は給与所得とされます。）

② 仕事を遂行するに当たり、個々の作業について指揮監督を受けているかどうか（受けている場合は給与所得とされます。）

③ 勤務時間・勤務場所の拘束を受けているかどうか（受けている場合は給与所得とされます。）

④ 材料の提供や、作業用具の供与、経費の負担を受けているかどうか（受けている場合は給与所得とされます。）

⑤ 職務を遂行するに必要な旅費、設備、備品等の費用を負担しているかどうか（負担している場合は事業所得とされます。）

⑥ まだ引渡しを終わっていない完成品が不可抗力のため滅失した場合等において、その者が権利として報酬の請求をなすことができるかどうか（支払請求権がある場合は給与所得とされます。）

⑦　社会保険の加入、労働組合の組織、厚生施設の利用などの制度について、一般の使用人と同様に取り扱われているかどうか（同様に取り扱われている場合は給与所得とされます。）

■【主な関係法令通達】　所法27、28、平成21年12月17日付課個５－５「大工、左官、とび職等の受ける報酬に係る所得税の取扱いについて」

■【参考判例・裁決例】　１－26、１－27の判例・裁決例参照

1 －26　税理士の顧問報酬は

Q

当社では、この度、税理士と顧問契約を締結し次の内容の顧問料を支払うこととしました。

①　毎月10万円

②　従業員に対する賞与支給月である６月と12月に15万円

ところで、当社では役員を退職した者も顧問として委嘱しており、この者に支払う毎月の顧問報酬は給与所得に該当するとのことで、給与として源泉徴収を行っています。

顧問税理士への支払もこれと同様に給与所得として源泉徴収をすればよいと考えますがいかがでしょうか。

Answer

給与ではなく税理士に対する報酬・料金として源泉徴収をしてください。

○　貴社の顧問税理士は毎月定額の報酬を受けているほか、従業員の賞与支給月にも一時金の顧問料を受けていますが、貴社と顧問税理士の関係は請負契約であり雇用契約や雇用契約に準ずる関係があるとは認められません。

したがって、顧問等の名称や支給形態にかかわらず税理士の業務に関する報酬・料金として源泉徴収を行うことになります。

なお、源泉徴収をすべき税額は、毎月の顧問料の金額に10.21％（復興特別所得税を含みます。）㈴を乗じて算出した金額になります。

所得税法第204条第1項第2号の報酬・料金に対する源泉徴収税額

区　分	左の報酬・料金に該当するもの	源泉徴収税額
弁護士、外国法事務弁護士、公認会計士、税理士、計理士、会計士補、社会保険労務士又は弁理士の業務に関する報酬・料金	弁護料、監査料その他名義のいかんを問わず、その業務に関する一切の報酬・料金 ※　支払時期及び金額があらかじめ一定しているもの等で、給与所得に当たるかその業務に関する報酬・料金に当たるかが明らかでないものは、これらの人が勤務時間や勤務場所などについて、その支払者の指揮命令に服しており、一般の従業員や役員と勤務形態において差異が認められない場合には給与所得、事業としての独立性がある場合にはその業務に関する報酬・料金となります。	左の報酬・料金の額×10.21% ㈵　ただし、同一人に対し1回に支払われる金額が100万円を超える場合には、その超える部分については20.42%

■　【主な関係法令通達】　所法27、28、204①二、205、所令320②

■　【参考判例・裁決例】

①　弁護士顧問報酬が給与所得となるかどうかは、給与支給者との関係において何らかの空間的、時間的な拘束を受け、継続的ないし断続的に労務又は役務の提供があり、その対価として支給されるものであるかどうかが重視されるとした事例〔431ページ〕

②　大学非常勤講師：労務の提供が自己の危険と計算によらず他人の指揮監督に服してなされる場合にその対価として支給されるものが給与所得であるということができ、継続的であると一時的であるとを問わず、また、その支給名目の如何を問わないとした事例〔432ページ〕

③　××講師謝金は、請求人によって場所的、時間的な拘束を受け、役務の提供に継続性があり、請求人と直接支配従属の関係にあり請求人の指揮命令に服していると認められ給与等に該当するとした事例〔432ページ〕

④　医師等の報酬は医療行為が主体性を持ってなされているとしても、医療行為の経済的側面を評価すれば、拘束を受ける非独立的な行為であると認められ、給与所得に係る収入金額に該当するとした事例〔433ページ〕

⑤　大学非常勤講師の報酬：大学の指揮命令に服し、空間的、時間的な拘束を受け、継続的ないし断続的に行われたものであり、当該非常勤講師料は給与所得に該当するとした事例〔434ページ〕

⑥　家庭教師は空間的・時間的な拘束を受けて継続的ないし断続的に労務の提供をし、その指揮命令に服して提供した労務の対価として支払を受けていたと認められ給与等に該当するとした事例〔435ページ〕

1－27　内職者が受け取る賃金は

Q

当社では、家庭の主婦を対象として内職を依頼し、毎月その出来高に応じて賃金を支払っていますが、給与所得として源泉徴収が必要でしょうか。

なお、仕事はそれぞれの自宅で行い、材料は当社が支給しますが滅失した材料代は本人が負担することとしています。

Answer

給与所得とは認められないことから、源泉徴収をする必要はありません。

1　給与所得以外の所得

内職者が支払を受ける賃金については、次の点から給与所得とは認められませんので、源泉徴収をする必要はありません。

① 内職者はそれぞれの自宅で自己の責任で仕事を行っており、貴社の指揮監督を受けているとは認められないこと

② 材料は貴社から支給を受けているが、他の諸経費（光熱費等）は本人が負担していること

③ 材料が滅失した場合は、その材料代を本人が負担することとされていることから、危険負担も本人が負っていると認められること

2　内職者の収入

内職など（家内労働者、外交員、集金人、電力量計の検針人又は特定の者に対して継続して労務の提供をする者）の収入は、収入から必要経費を差し引いた残りが事業所得又は雑所得となります。

なお、家内労働者等の場合には、必要経費として55万円まで認められる特例がありますので内職などの収入が103万円以下でほかに所得がない者については、所得税及び復興特別所得税はかかりません。また、その者の主たる所得者の配偶者控除や配偶者特別控除の適用についても、パート収入と同じ取扱いになります。

■【主な関係法令通達】　所法27、28、83、83の２、措法27、措令18の２

■【参考裁決例】　① 一人親方に対する報酬は、請求人の指揮監督の下に提供された労務の対価としての性質を有するものであれば、給与等に当たるとした事例〔435ページ〕

② 紹介理容師の対価は、決められた時間帯に請求人の指示命令に服し、従事した時間数に応じて対価が支払われており、給与等の支給に当たるとした事例〔436ページ〕

③ 運転代行の報酬は、勤務時間はタイムカードで管理され、燃料費等の費用は、請求人が負担することとされており、請求人の指揮命令に服して提供した労務の対価と認められ、給与等に該当するとした事例〔436ページ〕

④ 構内下請けは、自己の計算と危険において独立して業務を遂行していたものと認められるから、当該業務に係る収入は事業所得に該当するとした事例〔437ページ〕

1－28　給与所得と事業所得の具体的な区分は

Q

給与所得と事業所得との区分の定義や考え方が示されていますが、具体的な労務の提供形態ごとの所得区分を教えてください。

Answer

個人が雇用契約又はこれに準ずる契約に基づき他の者に従属し、かつ、当該他の者の計算により行われる事業に役務を提供する場合は、給与所得に区分されますが、それらをまとめると、実務では概ね以下のとおり取り扱われています。

○　労務の提供形態ごとの所得区分

労務等の区分	所得区分	労務等の区分	所得区分
パート、アルバイト、日雇に支払う給料・賃金	給与所得	会社が招いた英会話の講師に支払う報酬	事業所得（注２）
契約社員（契約職員）に支払う給料等	給与所得	茶道や華道の実技指導の対価として支払う謝金	事業所得（注２）
内職の代金（料金）	事業所得	通訳の報酬	事業所得（注２）
外交員に支払う報酬	事業所得（注１）	雇用契約のない者に支払う情報提供料	事業所得又は雑所得
デパート等がマネキン紹介所からあっ旋されたマネキンに支払う報酬	給与所得	職業紹介所からあっ旋された看護師・家政婦に支払う賃金	給与所得

(注)1　外交員がその地位に基づいて会社等から支払を受ける報酬・料金については、①旅費とそれ以外の部分とに区分されている場合の旅費に該当する部分は非課税とし、それ以外の部分が給与、②固定給とそれ以外の部分とに区分されている場合の固定給（固定給を基準として支給される臨時の給与を含みます。）は給与とし、それ以外の部分は外交員等の報酬・料金、①及び②以外の場合は、その報酬・料金の支払の基因となる

役務を提供するために要する旅費等の費用の額の多寡その他の事情を総合勘案し、給与等と認められるものについてはその総額を給与等とし、その他のものについてはその総額が外交員等の報酬・料金とされます。

2　一定の雇用契約に基づき、その役務の提供の対価等として支払われるものは給与に該当します。

■【主な関係法令通達】　所法27、28、35、所基通204-21、204-22

第２章　非正規労働者に係る源泉徴収事務

2－1　雇用における多様化とは

Q

雇用形態の多様化の流れが進展しているという言葉を耳にしますが、雇用の多様化について教えてください。

Answer

雇用形態の多様化とは、正規雇用以外の様々な就業形態の拡大を指しています。

1　正規雇用

正規雇用とは、雇い主である特定の企業と直接的・継続的な雇用関係を持ち、雇用先の企業においてフルタイムで勤務する期間の定めのない雇用形態を指します。

2　非正規雇用

非正規雇用とは、いわゆる「正規雇用」以外の有期雇用を指します。

一言に「非正規雇用」といっても、フリーターや契約社員、派遣社員のほか、高齢者の再雇用、家計の補助などを目的にパートタイマーとして働く主婦や、学生のアルバイトなど、その態様はさまざまです。

また、非正規雇用の大半に共通する特徴として、有期労働契約であることが挙げられ、正規雇用者に比べると契約上は不安定な環境にあることが多いといえます。

3　雇用形態の多様化の実態

総務省統計局が令和２年２月に発表した「労働力調査」によりますと、令和元年の日本全国の労働者数は5,669万人で、うち非正規雇用者は2,165万人（38.3％）と過去最高の水準となっており、雇用形態別にみると、パートタイマー1,047万人（48.4%）、アルバイト472万人（21.8%）、契約社員294万人（13.6%）、派遣社員141万人（6.5%）、嘱託125万人（5.8%）、その他86万人（3.9%）となっています。

4　雇用形態多様化の背景

雇用形態の多様化の背景として、働く側（労働者）と雇う側（企業）の二つの要因が重なっています。

働く側（労働者）の要因としては、非正規雇用を希望する女性や定年退職後の高齢者（団塊の世代）の増加、若年層の就業に対する価値観が多様化し非正規の雇用形態を希望する若者の増加、正社員での雇用機会が減少し、やむを得ず非正規雇用で就職している者が増加していることなどがあげられます。

一方、雇う側（企業）の要因としては、非正規雇用比率の高い第三次産業の拡大のほか、人件費削減や雇用における柔軟性の確保、専門的人材、即戦力・能力のある人材の確保といった目的から、非正規雇用が活用されていることなどがあげられます。

2－2　パートタイマーなどが受ける労務提供の対価は

Q

パートタイマーやアルバイトに支払う給与・賃金は、比較的低額ですが、それでも給与所得として源泉徴収が必要ですか。

Answer

給与所得とは、雇用契約に基づいて提供される労務の提供の対価として勤務先から支払われるものをいいますので、支払金額の多寡には関係ありません。

少額のために結果として源泉徴収すべき税額が発生しないことと、給与所得にならないこととは異なります。

1　パートタイマーなど

パートタイマーとは、一般に通常の勤務者より勤務日数が少ないか又は勤務時間が短い者をいい、アルバイトとは、一般に学生が大学等の学校へ通うかたわら勤務する場合などをいいます。

契約社員は、概ね１か月から１年単位の短期契約で雇われる雇用形態を広く指しています。

なお、フリーターとは、正社員以外の就労形態、いわゆる契約社員・派遣社員・アルバイト・パートタイマーなどの非正規雇用で生計を立てている人を指す言葉として使われていますので、フリーターという雇用形態があるわけではありません。

2　労務の提供の対価

パートタイマーやアルバイト等は勤務日（期間）や勤務時間の面において正社員と異なることが多いものの、事業主に雇用され、その指揮命令を受けて労務を提供し、その労務の対価として給料・賃金の支給を受けているという点では正社員と変わりはありませんので、これらの者が受ける労務提供の対価も給与所得となります。

3　派遣社員

雇用形態の一つに「派遣社員」がありますが、派遣社員は、企業等が派遣会社と契約を交わし、派遣会社から企業等に派遣されて業務を処理する者をいいます。その指揮命令権は派遣先にありますが、給与等は派遣会社から支給されますので、源泉徴収は派遣会社が行うこととなります（２−６参照）。

■【主な関係法令通達】　所法28、183

2－3　多様な雇用形態における源泉徴収は

Q

非正規雇用には、様々な雇用形態がありますが、そうした就労者に支払う労働の対価に対する源泉徴収はどのようにすればよいかその基本を教えてください。

Answer

給与等に対する源泉徴収は、雇用形態にかかわらず雇用期間や支給方法等の雇用契約の内容によって、「給与所得の源泉徴収税額表」と「賞与に対する源泉徴収税額の算出率の表」を使用して、源泉徴収すべき税額を算出し、その税額をその給与等の支給時に徴収します。

1　給与等に対する源泉徴収

パートタイマー等の非正規労働者に対する労働の対価を支払う者は、原則として毎月（毎日）の給与の支払の際に源泉徴収をし、更に、その年最後の給与を支払うときに年末調整を行ってその源泉徴収をした税額の過不足額を精算しますが、このことは、正規の社員に支払う給与と何ら異なるところはありません。

2　源泉徴収税額の算定方法

源泉徴収をすることとなる税額の算定方法は、その支払う給与が賞与である場合と賞与以外の給与である場合とに区別し、賞与以外の給料や賃金等を月々（日々）支払う際に源泉徴収をする税額は、「給与所得の源泉徴収税額表」によって求めます。

この税額表には、給与の支給区分に応じて「月額表」と「日額表」とがあり、また、これらの税額表は、「扶養控除等申告書」の提出の有無に応じ、それぞれ「甲欄」、「乙欄」が、また、「日額表」には更に「丙欄」が用意されています（１－12、１－13参照）。

■　【主な関係法令通達】　　所法28、183、185、186、所令308、309

2－4　パートタイム労働者の雇用形態と源泉徴収は

Q

パートタイマーに対して支払う給与の源泉徴収について教えてください。

Answer

パートタイマーに対して支払う給与の源泉徴収は、その契約内容や支給形態によって、給与所得の源泉徴収税額表の「月額表」か「日額表」を使用して、源泉徴収税額を算出し、その税額を支給時に徴収します。

1　パートタイム・有期雇用労働者の雇用形態

パートタイム・有期雇用労働法（「短時間労働者及び有期雇用労働者の雇用管理の改善等に関する法律」）の対象である短時間労働者とは、「一週間の所定労働時間が同一の事業主に雇用される通常の労働者の一週間の所定労働時間に比し短い労働者」と、また、有期雇用労働者とは「事業主と期間の定めのある労働契約を締結している労働者」と定義しています。

したがって、例えば、「パートタイマー」「アルバイト」「嘱託」「契約社員」「臨時社員」「準社員」など、名称は異なっても、この条件にあてはまる労働者であれば、パートタイム労働者としてパートタイム労働法の対象になります。

そして、パートタイム・有期雇用労働法では、パートタイム労働者等を雇い入れる際、使用者は労働条件を明示すること、特に重要な条件については文書を交付することが義務付けられ、加えて、公正な待遇の確保や正社員への転換などに取り組むことが義務付けられています。

2　パートタイマーなどの給与の支給形態と源泉徴収

パートタイマーとは、正社員の１日の勤務時間より短い就労時間で、かつ、ある程度勤務する時間帯を自らの都合により選択できるシフト制により就労し、時給単価で報酬を受ける働き方をイメージする用語として使われています。

そうした働き方から、パートタイマーに対する給与は、時給単価に１日の就労時間を乗じた金額を１か月まとめて支払う、いわゆる、日給月給という支給形態となっていることが一般的と思われますが、雇われる側の生活環境や雇う側のニーズによっては様々な契約、支給形態が考えられます。

したがって、その契約内容（雇用期間）や支給形態（支給単位）によって、給与所得の源泉徴収税額表の「月額表」か「日額表」を使用して、源泉徴収税額を算出し、その税額を支給時に徴収します（1－12参照）。

■【主な関係法令通達】　所法28、183、185、所令308、309、短時間労働者及び有期雇用労働者の雇用管理の改善等に関する法律２、６～13

2－5　契約社員の雇用形態と源泉徴収は

Q

契約社員に対して支払う給与の源泉徴収について教えてください。

Answer

契約社員に対して支払う給与の源泉徴収は、その契約内容や支給形態によって、主に給与所得の源泉徴収税額表の「月額表」を使用して、源泉徴収税額を算出し、その税額を支給時に徴収します。

1　契約社員（有期労働契約）の雇用形態

契約社員とは、企業と有期の雇用契約を結んで職務に従事する常勤労働者のことをいい、「期間契約社員」、「期間社員」、「有期間社員」、「期間従業員」、「臨時社員」などとも呼ばれており、特に工員として勤務する場合は「期間工」ともいわれています。

アルバイト等との区分は、一般的には、アルバイトの採用に当たっては、雇用契約書を交付することが少なく、給与体系も時給制である場合が多いのに比べ、契約社員は雇用契約書があり、月給制である場合が比較的多いと思われます。

また、アルバイトが出勤日や勤務時間をある程度選択できるシフト制が一般的であるのに対し、契約社員は正社員と同様、フルタイムでの勤務を求められ社会保険にも加入することが多いと思われます。

なお、労働契約にあらかじめ雇用期間が定められている場合は、労働者と使用者の合意により契約期間を定めたものですので契約期間の満了によって労働契約は自動的に終了することになり、１回当たりの契約期間の上限は一定の場合を除いて３年とされています。

2　契約社員の給与の支給形態と源泉徴収

契約社員の給与体系は、月給制、日給制、時給制など企業との契約により異なりますが、概ね正社員と同様と思われますので、主に給与所得の源泉徴収税額表の「月額表」を使用して、源泉徴収税額を算出し、その税額を支給時に徴収します（１－12参照)。

■【主な関係法令通達】　所法28、183、185、186、所令308、309、労働基準法14、15①

2－6　派遣労働者の雇用形態と源泉徴収は

Q 派遣元に支払う派遣料の源泉徴収について教えてください。

Answer

労働者を雇用して派遣する会社（派遣元）に源泉徴収義務があり、そこと派遣契約を結んでいる会社（派遣先）には源泉徴収義務がありません。

したがって、派遣先が派遣元に支払う派遣料は源泉徴収の対象にはなりません。

1　派遣労働者の雇用形態

労働者派遣とは、「労働者が人材派遣会社（派遣元）との間で労働契約を結んだ上で、派遣元が労働者派遣契約を結んでいる会社（派遣先）に労働者を派遣し、労働者は派遣先の指揮命令を受けて働く」というもので、労働者に賃金を支払う会社と指揮命令をする会社が異なるという雇用形態となっていることから、労働者派遣事業の適正な運営の確保及び派遣労働者の保護等に関する法律（以下、「労働者派遣法」といいます。）において派遣労働者のためのルールを定めています。

派遣労働者には、派遣会社に常に雇われている「常用型」と、派遣会社に登録し、派遣先が決まった時だけ雇われる「登録型」とがあり、登録型が派遣労働者の約４分の３を占めているといわれています。

そして、派遣会社が１日ごと、あるいは30日以下の期間を決めて労働者を雇い、他の企業に派遣するいわゆる日雇派遣が登録型派遣労働者の約８割を占め、単純作業の勤務が多く、学生やフリーター、主婦の就労が多いといわれていました。

このような雇用形態は、派遣元・派遣先のそれぞれで雇用管理責任が果たされておらず、労働災害の発生の原因になっていたことから、平成24年の改正労働者派遣法で30日以内の日雇派遣は原則禁止になりました。

しかし、就労機会を阻害することとならないよう、①60歳以上の人、②雇用保険の適用を受けない学生、③副業として日雇い派遣に従事する人、④主たる生計者でない人を派遣する場合や、特殊な技能を活用する場合の派遣、例えば、ソフトウエア開発、機械設計、通訳、翻訳、速記、秘書、財務処理、添乗、受付・案内、研究開発、金融商品の営業など18項目が例外として取り扱うこととされています。

また、グループ企業内の派遣会社が当該グループ企業に派遣する割合を８割以下に制限するとともに、派遣元事業主には、事業年度終了後３ヵ月以内にグループ企業への派遣割合を厚生労働大臣に報告することが義務付けられています。

2　派遣労働者給与の支給形態と源泉徴収

労働者に賃金を支払う会社と指揮命令をする会社が異なりますが、労働者を雇用して派遣する会社（派遣元）に源泉徴収義務があり、派遣契約を結んでいる会社（派遣先）には源泉徴収義務がありません。

なお、派遣元においては、派遣労働者との雇用契約の内容（雇用期間）や支給形態（支給単位）により、給与所得の源泉徴収税額表の「月額表」か「日額表」を使用して、源泉徴収税額を算出し、その税額を支給時に徴収します（１－12参照）。

■【主な関係法令通達】　所法183、185、所令308、309、労働者派遣事業の適正な運営の確保及び派遣労働者の保護等に関する法律23③、23の２、35の４

2－7　短時間正社員の雇用形態と源泉徴収は

Q

短時間正社員に対して支払う給与の源泉徴収について教えてください。

Answer

短時間正社員の源泉徴収は、一般的には、給与等の支給時期や支給方法も正社員と同様と思われますので、「月額表」を適用して源泉徴収をすることになると考えます。

1　短時間正社員の雇用形態

短時間正社員とは、フルタイムの正社員と比べて、その所定労働時間（所定労働日数）が短い正社員であって、期間の定めのない労働契約を結んでおり、かつ、時間当たりの基本給及び賞与・退職金などの算定方法などが同じ事業所に雇用される同種のフルタイムの正社員と同様である労働者をいいます。

短時間正社員制度を導入する目的は、優秀な人材の獲得や社員の定着率の向上、採用コストや教育訓練コストの削減、社員のモチベーションアップ、外部に対するイメージアップを図ることなどといわれています。

2　短時間正社員の給与の支給形態と源泉徴収

短時間正社員は、正社員に比べてその所定労働時間（所定労働日数）が短いこと以外に雇用期間の定めがないなど雇用条件のほとんどが正社員と同様となっています。

したがって、一般的には、給与等の支給時期や支給方法も正社員と同様と思われますので、給与所得の源泉徴収税額表の「月額表」を使用して、源泉徴収税額を算出し、その税額を支給時に徴収します。

■【主な関係法令通達】　所法183、185、所令308、309

2－8　自転車便メッセンジャーに支払われる報酬は

Q

当社は、自転車便メッセンジャーと請負契約をし、書類などの小荷物を緊急配達するサービスを営んでいます。同メッセンジャーに支払う報酬は、請負契約に基づくものであることから外注費として処理し、源泉徴収を行っていませんが、問題がないか教えてください。

なお、報酬は売上げの55％、平日７時から24時の時間帯で希望での稼働が可能、曜日は週１日から自己申告によるシフト制、雇用形態は業務委託・請負契約、報酬支払は月末締め翌月15日支払、配送に係る仕事の指示は当社の指示に従い、事故等の責任を当社は負わない契約となっています。

Answer

自転車便メッセンジャーとの契約は請負契約としているとのことですが、配送業務の業務日と時間、勤務場所が管理・拘束され、会社の指示・命令に従って配送業務を遂行し、その労務の対価として報酬を受けることとされており、これらを総合勘案すれば雇用契約に準ずる契約に基づき、使用者の指揮命令に服して提供した労務の対価として使用者から受ける給付と考えられますので、給与所得に該当します。

したがって、貴社はその報酬の支払いの際に、給与所得として源泉徴収をしていただく必要があります。

1　事業所得と給与所得

事業所得とは、自己の計算と危険において独立して営まれ、営利性、有償性を有し、かつ反復継続して遂行する意志と社会的地位とが客観的に認められる業務から生ずる所得をいうとされ、給与所得とは、雇用契約又はこれに類する原因に基づき、使用者の指揮命令に服して提供した労務の対価として使用者から受ける給付をいうとされています（１－28参照）。

2　自転車便メッセンジャーの事業性の実態

自転車メッセンジャーは、貨物の輸送または信書の送達を行う事業者と運送請負（委託）契約を結び個人事業主として働いている場合であっても、その業務の実態は、自転車等の装備品の自己負担や事故責任を負う契約となっているものの、勤務日・勤務時間が指定され、時間的・場所的な拘束、業務遂行にあたり指揮監督を受け、他の者への業務委託や独自の商号の使用は認められていないケースが多いといわれています。

そのため、厚生労働省においても自転車メッセンジャー等について、その業務の実態から事業者との間に使用従属性が有るとして労働法が適用されると判断されています。

運送請負（委託）契約に基づき事業者から自転車メッセンジャーに支払われる報酬が事業所得となるか給与所得となるかについては、契約と業務の実態を精査したうえで判断する必要がありますが、自転車便メッセンジャーの業務の実態が上記のようなケースでは、給与所得に該当すると認められます。

■【主な関係法令通達】　所法27、28、183、平21課個５－５、消基通１－１－１、労働基準法９、バイシクルメッセンジャー及びバイクライダーの労働者性について（厚生労働省労働基準局平成19年９月27日基発第02927004号）

2－9　フリーランスに支払う業務委託料は

Q

当社は、近年の働き方改革の流れにそって業務のアウトソーシングをすることとし、フリーランスプログラマーへの業務委託を行うこととしましたが、この場合に支払う委託料は源泉徴収をする必要がありますか教えてください。

Answer

フリーランスに支払う業務委託料等の多くは報酬・料金に該当するため、当該報酬等の支払いの際に所得税法204条に規定する報酬・料金に係る源泉徴収を行っていただく必要があります。

ただし、同規定において明記されていないフリーランスプログラマーなどの業種に属する業務委託・請負契約に係る料金の支払に当たっては、源泉徴収を行っていただく必要はありません。

なお、その実態が使用者の指揮命令に服して提供した労務の対価として使用者から受ける給付である場合には、給与所得として源泉徴収をしていただく必要があります。

1　フリーランス

フリーランスとは、ライターやカメラマン、WEBデザイナー、プログラマ、コンサルタント、士業など「働き方を指す言葉」で、「雇用されずに案件ごとに契約を結び、仕事をすること」を意味するとされています。

2　報酬料金に係る源泉徴収

源泉徴収が必要な職種については所得税法204条で、原稿やさし絵、講演などの報酬、弁護士や税理士などの報酬のほか、外交員や集金人などの報酬等が規定され、フリーランスといわれる方々の職種の多くは、これに該当することになり、当該報酬の支払いの際に報酬に係る源泉徴収をする必要があります。

ただし、フリーランスといわれる中でもプログラマーなど明記されていない職種についてはその報酬について源泉徴収する必要はありません。

また、これらの報酬等であっても、その実態が給与所得に該当する場合は源泉徴収をする必要がありますので注意してください。

■【主な関係法令通達】　所法183、204

2－10 「月額表」と「日額表」の使用区分は

Q

給与を支払う際に使用する源泉徴収税額表には、「月額表」と「日額表」が設けられていますが、パートタイマーなどに給与を支払う場合の使用区分を説明してください。

Answer

給与の受給者がパートタイマーであっても、月や旬を単位として支払われるものは「月額表」を、毎日や1週間単位で支払われるものは、「日額表」を使います。

1　給与の支給時期と支給単位

パートタイマーなどの雇用契約においても、期間を定めない場合や必要に応じて雇用期間を限定して契約する場合があり、また、給与の支給時期は1か月単位が通常ですが、半月ごとや10日ごと、週払いごと、旬ごと、3か月ごと、半年ごとに期間を区切って、また、1日の就労に対して日々支払う場合などがあります。

2　税額表の種類と使い方

給与を支払うときに源泉徴収する税額は、その支払の都度、「給与所得の源泉徴収税額表」を使って求めますが、この税額表には、「月額表」と「日額表」、「賞与に対する源泉徴収税額の算出率の表」の3種類があり、通常の給与については、雇用期間や支給方法の違いによって「月額表」を適用する場合と、「日額表」を適用する場合があります。

「月額表」は、給与を毎月支払う場合や、半月ごとや10日ごと、3か月ごと、半年ごとなどの単位で支払う場合に使い、「日額表」は、働いたその日ごとに給与を支払う場合や１週間ごとに支払う給与のほか、日割り計算して支払う給与も「日額表」を使います。

なお、「賞与に対する源泉徴収税額の算出率の表」は、賞与を支払うときに使いますが、賞与を支払う場合でも、前月中に支払った又は支払うべき給与がない場合と賞与の金額が前月中の給与の金額の10倍を超える場合には「月額表」を使います（１−12、14参照）。

3　「甲欄」、「乙欄」又は「丙欄」の適用

「月額表」及び「日額表」には、それぞれ「甲欄」と「乙欄」が、更に「日額表」には「丙欄」が設けられていますが、「扶養控除等申告書」が提出されている場合には「甲欄」、提出がない場合には「乙欄」で税額を求めます。

「丙欄」は、日雇いの人や短期間雇い入れるアルバイトなどに一定の給与を支払う場合に適用します（１−13参照）。

■【主な関係法令通達】　所法185、186、所令308、309、所基通185−１

2－11　源泉徴収税額表の「扶養親族等の数」の数え方は

Q

源泉徴収税額表の甲欄にある「扶養親族等の数」の数え方について教えてください。

Answer

給与等を支払う際に源泉徴収する税額は、「給与所得の源泉徴収税額表」によって求めますが、この税額表にある甲欄の「扶養親族等の数」は、受給者から提出された扶養控除等申告書によって求めます。

具体的には、給与の受給者本人が障害者、寡婦又は寡夫（令和3年度からはひとり親）、勤労学生に該当するか、配偶者が源泉控除対象配偶者に該当するか、扶養親族のうちに障害者又は同居特別障害者に該当する人がいるか等を確定して、扶養親族等の数を数えます。

1　給与受給者本人について

給与受給者本人について以下である旨の申告がある場合に、その該当するごとに1人として数えます。

①　障害者である旨の申告がある場合

②　寡婦又は寡夫（令和3年度からひとり親）である旨の申告がある場合

③　勤労学生である旨の申告がある場合

2　配偶者について

給与等の支払を受ける者（合計所得金額が900万円以下である人に限ります。）の配偶者で、その給与等の支払を受ける人と生計を一にする配偶者（青色事業専従者及び白色事業専従者を除きます。）のうち、その年の合計所得金額が95万円以下（注1）である配偶者を「源泉控除対象配偶者」といいますが、この源泉控除対象配偶者に該当する場合には、１と数え、配偶者が同一生計配偶者（注２）で障害者（特別障害者を含みます。）に該当する場合は、更に１人を加えて計算します。

(注)１　配偶者の所得が給与所得だけの場合は、その年中の給与等の収入金額が150万円以下であれば合計所得金額が95万円以下になります。

２「同一生計配偶者」とは、給与等の支払を受ける者の配偶者で、その給与等の支払を受ける人と生計を一にする配偶者（青色事業専従者及び白色事業専従者を除きます。）のうち、その年の合計所得金額が48万円以下である配偶者をいいます。

なお、配偶者に係る扶養親族等の数え方は、次の〔参考：配偶者に係る扶養親族等の数の数え方〕のとおりです。

参考：配偶者に係る扶養親族等の数の数え方

		給与等の支払を受ける人の合計所得金額（給与所得だけの場合の給与等の支払を受ける人の給与等の収入金額）			
		900万円以下（1,095万円以下）	900万円超950万円以下（1,095万円超1,145万円以下）	950万円超1,000万円以下（1,145万円超1,195万円以下）	1,000万円超（1,195万円超）
配偶者の合計所得金額（給与所得だけの場合の配偶者の給与等の収入金額）	48万円以下（103万円以下）	１人	０人	０人	０人
		配偶者が障害者に該当する場合は１人加算			
	48万円超95万円以下（103万円超150万円以下）	１人	０人	０人	０人
	95万円超（150万円超）	０人	０人	０人	０人

(注)　所得金額調整控除が適用される場合は、括弧内の各金額に15万円を加えてください。

3　扶養親族について

扶養控除等申告書で申告された扶養親族のうち、年齢16歳以上の人が控除対象扶養親族に該当しますので、その数を加算します。更に、扶養親族（年齢16歳未満の人を含みます。）のうち障害者（特別障害者を含みます。）又は同居特別障害者に該当する人がいる場合には、これらの一に該当するごとに１人として加算します。

■【主な関係法令通達】　所法２①二十八～三十三、三十三の四、三十四、三十四の二、79③

2－12　扶養すべき家族がいない場合の扶養控除等申告書の提出は

Q

私はパートタイマーとして働く勤務先に対して「扶養控除等申告書」を提出することができますか。

なお、私には扶養すべき家族がいないほか、夫は勤務先に私を源泉控除対象配偶者とする「扶養控除等申告書」を提出しています。

Answer

扶養親族がいない者でも、また、他の者の扶養親族になっている者でも給与所得の源泉徴収税額表の「甲欄」の適用を受けるためには、「扶養控除等申告書」を提出する必要があります。

1　扶養控除等申告書の提出

「扶養控除等申告書」は、パートタイマー等であっても、給与について基礎控除などの控除を受けるためには、扶養親族の有無又は他の者の被扶養者になっているかに関係なく、その年の最初に給与の支払を受ける日の前日までに、同申告書に該当する事項等を記載した上、給与の支払者へ提出する必要があります。

また、当初提出した申告書の記載内容に異動があった場合には、その異動の日後、最初に給与の支払を受ける日の前日までに異動の内容等を記載した同申告書を提出してください。

なお、勤労学生控除を受ける場合には、勤労学生に該当する旨を証する書類を１部、同申告書に添付して提出してください（１－10参照）。

2　簡易な扶養控除等申告書による申告

通常は、「給与所得者の扶養控除等申告書」の用紙を用いて、所要事項を記載して提出することになっていますが、同申告書を提出すべき者が、控除対象配偶者、控除対象扶養親族、障害者等の控除を受けないため、給与等の支払者に関する事項だけを申告する場合には、連記式その他の簡易な方法により申告することができます。

■　【主な関係法令通達】　所法194、所令316の２、所規73、73の２、所基通194・195-２

2 −13　源泉控除対象配偶者の所得の見積りは

Q

「扶養控除等申告書」を提出するに当たり、配偶者のその年中の所得金額はどのように見積ればよろしいですか。

Answer

源泉控除対象配偶者であるか否かは、その年最初の給与の支払いを受ける日の前日の現況により、生計を一にしている配偶者の年間の合計所得金額を何らかの方法により見積り、その見積額が95万円以下であるかによって源泉控除対象配偶者に該当するかを判断します。

その結果、源泉控除対象配偶者に該当する場合には、その旨を扶養控除等申告書に記載して給与の支払者に提出します。

1　源泉控除対象配偶者の要件

源泉控除対象配偶者とは、給与等の支払を受ける者（合計所得金額が900万円以下である人に限ります。）の配偶者で、その給与等の支払を受ける人と生計を一にする配偶者（青色事業専従者及び白色事業専従者を除きます。）のうち、その年の合計所得金額が95万円以下である配偶者をいうこととされています。

その年の合計所得金額が95万円以下であるかどうかは、例えばその配偶者の所得が給与所得だけの場合は、その年中の給与等の収入金額が150万円（毎月の給与だけの場合には月額125,000円）以下であれば合計所得金額が95万円以下となりますので、このようなことを参考に見積ってください。

2　合計所得金額の見積り

源泉控除対象配偶者の適用を受けるためには、その年の最初に給与の支払を受ける日の前日までに、扶養控除等申告書を提出する必要がありますが、その時点では配偶者の年間の所得金額を正確に把握することは困難ですので、とりあえずその提出時に先のような方法でその年の所得金額を見積り、その見積額により源泉控除対象配偶者に該当するかを判断することとなります。

また、源泉控除対象配偶者として申告した者に係る所得金額の見積額に異動が生じ、源泉控除対象配偶者に該当しないこととなることが見込まれた場合には、その時点で「扶養控除等（異動）申告書」を給与の支払者に提出してください。

なお、年末調整で配偶者控除又は配偶者特別控除を受ける場合には、その年最後の給与を受ける日の前日までに、「給与所得者の配偶者控除等申告書」（様式「給与所得者の基礎控除申告書兼給与所得者の配偶者控除等申告書兼所得金額調整控除申告書」）の該当欄にその旨を記載して給与の支払者に提出してください。

■ **【主な関係法令通達】**　所法２①三十三～三十三の四、28、83、83の２、85

2－14 「日額表」の「丙欄」の適用は

Q

アルバイトで働いた者に、その日の報酬をその日に支払う場合は、常に、「日額表」の「丙欄」を適用して源泉徴収税額を計算すればよろしいですか。

Answer

「日額表」の「丙欄」は、日々雇い入れられる者の給与を適用対象とするものですが、同一の支払者から継続して２か月を超えて支払いを受けるものについては、適用できません。

１　「日額表」の「丙欄」の適用

「日額表」の「丙欄」は、日々雇い入れられる者の給与を支払う際に適用します。

この日々雇い入れられる者の給与とは、労働した日又は時間によって算定され、かつ、労働した日ごとに支払いを受ける給与をいいます。

したがって、支払われる給与等で「日額表」の「丙欄」を適用できる給与は日雇給与であることが原則ですが、次に掲げる給与等についても適用となります。

①　日々雇い入れられる者の労働した日又は時間により算定される給与等で、その労働した日以外の日において支払われるもの

ただし、同一の給与等の支払者から継続して２か月を超えて給与等の支払を受ける場合におけるその２か月を超えて支払を受けるものは適用できません。

②　あらかじめ定められた雇用契約の期間が２か月以内の者に支払われる給与等で、労働した日又は時間によって算定されるもの

ただし、雇用契約の期間の延長又は再雇用により継続して２か

月を超えて雇用されることとなった者の2か月を超える部分の期間について支払われる給与等には適用できません（2-12参照）。

2　2か月以内の予定で雇用

パートタイマーやアルバイトで、あらかじめ2か月以内の予定で一の雇用主に雇用される者が受ける給与の場合には、たとえ給与の支払方法が日払いでなくても、日払い給与と同様に「日額表」の「丙欄」を適用して税額を求めることができます。

ただし、業種における慣行等により、2か月を超えても「丙欄」が適用できる、以下の特別な取扱いがあります。

①　日雇い港湾労働者に支払う給与

②　営業倉庫の荷役作業に従事する日雇労務者に支払う給与

条件　・単純作業に従事する者であること

・労働した日において給与の支払を受ける者であること

・厚生年金保険法、健康保険法、失業保険法の規定による被保険者に該当しないこと

③　建設労務者に支払う給与

以下に該当する以外の者

・基幹要員

職長、工長、班長、世話役、組頭、帳付等その名称のいかんにかかわらず、作業のための段取りをし、労務者を直接指導監督する者

・基幹要員に準ずる者

技術員、事務員、タイピスト、炊事婦、警備員等で作業所において雇用される者

乗用車、トラック及び特殊自動車又は重建設機械等の運転、操作並びにその点検調整の業務に従事する者、主として、職別工事業者に専属する技能労働者

・同一事業主に雇用される期間が継続して８か月を超えると予定される者
・同一事業主に継続して１か年を超えて雇用された者

■【主な関係法令通達】　所法185①三、所令309、所基通185－８
昭和41年12月27日付直法５－33「建設労働者に支払う給与に対する源泉所得税の取扱いに関する要望について」

2－15　継続して2か月を超える場合の「継続して」とは

Q

「日額表」の「丙欄」は、同一の給与の支払者から継続して2か月を超えて給与の支払を受ける場合は適用できないと聞いていますが、「継続して」とはどのような状態を指すのですか。

Answer

その給与の支払者の下で専ら雇用されている者と同等程度の勤務である場合には、同一の給与の支払者から継続して給与等の支払を受けているものと判断します。

1　「丙欄」適用者

「日額表」の「丙欄」を適用する給与とは、労働した日又は時間によって算定され、かつ、労働した日ごとに支払を受ける給与をいいますが、同一の給与等の支払者から継続して2か月を超えて支払を受ける場合におけるその2か月を超えて支払を受けるものは適用できません。

また、あらかじめ定められた雇用契約の期間が2か月以内の者に支払われる給与等で、労働した日又は時間によって算定されるものであっても、雇用契約の期間の延長又は再雇用により継続して2か月を超えて雇用されることとなった者の2か月を超える部分の期間について支払われる給与等については適用できません。

2　「継続して」の意義

一の給与等の支払者から「継続して」給与の支払を受けるかどうかは、たまたまその支払者に雇用されない日が次のような場合であって、その支払者の下におけるその者の1か月を通じた就業の状態がその支払者に専ら雇用されている者と同等程度である場合には、これらの事情によりその支払者に雇用されない日を含む期間を通じその支払者から継続して給与等の支払を受けるものと判断します。

①　その者の病気若しくは休養

②　支払者の側の公休日若しくは天候等に基づく作業の都合等

■　【主な関係法令通達】　所法185①三、所令309、所基通185－９

2－16　雇用期間の定めのない者の月末支給給与は

Q

当社では、パートタイマーを雇っていますが、主婦が多く、その勤務形態は様々です。

雇用期間については特に定めておらず、賃金は１時間当たりの単価に実働時間数を乗じた金額を、正社員と同じく毎月末に支払うこととしています。

Ａさんの場合、月に22日勤務する契約となっており、「扶養控除等申告書」を提出しています。この場合、源泉徴収税額表のうちのどの表を使えばよいのでしょうか。

Answer

給与の支給期が毎月と定められている場合に該当しますので「月額表」を使用し、「扶養控除等申告書」が提出されていますので「甲欄」を適用して税額を求めます。

○　一般に、主婦や学生等が働くケースとして、パートタイマーやアルバイトとしての勤務がありますが、雇用期間を定めず、時間給に実働時間数を乗じた賃金で契約することが多いと思われます。

しかし、この場合であっても、実際の賃金の支給は、事務的な煩雑さもあるため、日々支払をしないで１か月分をまとめて支給する契約の場合には、実働が月に22日であっても、「給与等の支給期が毎月と定められている場合」に該当しますので、「日額表」ではなく、「月額表」を使用し、かつ、Ａさんの場合は、「扶養控除等申告書」を提出していますので、「甲欄」を適用して求めた税額を徴収します。

■ 【主な関係法令通達】　所法185①一イ、所基通185－1

2－17　雇用期間の定めのない者の週末支給給与は

Q

当社では、アルバイトの学生を、雇用期間を定めずに雇っていますが、その勤務形態は様々です。

Ｂさんの場合、１時間当たりの単価に１日の実働時間数を乗じた金額をその日の賃金として、毎週末に支払うこととしています。

なお、「扶養控除等申告書」の提出を受けていません。

この場合、どの源泉徴収税額表を使えばよいでしょうか。

Answer

「月額表」の適用要件である月、半月、毎旬に該当しませんので、週払いであっても「日額表」を使い、「扶養控除等申告書」が提出されていませんので、「乙欄」を適用して求めた税額を徴収することとなります。

○　給与の支給期が月、半月、毎旬、月の整数倍の期間と定められている場合以外は、「日額表」を使い、「扶養控除等申告書」の提出の有無により「甲欄」又は「乙欄」を適用します。

したがって、Ｂさんの場合、週ごとの支給で、「扶養控除等申告書」の提出がありませんので、「日額表」の「乙欄」を適用して求めた税額を徴収します。

源泉徴収税額は、以下の順で計算してください。

①　社会保険料控除後の給与の支給額　÷　７日　＝　日割額

②　日割額の「行」と「乙」欄と交わる金額　＝　税額

③　税額　×　７　＝　源泉徴収税額

■　**【主な関係法令通達】**　所法185①二へ、所基通185－３、185－４

2－18 雇用期間の定めのない者の旬末支給給与は

Q

当社では、主婦をパートタイマーとして雇用期間を定めずに雇っていますが、その勤務形態は様々です。

Cさんの場合は、1時間当たりの単価に1日の実働時間数を乗じた金額を賃金として、毎旬（10日）ごとに支払うこととしています。なお、「扶養控除等申告書」の提出があります。

この場合、源泉徴収税額表のうちのどの表を使えばよいのでしょうか。

Answer

給与の支給期が毎旬と定められている場合に該当しますので「月額表」を使用し、「扶養控除等申告書」が提出されていますので、「甲欄」を適用して税額を求めます。

○　給与・賃金を月、半月、毎旬という一定の期間で支払う場合には、「月額表」を使うこととされています。

したがって、Cさんの場合、毎旬ごとの支給で、「扶養控除等申告書」が提出されていますので、「月額表」の「甲欄」を適用して求めた税額を徴収します。

源泉徴収税額は、以下の順で計算してください。

①　社会保険料控除後の給与の支給額 × 3 ＝ 月額換算金額

②　①で計算した金額が月額表の「行」と「甲」欄の交わる金額＝税額

③　税額 ÷ 3 ＝ 源泉徴収税額

■【主な関係法令通達】　所法185①一ハ、所基通185−1

2－19 雇用期間の定めのある者の週末支給給与は

Q

当社は、1か月半の予定で商品販売用店舗を開設します。

このため、学生アルバイトをその期間だけの契約で雇うことにしました。賃金は1日当たり8,000円で1週間分まとめて週末に支払います。

この場合、源泉徴収税額表のうちのどの表を使えばよいのでしょうか。

Answer

賃金の定めが日給であり、雇用契約が2か月以内ですので、「日額表」の「丙欄」を適用します。

○　アルバイト等に支払われる給与等で、労働した日又は時間によって算定され、かつ、労働した日ごとに支払いを受ける給与又はあらかじめ定められた雇用契約の期間が2か月以内の者に支払われる給与等で、労働した日又は時間によって算定されるものは、「日額表」の「丙欄」を適用します。

ただし、一の給与等の支払者から継続して2か月を超えて支払いを受ける場合や雇用契約の期間の延長又は再雇用により継続して2か月を超えて雇用されることになった者の2か月を超える部分の期間について支払われる給与等は適用できません。

したがって、賃金の定めが日給で勤務日数分を支払う場合であっても、2か月を超えて支払われる場合と、2か月以内の雇用契約期間とでは同じ「日額表」でも適用する欄が異なります。

おたずねの場合、「あらかじめ定められた雇用契約期間が2か月以内の人に支払われる賃金で、労働した日又は時間によって計算されるもの」に該当しますので、「日額表」の「丙欄」を適用します。

なお、具体的な税額の計算は、１日の賃金について、「日額表」の「丙」欄の該当する金額の税額を求め、その税額の合計額を１週間ごとにまとめて支払う賃金から徴収します。

■【主な関係法令通達】　所法185①三、所令309、所基通185-８

2－20 雇用期間の定めのある者の月末支給給与は

Q

当社は、道路工事の交通整理誘導員をその工事予定期間の2か月間、1日当たり10,000円で雇い、賃金は一括して月末に支払います。

この場合、源泉徴収税額表のうちのどの表を使えばよいのでしょうか。

Answer

雇用期間が2か月以内で、賃金が日給で算定されていますので、「日額表」の「丙欄」を適用します。

○ アルバイト等に支払われる給与等で、あらかじめ定められた雇用契約の期間が2か月以内の者に支払われる給与等で、労働した日又は時間によって算定されるものは、「日額表」の「丙欄」を適用します。

おたずねの場合には、雇用期間が2か月以内で、賃金が1日当たり10,000円と定められていますので、「日額表」の「丙欄」を適用します。

源泉徴収税額は、1日の賃金について、「日額表」の「丙」欄の該当する金額の税額を求め、その税額の合計額を月末に支給する賃金から徴収します。

なお、賃金の額が日額9,300円未満の場合のその税額は0円となり、源泉徴収すべき税額は算出されません。

■ 【主な関係法令通達】 所法185①三、所令309、所基通185－8

2－21　隔日勤務の継続雇用期間は

Q

当社では、スーパーの警備員として、保安要員2名を雇用期間3か月で採用しました。賃金は日給で1か月分をまとめて月末に支払う契約となっていますが、隔日勤務なので、実質1人1か月半の勤務となります。なお、「扶養控除等申告書」の提出はありません。

この場合、源泉徴収税額表のうちのどの表を使えばよいのでしょか。

Answer

賃金が労働した日によって算定されますが、雇用契約が2か月を超えていますので、「日額表」の「丙欄」は適用できません。

また、賃金の支払が毎月末支払となっていますので「月額表」を使用し、「扶養控除等申告書」の提出がありませんので、「乙欄」を適用します。

○　日雇賃金に対する源泉徴収税額の計算において、「日額表」の「丙欄」が適用できるのは、原則的には、労働した日又は時間によって算定され、かつ、労働した日ごとに支払を受ける給与又はあらかじめ定められた雇用契約の期間が2か月以内の者に支払われる給与等で、労働した日又は時間によって算定されるものに限られています。

したがって、雇用期間があらかじめ2か月を超える場合などには、「日額表」の「丙欄」を適用することはできません。

また、雇用契約における雇用期間内の勤務は、隔日勤務で1人当たり実質45日で2か月以内ではないかとのおたずねですが、その間の実働日数とは関係なく、あくまでも雇用期間で判断しますので、「日額表」の「丙欄」は適用できません。

なお、1か月分をまとめて月末に支給しますので、「月額表」を使い、「扶養控除等申告書」の提出がありませんので、「乙欄」を適用します。

■【主な関係法令通達】　所法185①二、三、所基通185-1、185-8

2－22　延長雇用後の半月支給給与は

Q

当社は、道路工事の交通整理誘導員をその工事予定期間の２か月間、１日当たり10,000円で雇い、賃金は半月分ごとに支給し、支給の際に「日額表」の「丙欄」を適用して、源泉徴収税額を計算していました。

ところが、工事が予定の期間で完成しなかったため更に半月の予定で、同人を継続雇用しました。

この場合、２か月経過後の賃金の支払については、源泉徴収税額表のうちのどの表を使えばよいのでしょうか。

なお、「扶養控除等申告書」の提出はありません。

Answer

雇用契約の期間の延長により、継続して２か月を超えて雇用されることとなった者の２か月を超える部分の期間について支払われる給与等については、「日額表」の「丙欄」は適用できません。

賃金の支払が半月ごとですので「月額表」を使用し、「扶養控除等申告書」の提出がありませんので、「乙欄」を適用します。

○　あらかじめ定められた雇用契約の期間が２か月以内の者に支払われる給与等で、労働した日によって算定されるものについては、「日額表」の「丙欄」を適用できますが、雇用契約の期間の延長により継続して２か月を超えて雇用されることになった者の２か月を超える部分の期間について支払われる給与等には適用できません。

おたずねの場合、当初の２か月は「日額表」の「丙欄」を適用できますが、期間の延長により継続して２か月を超えて雇用されることになった者の２か月を超える部分の期間について支払われる給与等については、適用できません。

この場合、賃金が半月ごとの支給ですので「月額表」を使用し、「扶養控除等申告書」の提出がありませんので、「乙欄」を適用します。

源泉徴収税額は、以下の順で計算してください。

① 社会保険料控除後の給与の支給額 × 2 ＝ 月額換算金額

② ①で計算した金額の「行」と「乙」欄の交わる金額 ＝ 税額

③ 税額 ÷ 2 ＝ 源泉徴収税額

■ 【主な関係法令通達】　所法185①二ロ、所基通185-8

2－23　勤務１回当たりの時間が長時間である場合は

Q

当社は、警備保障会社ですが、人手不足を解消するために、２か月間の予定で数名の学生アルバイトを雇用し、給与は１回の勤務の都度支払います。

仕事柄、これらの者の勤務時間は、午後５時から翌日の午後５時までの24時間勤務で、隔日勤務となります。

このような場合の源泉徴収税額表の適用について教えてください。

Answer

１回の就労時間が著しく長時間である場合には２日間就労したことによる給与として「日額表」の「丙欄」を適用します。

○　日々雇い入れられる者の１回の就労が著しく長時間であるため隔日に就労することが通例となっている場合には、その１回の就労の対価である給与については、２日間就労したことによる給与として、「日額表」の「丙欄」を適用します。

したがって、おたずねの場合は、あらかじめ雇用期間が２か月以内で、労働した日ごとに賃金が支払われますので、「日額表」の「丙欄」を適用することができます。また、源泉徴収税額は、１回の勤務に支払われる賃金を２で除して求めた金額を「日額表」の「丙」欄に当てはめて税額を算出し、その金額を２倍して徴収する税額を求めます。

■　**【主な関係法令通達】**　所法185①三、所基通185−10

2－24　臨時に支給する給与は

Q

当社は、期間を10月1日から11月30日までの2か月間、実働50日、1日当たり10,000円でアルバイトを雇用し、その最終就労日の11月30日に期末手当を30,000円支給します。

この場合の源泉徴収はどのように行えばよいのでしょうか。

Answer

11月30日に支払われる30,000円の期末手当は、これまでの賃金の追加払と認められます。

したがって、この期末手当の支払に当たっては、期末手当の額を実働日数で除した日割額を通常の給与の日額に上積みして計算した税額と上積みする前の税額との差額に、稼働日数を乗じた額を源泉徴収していただく必要があります。

○　同一の支払者から通常の給与のほかに臨時に支払を受ける給与等については、原則として、支払を受ける日の通常の給与に含めて源泉徴収税額を計算します。

ただし、既往の賃金の追加払であることが明らかなものに係る源泉徴収税額は、日割額（手当を期間内の稼働日数で除した金額）をその期間内の日々に支払を受けた通常の給与等の額にそれぞれ加算した場合に当てはまる税額と当初の税額との差額の合計額を徴収します。

また、その日割額をその期間内の日々に支払いを受けた通常の給与等の額にそれぞれ上積みすることが困難な場合には、その臨時の給与等の支払いを受けた時の通常の給与の日額に日割額を加算して計算した増差税額にその期間内の稼働日数を乗じて計算しても差し支えないこととなっています。

この場合の源泉徴収税額は、以下のとおり計算します。

① 期末手当30,000円 ÷ 実働日数50日 ＝ 600円

② 既往の賃金10,000円 ＋ 600円 ＝ 10,600円

③ 10,600円に対する「丙」欄の税額49円 － 既往の賃金10,000円に対する「丙」欄の税額27円 ＝ 22円

④ 22円 × 実働日数50日 ＝ 1,100円（源泉徴収税額）

■ **【主な関係法令通達】**　所法185①三、所基通185-11

2－25 給与等の計算期間の途中で退職した場合は

Q

3か月の契約で採用したアルバイトから退職の申し出があり、契約期間の途中で辞めました。

当社は、アルバイトが辞めるまでの12日間の就業に対する給与48,000円を支払いますが源泉徴収税額はどのように計算したらよいでしょうか。

なお、「扶養控除等申告書」の提出はありません。

Answer

契約期間の月の途中で退職した場合の源泉徴収税額は、支払うべき給与の額をその勤務日数で除した日割額を基に、「日額表」を使用し、「扶養控除等申告書」の提出がありませんので「乙欄」を適用して計算します。

○ 給与所得の源泉徴収税額表の「日額表」は、働いたその日ごとに給与を支払う場合や1週間ごとに支払う給与のほか、日割り計算して支払う給与も「日額表」を使います。

おたずねの場合、通常勤務していた時に支給した給与は、契約期間が2か月を超え、かつ、月払いですので、「日額表」ではなく「月額表」を適用して計算していたものと思われます。

しかし、そのアルバイトが契約期間の月の途中で退職した場合は、支払う給与の日割額を計算して、その日割額に対する税額を算出し、その税額に日数を乗じて、源泉徴収すべき税額を計算します。

具体的には、勤務した日数12日を基として日割額を算出し、以下の順で計算します。

① 支給額48,000円 ÷ 期間日数12日 ＝ 日割額4,000円

② 「日額表」の4,000円の「行」と「乙」欄の交わる金額 ＝ 140円

③ 一日の税額140円 × 日数12日 ＝ 1,680円

■ 【主な関係法令通達】 所法185①二へ、所令308②、所基通185−５

2－26　採用一時金の支給は

Q

当社では、アルバイトの確保が思うようにできなくなってきましたので、募集により採用するアルバイトに対してその雇用契約を締結する際に30,000円の一時金を支給することとしました。

この一時金は、給与として源泉徴収をするのでしょうか。

Answer

給与等には該当しませんが、契約金（雑所得）として源泉徴収をする必要があります。

○　契約金とは、一定の者のために役務の提供をし又はそれ以外の者のために役務を提供しないことを約することにより一時に支払を受けるものをいいます。

おたずねの場合は、会社との雇用関係が成立したことによる一時金で、役務の提供を約したことにより支払われるものに該当しますので、契約金（雑所得）として10.21％（復興特別所得税を含みます。）の源泉所得税を徴収します。

■　【主な関係法令通達】　所法204①七、所基通204-29

2－27　期間従業員に対する退職時慰労金は

Q

当社は毎年10月から翌年３月までの半年間、期間労働者を10名程度雇用していますが、雇用期間終了時に退職慰労金規程（期間労働者に適用）に基づき、次のように慰労金を支給しています。この慰労金については退職所得として取り扱って差し支えないと考えますがいかがでしょうか。

1　初めて当社に勤務することとなった者・・・・５万円
2　２年連続して勤務することとなった者・・・・10万円
3　３年連続して勤務することとなった者・・・・15万円
4　４年以上連続して勤務することとなった者・・
10万円×連続して勤務した年数

なお、期間従業員以外の従業員を対象とする退職給与規程においては、退職時の勤務年数が１年未満である者には退職金が支給されないこととされています。

また、期間従業員以外の従業員には、６月と12月に賞与が支給されています。

Answer

期間従業員が支給を受ける退職慰労金は、半年間の勤務に対応する賞与（給与所得）と判断されます。

○　退職所得とは、退職手当、一時恩給その他の退職により一時に受ける給与やこれらの性質を有する給与をいいます。

そして退職手当とは、退職しなかったとしたら支払われなかったもので、退職したことに基因して一時に支払われることになった給与をいいます。したがって、退職に際し又は退職後に使用者等から支払われる給与で、支払金額の計算基準等からみて、他の引き続き勤務している者に支払われる賞与等と同性質であるものは、退職所得ではなく、給与所得とされます。

おたずねの場合には、期間従業員以外の従業員については、半年ごとに賞与が支給され、また、退職時には退職金が支給されますが、勤続年数が１年未満の場合には退職金が支給されません。このように期間従業員が受ける退職慰労金は、期間従業員以外の従業員が支給を受ける賞与と同性質のものと認められますから、６か月の勤務に対応する賞与と判断されます。

■ 【主な関係法令通達】　所法28、30①、所基通30-1

2－28 期間従業員が離職する際に支払う満了金は

Q

当社では毎年繁忙期である７月から10月の４か月間だけ勤務する期間従業員を雇用しています。この期間従業員全員に対し、10月末の期間満了時に１人当たり10万円の満了金を支給することとしていますが、この満了金は退職所得として取り扱って差し支えないでしょうか。

Answer

原則として給与所得となります。

○　おたずねの場合には、当初から４か月という短期間の雇用期間であり、また、一般的にこの程度の勤務期間では退職金が支払われることはほとんどないと思われます（2−27参照）。

したがって、期間従業員が期間満了（離職）時に支給を受ける満了金は、原則として給与所得に該当するものと考えられます。

しかし、期間従業員以外の従業員の退職金等について定める退職給与規程等により、期間従業員と同程度の勤続期間の者が退職した場合にも退職金を支給することとしているときは、期間従業員に支払われる満了金も退職所得として取り扱って差し支えないものと考えます。

■【主な関係法令通達】　所法30①

2－29 解雇予告手当は

Q

当社は社内の整理統合を進めており、数名のパートタイマーを解雇することになりましたが、労働基準法第20条に定める期限までにすべき解雇の予告を失念してしまいました。このため、同法の規定による解雇予告手当を支給することにしましたが、この手当は給与所得、退職所得のいずれに該当するのでしょうか。

Answer

退職所得となります。

○　労働基準法第20条は、「使用者は、労働者を解雇しようとする場合においては、少なくとも30日前にその予告をしなければならない。30日前に予告をしない使用者は、30日以上の平均賃金を支払わなければならない」と規定しており、この規定に基づいて支払われるものが解雇予告手当といわれるものです。

この手当は、解雇すなわち退職することを基因として一時に支払われるものですから、給与所得ではなく、退職手当等に該当することとされています。

■【主な関係法令通達】　所基通30－5

第 3 章　海外から来て働いている方の源泉徴収

3－1　海外から来て働いている者の課税制度は

Q

海外から日本に来て働いている者の日本での課税関係の概要を教えてください。

Answer

働いている者が日本人であるか、海外から来て働いている者であるかを問わず、納税義務者を居住の形態により居住者と非居住者に区分し、非居住者に対する課税については、課税対象とする所得をその発生源泉地が日本国内にあるものに限ることとしています。

1　課税体系

所得税法では、所得者が日本人であるか、それとも海外から来て働いているかの国籍の違いを問いません。

その所得者の居住の形態により、居住者と非居住者に区分し、更に、居住者を非永住者（居住者のうち日本の国籍を有しておらず、かつ、過去10年以内において国内に住所又は居所を有していた期間の合計が５年以下である個人。）と非永住者以外の居住者に区分し、課税範囲や課税方法を定めています。

なお、非居住者の課税については、その課税の範囲を居住者に比し狭く規定し、課税対象とする所得をその所得の発生源泉地が日本国内にあるものに限ることとしています。

2　居住者と非居住者

居住者、非居住者の判定は次のとおりです。

区　分	判 定 の 基 準
居住者	国内に住所を有し、又は現在まで引き続いて国内に１年以上居所を有する人
非居住者	国内に住所も１年以上となる居所も有しない人

3　海外から来て働いている居住者に対する課税

国内に住所を有し、又は現在まで引き続いて国内に１年以上居所を有する者のうち、非永住者以外の居住者についての課税所得の範囲は、国内外で生じたすべての所得となり、一般の日本人と同様です。

なお、居住者のうち非永住者についての課税所得の範囲は、国内で生じた所得（国内源泉所得）及びこれ以外の所得で国内において支払われ、又は国外から送金された所得となります。

4　海外から来て働いている非居住者に対する課税

国内に住所も１年以上の居所も有しない者は、非居住者として取り扱われ、このような者については、源泉徴収の対象となる課税所得や課税の方法が居住者と異なり、国内源泉所得についてのみ課税の対象とされ、その税率は、特定の所得を除き20％と復興特別所得税（源泉所得税の2.1％）が課税されます。

所得の区分	源泉徴収の対象となる国内源泉所得の範囲	源泉徴収
給与その他人的役務の提供	①　俸給、給料、賃金、歳費、賞与又はこれらの性質を有する給与その他人的役務の提供に対する報酬のうち、国内において行う勤務その他の人的役務の提供に基因するもの ②　退職手当等のうち受給者が居住者であった期間に行った勤務その他の人的役務の提供に基因するもの	20.42％（復興特別所得税を含む）

■ 【主な関係法令通達】 所法2①三～五、3、5②、7①三、161十二、所令13～15、285①③、所基通2－1、3－3、復興財確法28①②、実特法6、日本と各国との租税条約

■ 【参考裁判例・裁決例】

① 代表取締役の国外における勤務に係る報酬は、国内源泉所得に該当するとした事例〔438ページ〕

② 請求人の親会社である米国法人が支払った金員は、実質的には請求人の給与の支払を委託したものであり、日本国内における事務所で支払われたものと認められ源泉徴収義務があるとした事例〔438ページ〕

③ 休暇帰国のための旅費は請求人の業務上必要な旅費に当たるとした事例〔439ページ〕

④ 海外勤務者の帰国後に請求人が負担した外国所得税について、支払事務が国外において行われていたとして、所得税の源泉徴収を要しないとした事例〔440ページ〕

3－2　居住者か非居住者であるかの判定の基礎となる住所は

Q

居住者とは、「国内に住所を有し」となっていますが、住所があるかないかはどのように判断するのですか。

Answer

住所とは、各人の生活の本拠をいい、生活の本拠であるかどうかは、その者の住居、職業、資産の所在、親族の居住状況などの客観的事実を総合して判断します。

1　住所とは

住所とは、各人の生活の本拠をいい、生活の本拠であるかどうかは客観的事実によって判定するとしています。

具体的には、その者の住居、職業、資産の所在、親族の居住状況などの客観的事実を総合して判断することになります。

2　住所の推定

国内又は国外に居住することとなった個人が、国内又は国外において、継続して１年以上居住することを通常必要とする職業を有する場合には、その者は国内に住所を有する者又は国内に住所を有しない者と推定するとされています。

そして、国内又は国外において事業を営み若しくは職業に従事するため国内又は国外に居住することとなった者は、その地における在留期間が契約等によりあらかじめ１年未満であることが明らかと認められる場合を除き、現に居住している国に住所を有する者と推定するとされています。

3　実務での取扱い

日本国籍を有していない者を雇用し、最初に給与を支払うときは、その者が居住者であるか非居住者であるかを確認する必要があります。

この確認は、その方が所持しているパスポートや在留資格（ビザ）等の書類の提示を求め、入国年月日や滞在予定期間を把握してその判断の資とするほか、承諾を得て写しを作成し保存しておくことをお勧めします。

■ **【主な関係法令通達】**　所法2①三、五、3、所令14①、15①、所基通2－1、3－3

■ **【参考裁決例】**

① 家族を外国に居住させ、自らは国内に住民票を置き、出入国を繰り返している請求人代表者は「居住者」に該当すると判断した事例〔440ページ〕

② 妻らが日本国内に居住していたことや日本国内の資産の所在をもって、直ちに請求人の生活の本拠があったとまでは認められないとした事例〔441ページ〕

③ 在留期間は、在外研究規定に基づき在外研究申請書、決定通知書、変更申請書及び出発届等の在外研究に係る一連の書類を総合的に検討し、非居住者と認定した事例〔442ページ〕

3－3　非居住者又は居住者となる日は

Q

非居住者が日本に１年以上勤務する予定で入国し、住所を有することとなった場合、いつから居住者となりますか。また、その人が、帰国等により日本に住所を有しなくなった場合は、いつから非居住者となりますか。

Answer

日本に住所を有することとなった者は、入国の日の翌日から居住者となり、出国の日の翌日から非居住者となります。

1　非居住者、居住者となる日

国税通則法第10条第１項第１号には、「期間の初日は、算入しない。」と定められています。

住所の推定規定等（3－2参照）により国内に住所を有することとなった場合、又は国内に有しないこととなった場合には、それぞれの入国の日又は出国の日の翌日が、その切り替わりの日となります。

2　「１年以上」の期間の起算日

居住者については、国内に住所を有し、又は現在まで引き続いて１年以上居所を有する個人と定められていますが、この場合の「１年以上」の期間の起算日は、入国の日の翌日となります。

■【主な関係法令通達】　通則法10①一、所法２①三、所基通２－４

3－4　1年未満の短期在留資格による入国者は

Q

観光ビザで入国した者を雇用し、給与を支払うことになりましたが、源泉徴収はどのようにしたらよろしいですか。

Answer

入国してから1年に達するまでの間に支払われる給与については、非居住者に判定され、20.42％（復興特別所得税を含みます。）で源泉徴収をする必要があります。

また、1年を経過した日以降に支払われる給与については、居住者に判定して源泉徴収をする必要があります。

1　居住者か非居住者であるかの判定

居住者であるか非居住者であるかにより課税範囲や課税方法が異なりますので、その判定をする必要があります。

2　在留資格

日本における在留資格は、その資格別に、それらの目的に合わせた形で在留できる期間と国内における活動内容の制限が設けられています。

一般にいわれる観光ビザは、短期滞在資格として90日若しくは30日又は15日以内の日を単位とする期間とされています。

3　在留資格と居住者、非居住者の判定

滞在期間を1年未満とする資格で入国している場合は、1年以上国内に居所を有することができないことから非居住者に判定されます。

しかし、非居住者に判定された者が、在留期間を延長し1年以上在

留することになった場合や、在留期間を過ぎて在留資格が切れているにもかかわらず引き続き国内に１年以上在留している場合は、居住者として判定されます。

出入国管理法上不法と判断される場合であっても、その者が国内に在留している間の就労により稼得した所得に対しては、非居住者又は居住者に判定した上で、源泉徴収を行う必要があります。

4　源泉徴収

短期滞在資格で国内に入国した者（在留延長決定等により１年以上の在留が認められた場合などを除きます。）に支払われる給与については、非居住者として20.42％（復興特別所得税を含みます。）の税率により所得税を源泉徴収する必要があります。

また、結果的に１年以上滞在することとなった場合、１年を経過した日の翌日以降の給与については居住者として源泉徴収をする必要があります。

非居住者であった者が居住者に判定された場合の具体的事例

入国年月日　　　令和元年10月１日
当初の滞在予定期間　６か月
入国から１年が経った令和２年10月２日以降も国内に滞在しています。

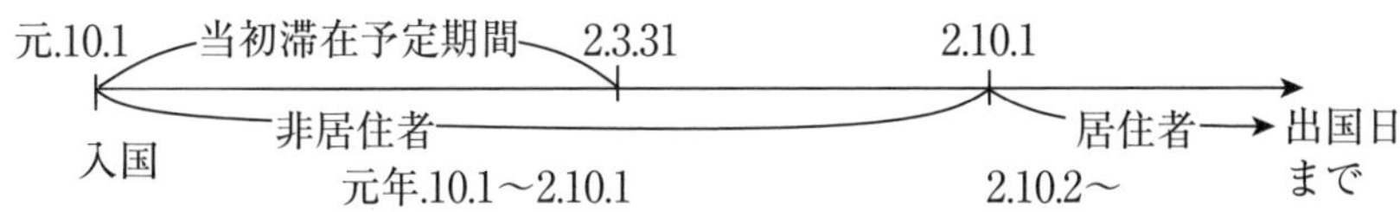

■【主な関係法令通達】　所法２①三・五、３、161十二イ、212、213、所令13～15、所基通２－３、復興財確法28①②

3－5　日系三世の居住者、非居住者の判定は

Q

日系三世が日本に住んでいる親族を訪問するため短期滞在在留資格で入国しましたが、その後、在留期間を３年とする定住者の在留資格を取得することを前提として、その者と雇用期間を定めないところで雇用契約を締結し給与を支払うことになりました。定住者の在留資格が下りる前の期間についても、居住者として取り扱ってよろしいですか。

Answer

定住者の在留資格が下りる前の期間についても、居住者として取り扱って差し支えありません。

1　短期滞在在留資格での入国

短期滞在在留資格での滞在は、90日間が限度であり、１年以上国内に居所を有することはできないことになりますので、原則的には非居住者と判定されることになります。

2　日系二世、三世及びその家族などの在留資格

日系二世、三世などについては、出入国管理法において「日本人の配偶者等」又は「定住者」の在留資格により入国が認められることになっています。

これらの在留資格をもって入国する者については、出入国管理法上、在留期間は制限されていますが、その活動に制限は設けられていませんので就労も可能です。

3　実務での取扱い

おたずねの日系三世の場合は、短期滞在在留資格で入国しており、原則的には非居住者と判定されますが、在留期間を３年とする定住者の在留資格の取得を前提として雇用契約を締結し採用しており、加えて、同三世の定住資格が付与され雇用契約が継続される蓋然性が高いと認められますので、国内に住所を有するものと推定し、定住者の在留資格が下りる前の期間についても、居住者として取り扱って差し支えありません。

■【主な関係法令通達】　所法２①三、３、所令14、所基通３－３

3－6　短期間の在留予定が延長された場合の課税方法は

Q

当初6か月間の予定で入国しましたが、仕事の都合により1年を超えて滞在することとなりました。いつからどのように課税方法を変更すればよいでしょうか。

Answer

入国の日の翌日から1年を超える在留期間の延長が決まった日の前日までは非居住者に判定され、同在留期間の延長が明らかになった日から居住者として源泉徴収をする必要があります。

1　居住者と非居住者の判定の時期

居住者とは国内に住所を有し、又は現在まで引き続いて国内に1年以上居所を有する者をいい、非居住者とは、居住者以外の者、即ち国内に住所も1年以上の居所も有しない者をいうとされており、判定の時期については、特に規定を置いていません。

居住者と非居住者の判定は、給与等の支払に当たり支払者が所得税を徴収して納付する義務があるか否かを判断する場面で行われるものであり、その給与等の支払いの都度、判定する必要があります。

2　具体的な判定の時期

おたずねの場合は、当初6か月間の予定で入国していますので、在留期間の延長が決定した日の前日までは、その地における在留期間が契約等によりあらかじめ1年未満であることが明らかと認められますので、その者は非居住者に判定され、その者に支払われる給与等については、20.42％（復興特別所得税を含みます。）で源泉徴収をする必要があります。

その後、在留期間が延長され予定する滞在期間が１年以上となりましたので、その日以後に支払われる給与については、居住者として源泉徴収をする必要があります。

この場合、当初の入国時まで遡って居住者の取扱いに変更する必要はありません。

非居住者であった者が居住者に判定された場合の具体的事例

入国年月日　　　令和２年３月１日

当初の滞在予定期間　６か月

令和２年７月31日に、滞在期間を令和３年３月31日までとする延長が承認され、同日まで国内に滞在することになりました。

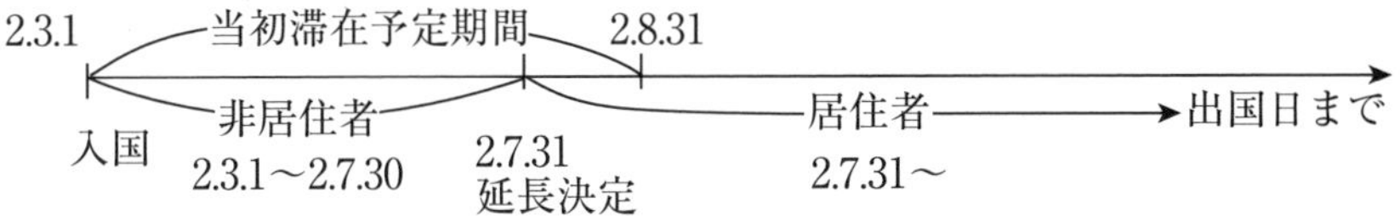

■【主な関係法令通達】　所法２①三、所令15①一、所基通３－３、復興財確法28①②

3－7　留学生をアルバイトで採用したときは

Q

大学で教育を受けるために留学生として入国した者をアルバイトとして採用し給与を支払うことになりましたが、源泉徴収はどのようにしたらよろしいですか。

Answer

留学生を採用した場合は、国内での留学予定期間により居住者又は非居住者の判定を行い、それぞれに定められた方法により源泉徴収をする必要があります。

ただし、租税条約には留学生に対する課税の特例が設けられていますので注意が必要です。

1　原則的な取扱い

大学や高等専門学校又は専修学校等において教育を受けるための在留資格には3か月から4年3か月までの在留期間の定めがあります。

おたずねの場合は、アルバイトとして採用した留学生が所持しているパスポートや在留資格（ビザ）等の書類の提示を求め、入国年月日や滞在予定期間を把握し、その者が現在まで引き続いて国内に1年以上居所を有するか否かにより、居住者であるか非居住者であるかを判定し、居住者に判定された者については、一般の日本人学生等の課税方法と同じに取扱い、非居住者に判定された者については、20.42%（復興特別所得税を含みます。）の税率により源泉徴収をする必要があります。

2　租税条約による取扱い

留学生が支払いを受ける給与等（雇用契約に基づく役務の提供に対す

るもの）についても、国内法と同様に、原則として、役務提供が行われた国で課税することとしていますが、一定の条件の下に居住者や非居住者の別に関係なく源泉地国（役務を提供した地）免税とするなどの特例が設けられています（３-10ほか参照）。

なお、これらの特例に該当しない場合には、原則的な取扱いに戻って、それぞれの定めに従って源泉徴収をする必要があります。

■【主な関係法令通達】　所法２①三・五、３、５②、７①三、161十二イ、所基通２−１、３−３、復興財確法28①②

3－8　特定技能者の居住者・非居住者の区分及び事業修習者該当性は

Q

インドから特定技能の在留資格者を受け入れ、給与を支払うことになりましたが、居住者・非居住者の区分と事業修習者に該当するかしないかを教えてください。

Answer

特定技能１号在留資格者の在留期間は、１年、６月又は４月ごとの更新と定められており、原則的には非居住者に区分されます。

また、同２号在留資格者は、３年、１年又は６月ごとの更新と定められており、在留カード又は入国に当たっての契約書等に記載された在留期間が、１年以上であれば原則として居住者に、１年未満であれば非居住者に区分されます。

おって、租税条約に定める事業修習者には、原則として該当しません。

1　特定技能者の在留期間

在留期間とは、在留資格をもって在留する外国人が日本に在留することのできる期間のことをいい、その期間は出入国管理及び難民認定法に定められ、特定技能在留資格には、１号と２号があり、同１号の在留資格は、１年、６月又は４月ごとの更新と、また、同２号の在留資格は、３年、１年又は６月ごとの更新と定められています。

2　特定技能者の在留資格

出入国管理及び難民認定法では、在留資格に定められた範囲での就労が可能と定め、特定技能１号は「相当程度の知識又は経験を必要とする技能」、また、同２号は「熟練した技能」を要する業務に従事する活動と定められています。

一方、租税条約の相手国からの個人で、国内に一時的に滞在して行った人的役務の対価としての俸給、給料、賃金その他の報酬について、租税条約の規定に基づき源泉徴収税額の免除を受けることができる事業等の修習者とは、事業、職業若しくは技術の修習者とされており、その活動の範囲が異なり、特定技能者はこの租税条約の適用を受けることができません。

なお、インドネシアなど一部の国においては、事業修習者に係る免除とは別に、事業習得者についても免除を受けることができる定めがありますので、注意してください（３－14参照）。

3　事業修習者に対する給与等の免税措置

わが国が締結した租税条約の事業修習者条項は、免除される給付の範囲等が国によって異なっており、租税条約の適用に当たっては、各国との租税条約の内容を確認する必要があります。

■【主な関係法令通達】　所法２①三、五、３、所令14①、15①、所基通２－１、３－３
出入国管理及び難民認定法２の２③、日印租税条約20、日尼租税条約21

3－9　技能実習者の居住者・非居住者の区分及び事業修習者該当性は

Q

ベトナムから技能実習の在留資格者を受け入れ、給与を支払うことになりましたが、居住者・非居住者の区分と事業修習者に該当するかしないかを教えてください。

Answer

技能実習１号在留資格者の在留期間は、１年を超えない範囲と、６月又は４月と定められており、原則的には非居住者に区分されます。

また、同２号在留資格者は、３年、１年又は６月と定められており、在留カード又は入国に当たっての契約書等に記載された在留期間が、１年以上であれば原則として居住者に、１年未満であれば非居住者に区分されます。

おって、租税条約に定める事業修習者には、原則として該当しません。

1　技能実習者の在留期間

在留期間とは、在留資格をもって在留する外国人が日本に在留することのできる期間のことをいい、その期間は出入国管理及び難民認定法に定められ、技能実習在留資格には、１号、２号及び３号があり、何れの在留資格も法務大臣が個々に指定する期間とし、同１号は１年を超えない範囲と、同２号及び３号は２年を超えない範囲と定められ、更に、技能実習２及び３号は、入国２年目以降の者が対象となっています。

入国時において、技能実習１号のみで帰国を予定して入国した技能実習者は「非居住者」に該当し、１号技能実習者であっても、技能実習２号又は３号への移行を前提に入国した技能実習者は、原則として、入国時点から「居住者」に該当します。

また、入国時において、技能実習１号のみで帰国を予定して入国した技能実習者であっても、実技試験等に合格し、技能実習２号に移行することが確定した場合は、その時から「居住者」に該当します。

2　技能実習者の在留資格

租税条約の相手国からの個人で、国内に一時的に滞在して行った人的役務の対価としての俸給、給料、賃金その他の報酬について、租税条約の規定に基づき源泉徴収税額の免除を受けることができる事業等の修習者とは、事業、職業若しくは技術の修習者とされており、在留資格が技能実習である者は、この租税条約の適用を受けることができます。

なお、インドネシアなど一部の国においては、事業修習者に係る免除とは別に、事業習得者についても免除を受けることができる定めがありますので、注意してください（３－14参照）。

■【主な関係法令通達】　所法２①三、五、３、所令14①、15①、所基通２－１、３－２、３－３、出入国管理及び難民認定法２の２③、日印租税条約21、日尼租税条約21

■【参考裁決例】　外国人研修生等が在留資格の基準に適合する活動を行っていないことを理由に日中租税条約第21条の免税規定の適用がないとした事例〔443ページ〕

3－10 留学生や事業修習者等の免税制度は

Q

大学で教育を受けるために留学生として入国した者をアルバイトとして採用し給与を支払う場合や、事業修習者に給与を支払う場合の源泉徴収については、免税制度が準備されていると聞きますが、どのような制度ですか。

Answer

留学生や事業修習者などについては、一定の条件の下に居住者や非居住者の別に関係なく租税条約で免税規定が設けられており、人的役務の提供地である源泉地国での課税を免除することとしています。

---

1 給与等の人的役務の提供に対する報酬等に係る租税条約

わが国が締結した租税条約においては給与所得を給料、賃金その他これらに類する報酬と定義し、これらの報酬は、その役務提供が行われた場所において課税することを原則としています。

その上で、雇用契約に基づく給与等については、人的交流の促進等の観点から留学生や事業修習者等について一定の要件の下に源泉地国（役務を提供した地）での課税を免除とするなどの特例を設けているのが通例です。

2 学生や事業修習者の免税

学生（学校教育法第1条に規定する学校の学生等に限ります。）、事業修習者等が取得する報酬については、海外から送金される生計、教育、勉学、研究又は訓練のために受け取る給付のほか、アジア諸国などとの条約では、政府又は宗教若しくは慈善、学術等の団体からの交付金、手当又は奨励金、雇用主などから支払われる給与等の報酬及び滞在地国における人的役務の提供の対価等（アルバイト収入）をも含めて免除するとしているものもあります。

事業修習者とは、職業上又は事業上の知識又は技能をほとんど有しない見習者をいいますが、アジア諸国などとの租税条約には、これに加えて、ある程度の技能を有する者で、他の企業から技術上又は職業上の経験を習得するためにわが国を訪れる事業習得者についても、わが国で行う人的役務の提供に対する課税を一定の制限のもとに免除するとしているものもあります。

■【主な関係法令通達】　所法２①五、７①三、161十二イ、162、日米租税条約14①、②、19、日韓租税条約20

3－11　留学生アルバイトに対する免税措置は

Q

留学生をアルバイトとして採用し給与を支払う場合、源泉徴収についての免税措置はどの国も同じと考えてよろしいですか。

Answer

学生等の免税措置は、各国と締結した二国間の租税条約によって定められており、その内容は一律ではありません。

したがって、留学生について、どの国との租税条約が適用されるかを確認した上で、その租税条約によりその適用可否を判定します。

なお、免税措置を適用する場合には、一定の手続きが必要となりますので注意してください。

1　租税条約の学生条項

わが国が締結した租税条約の学生条項は、免除される給付の範囲等が国によって様々であり、租税条約の適用に当たっては、各国との租税条約の内容を確認する必要があります。

2　中国から来日した大学生

専ら教育を受けるために国内に滞在する学生で、現に中国の居住者である者又はその滞在の直前に中国の居住者であった者が、その生計のため又は教育を受けるために受け取る給付又は所得は、免除するとされています。

したがって、中国から来日した大学生が勉学の余暇を利用してアルバイトを行い、生活費や学費に充てている場合には、通常受け取る程度のアルバイト代であれば、免除されます。

3　韓国から来日した大学生

専ら教育を受けるために国内に滞在する学生で、現に韓国の居住者である者又はその滞在の直前に韓国の居住者であった者が、その生計のため又は教育を受けるために受け取る給付で、日本の国外から支払われるものは、免除するとされています。

なお、学生は、交付金、奨学金及び勤務による報酬であって、滞在している日本に源泉があるものについても、その額の合計額が年間２万合衆国ドル又は日本円若しくは韓国ウォンによるその相当額を超えない場合には、継続する５年未満の期間は、免除するとされています。

4　インドから来日した大学生

専ら教育を受けるために日本に滞在する学生で、現にインドの居住者である者又はその滞在の直前にインドの居住者であった者が、その生計、教育のために受け取る給付は、免除するとされています。

ただし、日本の国外から支払われるものに限られていますので、インドから来た大学生が日本でアルバイトをして受け取る給与等は、国外から支払われるものではありませんので、免除の対象とはなりません。

この場合、インドから来た大学生にアルバイト代として支払われる給与等については、その大学生が居住者か非居住者かを判定した上で、それぞれの区分に応じた源泉徴収を行う必要があります。

5　租税条約の規定に基づき源泉徴収税額の免除を受けるための手続

源泉徴収の段階で免税措置を受けるためには、給与等の支払者を経由して「租税条約に関する届出書」を、その給与等の支払者の所轄税務署長に提出する必要があります（3-31参照）。

■【主な関係法令通達】 所法2①五、7①三、161十二イ、162、日中租税条約21、日韓租税条約20、日印租税条約20、実特令8

3－12　専修学校等の就学生に対する免税条項の適用は

Q

専修学校に在学している外国人就学生をアルバイトとして雇用することになりましたが、租税条約に定める留学や事業修習者等の所得税の免除条項の適用ができるか教えてください。

Answer

日本語学校などの専修学校等に在学する就学生については、そのことのみをもって租税条約で定める学生や事業修習者、事業習得者の免税条項の適用はありません。

専修学校の就学生について居住者か非居住者かの判定を行った上で、それぞれの区分に応じた源泉徴収を行ってください。

1　学生等の用語の解釈

学生等に対する租税条約の免除条項は、「大学、学校その他の公認された教育機関の学生として」、「事業修習者とし」、「専ら技術上、職業上又は事業上の経験の習得のため」等と定めています。

「学生」、「事業修習者」及び「事業習得者」の範囲については、国内法の規定により解釈することになります。

1　学生……学校教育法第１条に規定する学校（幼稚園、小学校、中学校、義務教育学校、高等学校、中等教育学校、特別支援学校、大学及び高等専門学校）の児童、生徒又は学生

2　事業修習者……企業内の見習研修者や日本の職業訓練所等において訓練、研修を受ける者

3　事業習得者……企業の使用人として又は契約に基づき、当該企業以外の者から高度な職業上の経験等を習得する者

2　専修学校

専修学校は、学校教育法第124条で、「法第１条に掲げるもの以外の教育施設で、職業若しくは実際生活に必要な能力を育成し、又は教養の向上を図ることを目的として次の各号に該当する組織的な教育を行うもの（当該教育を行うにつき他の法律に特別の規定があるもの及び我が国に居住する外国人を専ら対象とするものを除く。）は、専修学校とする。」とし、修業年限が１年以上であるなどの要件を定めています。

■【主な関係法令通達】　実特令８　各国との租税条約

3 −13 事業修習者に対する免税措置は

Q

外国からの事業修習者を受け入れ給与を支払う場合、源泉徴収についてはどのようにしたらよろしいですか。

Answer

事業修習者についての免税措置は、各国と締結した二国間の租税条約によって定められており、その内容は一律ではありません。

したがって、事業修習者について、どの国との租税条約が適用されるかを確認した上で、その租税条約により適用可否を判定します。

なお、免税措置を適用する場合には、一定の手続きが必要となりますので注意してください。

1　租税条約の事業修習者条項

わが国が締結した租税条約の事業修習者条項は、免除される給付の範囲等が国によって異なっており、租税条約の適用に当たっては、各国との租税条約の内容を確認する必要があります。

2　中国から来日した事業修習者

専ら訓練を受けるため又は特別の技術的経験を修得するために国内に滞在する事業修習者又は研修員で、現に中国の居住者である者又はその滞在の直前に中国の居住者であった者が、その生計又は訓練のために受け取る給付又は所得は、免除するとされています。

したがって、中国から来日した事業修習者が受け取る一般的な給与は免除されます。

3　韓国から来日した事業修習者

専ら訓練を受けるために国内に滞在する事業修習者で、現に韓国の居住者である者又はその滞在の直前に韓国の居住者であった者が、その生計又は訓練のため受け取る給付で、日本の国外から支払われるものは、免除するとされています。

また、事業修習者は、1年を超えない期間日本において訓練に関連する実務上の経験を修得するために行う勤務から取得する報酬についても、当該報酬の額が年間1万合衆国ドル又は日本円若しくは韓国ウォンによるその相当額を超えない場合には、免除するとされています。

4　インドから来日した事業修習者

専ら訓練を受けるために日本に滞在する事業修習者で、現にインドの居住者である者又はその滞在の直前にインドの居住者であった者が、その生計又は訓練のために受け取る給付は、免除するとされています。

ただし、日本の国外から支払われるものに限られています。

したがって、インドから来た事業修習者が受け取る国内でアルバイトを行ったことによる給与等は、国外から支払われるものではありませんので、免除されません。

この場合、その給与等については、その事業修習者が居住者か非居住者かの判定を行った上で、それぞれの区分に応じた源泉徴収を行う必要があります。

5　米国から来日した事業修習者

専ら訓練を受けるために国内に滞在する事業修習者で、現に米国の居住者である者又はその滞在の直前に米国の居住者であった者が、その生計又は訓練を受けるために受け取る給付（国外から支払われる給付に限る。）については、免除するとされています。

なお、この規定は、最初に訓練を開始した日から1年を超えない期間についてのみ適用されます。

したがって、米国から来た事業修習者が国内で受け取る給与等は、国外から支払われるものではありませんので、免除されません。

6　租税条約の規定に基づき源泉徴収税額の免除を受けるための手続

源泉徴収の段階で免税措置を受けるためには、給与等の支払者を経由して「租税条約に関する届出書」を、その給与等の支払者の所轄税務署長に提出する必要があります（3-31参照)。

■【主な関係法令通達】　所法２①五、７①三、161十二イ、162、日中租税条約21、日韓租税条約20、日印租税条約20、日米租税条約19、実特令８

3－14　事業習得者に対する免税措置は

Q

租税条約に定める事業習得者に対する免税措置が定められている国と、定めのない国があるそうですが、どのようになっているかを教えてください。

Answer

事業習得者についての免税措置は、各国と締結する二国間の租税条約によって定められますが、その定めがある国とない国があり、また、定めのある国においても、学生や事業修習者に対する免税規定の中に含めて定めている場合と、項を設けて定めている場合があり、その内容は一律ではありません。

したがって、事業習得者について、どの国との租税条約が適用されるかを確認した上で、その租税条約により適用可否を判定する必要があります。

1　租税条約の事業習得者条項

わが国が締結した租税条約の事業習得者条項の定め方は、独立した項を設けて定めている場合と、学生や事業修習者に対する免税規定の中に含めて定めている場合がある、前者はインドネシアやスリランカ、フィリピンほか、後者はタイや中国、バングラデシュほかとなっています。

何れにおいても、免除される給付の範囲等が国によって異なっていますので、各国との租税条約の内容を確認する必要があります。

なお、米国やブラジル、インド、ベトナム等は、事業習得者条項の定めがありません。

2　インドネシアから来日した事業習得者（ケース１）

専ら技術上、職業上又は事業上の経験の習得のため12箇月を超えない期間、日本国内に一時的に滞在する者は、当該経験の習得に直接関係のある役務に対するその滞在期間の報酬につき、日本において租税を免除するとされています。

ただし、当該個人が海外から受領する報酬と日本において支払われる報酬との合計額が、日本国である場合には年間180万円、インドネシアである場合には、年間で70万インドネシア・ルピアを超えない場合に限るとされています。

したがって、インドネシアから来日した事業習得者が受け取る１年を超えない期間に係る海外から受領する報酬と日本において支払われる報酬の合計額が年間180万円までの給与は免除されます。

3　タイから来日した事業習得者（ケース２）

日本を訪れる直前にタイの居住者であった個人で、専ら職業上若しくは営業上の資格で訓練を受けるために日本を訪問するものは、生計や訓練のための海外からの送金、５年を超えない期間内当該日本において提供する人的役務による所得に係る日本における租税を免除するとされています。

したがって、タイから来日した事業習得者が５年を超えない期間に受け取る一般的な給与は免除されます。

4　租税条約の規定に基づき源泉徴収税額の免除を受けるための手続

源泉徴収の段階で免税措置を受けるためには、給与等の支払者を経由して「租税条約に関する届出書」を、その給与等の支払者の所轄税務署長に提出する必要があります（３－31参照）。

■【主な関係法令通達】　所法２①五、７①三、161十二イ、162、日尼租税条約21②、日泰租税条約19、実特令８

3－15　短期滞在者に対する免税措置は

Q

海外子会社工場に勤務する現地の技術者をあるプロジェクトに参加させるために国内にある親会社の工場で６か月間（183日以下）勤務させることとしましたが、こうした、短期滞在者が受ける給与については、免税制度が準備されていると聞きますがどのような制度ですか。

Answer

短期滞在者についての免税措置は、各国と締結した二国間の租税条約によって定められており、一定の条件の下に居住者や非居住者の別に関係なく人的役務の提供地である源泉地国での課税を免除することとしています。

1　給与等の人的役務の提供に対する報酬等に係る租税条約

わが国が締結した租税条約においては、給与所得を給料、賃金その他これらに類する報酬と定義し、これらの報酬については、原則として、その役務提供が行われた場所において課税することとしています。

しかし、給与等についての源泉地国課税を厳密に行うことは、その所得の認識や課税処理が煩雑となり経済活動を阻害しかねないため、一定の要件の下に源泉地国（役務を提供した地）での課税を免除するなどの特例を設けているのが通例です。

これを一般に短期滞在者免税といい、租税条約により滞在日数基準の計算の仕方が若干異なっていますので留意が必要です。

2　ＯＥＣＤモデル租税条約における短期滞在者免税

わが国が租税条約を締結する際のひな型としているＯＥＣＤモデル

租税条約における「短期滞在者免税」規定（租税条約第15条第２項）では、「一方の締約国の居住者が他方の締約国内において行う勤務について取得する報酬に対しては、次の(a)から(c)までに掲げることを条件として、当該一方の国においてのみ租税を課すことができる。

(a) 当該課税年度において開始し、又は終了するいずれの12か月の期間においても、報酬の受領者が当該他方の締約国内に滞在する期間が合計183日を超えないこと

(b) 報酬が当該他方の締約国の居住者でない雇用者又はこれに代わる者から支払われるものであること

(c) 報酬が雇用者の当該他方の締約国内に有する恒久的施設によって負担されるものでないこと」と定められています。

3　ＯＥＣＤモデル租税条約と異なった滞在日数基準

ＯＥＣＤモデル租税条約における滞在日数基準は、「当該課税年度において開始し、又は終了するいずれの12か月の期間において、当該他方の締約国内に滞在する期間が合計183日を超えないこと」と規定していますが、例えば、タイとの租税条約では、「報酬又は所得の受領者が当該年を通じて合計180日を超えない期間当該他方の締約国内に滞在すること」と規定しています。

したがって、租税条約に定める180日又は183日は、ＯＥＣＤモデル租税条約では「連続する12か月間における滞在日数の合計」が183日を超えるか否かで判定されますが、タイとの租税条約では「当該年を通じ」と規定し、暦年単位により計算することとされており、滞在期間を通算して計算すると180日を超えていたとしても、暦年単位で計算した場合に180日を超えない場合には短期滞在者免税の適用を受けることができますので留意する必要があります。

4　滞在日数の計算

短期滞在者免税における滞在期間は、物理的な滞在日数の合計によるべきものと解され、１日のうちの一部、到着日、出国日、役務提供地国での土曜日・日曜日・国民的祝日・休日（役務提供前、期間中及び終了後)、役務提供地国での短期間の休暇、病気（当人が出国することができない場合を除く。）の日数、家族の病気や死亡、研修、ストライキ、ロックアウト、供給の遅延により役務提供地国で過ごした日数も滞在期間に含まれるとしていますので留意する必要があります。

5　租税条約の規定に基づき源泉徴収税額の免除を受けるための手続

源泉徴収の段階で免税措置を受けるためには、給与等の支払者を経由して「租税条約に関する届出書」を、その給与等の支払者の所轄税務署長に提出する必要があります（３-31参照)。

■【主な関係法令通達】　所法２①五、７①三、161十二イ、162、OECDモデル租税条約15②、タイとの租税条約14①(a)、実特令８、国税庁質疑応答事例：短期滞在者免税の要件である滞在日数の計算

3－16 短期滞在者免税の適用を受けていた者の滞在日数が183日を超えた場合は

Q

内国法人の米国子会社の工場に勤務する技術者（米国の居住者）が国内にある親会社の工場で6か月弱の間（183日以下）勤務する予定で入国し短期滞在者免税の適用を受けていましたが、業務の都合で2か月延長して国内に滞在することになりました。

183日を超えることとなった日以後に支払われる給与についてのみ源泉徴収を行い、既に支払いが終わっている給与については免税のままとしてよろしいですか。

Answer

連続する12か月間における滞在日数の合計が183日を超えるため、日米租税条約による短期滞在者免税の適用を受けることはできません。当該課税年度において開始し又は終了するいずれの12か月の期間に支払われた給与についても遡って源泉徴収を行う必要があります。

---

1 日米租税条約の短期滞在者免税

日米租税条約における短期滞在者免税は、「当該課税年度において開始又は終了するいずれの12か月の期間においても、報酬の受領者が当該他方の締約国内に滞在する期間が合計183日を超えないこと」と規定されており、その者の滞在日数の合計が183日以内である必要があります。

2 滞在日数が183日を超えた場合の取扱い

おたずねの場合は、米国子会社の技術者の連続する12か月間における滞在日数が183日を超えるため、滞在の開始に遡って短期滞在者免税の適用が受けられませんので、その期間に支払われた給与についても源泉徴収が必要となります。

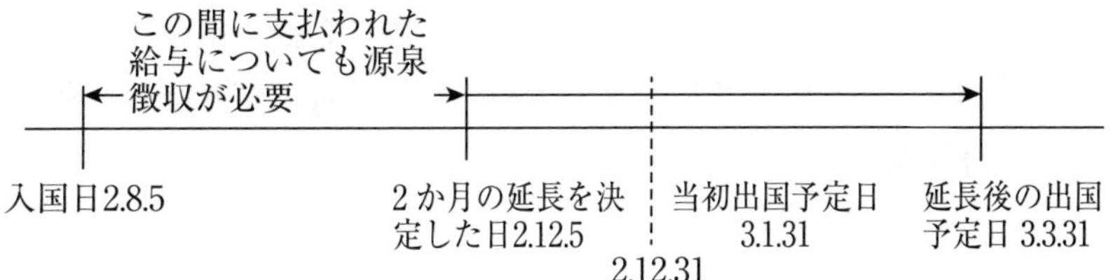

■【主な関係法令通達】　所法212②、日米租税条約14②

3－17 日本勤務で発生する費用を会社が負担した場合は

Q

海外から働きに来た者にとっては、自国で勤務する場合と比べて特別な費用が発生しますが、その費用を会社が負担した場合の源泉徴収はどのようにしたらよろしいですか。

Answer

居住者であるか非居住者であるかにかかわりなく、個人が負担すべき費用を会社が負担した場合には、現物給与としてその者の給与等の支払額に含めて源泉徴収をする必要があります。

1　給与所得

給与所得とは、勤務先から受ける俸給、給料、賃金、歳費及び賞与並びにこれらの性質を有するものをいい、収入金額には、金銭で支給されるもののほか、給与の支払者から受けた経済的利益も含まれます（1－4、1－5参照）。

2　手当

残業手当や休日出勤手当、職務手当等のほか、家族手当、住宅手当なども原則として給与所得となりますが、通勤手当のうち一定金額以下のものや旅費のうち通常必要と認められるものなどは例外として非課税となります（1－6、4－1～4－5参照）。

3　現物給与

食事の現物支給や商品の値引販売、従業員が負担すべきものを会社が代わりに負担した場合には、従業員が経済的利益を得たとみなされて、給与所得として課税されます。

これらの経済的利益を一般に現物給与といいますが、現物給与には、使用者側の業務遂行上の必要から支給されるものやその評価が困難であったり換金性に欠けるもの、また、受給者側に物品などの選択の余地がないものなど、金銭で支払う給与とその性質が異なるため、特定の現物給与については、課税上金銭給与とは異なった取扱いが定められています（1－7～1－9参照）。

■【主な関係法令通達】　所法９、28、36、所基通36-15

3－18 住宅を無償で貸与した場合は

Q

海外から６か月の予定で来日した従業員である非居住者は、住宅の賃貸借契約が難しいため当社が住宅を借り上げ、無償で貸与することになりました。源泉徴収はどのようにしたらよろしいですか。

Answer

住宅等を無償で貸与する場合は、収受すべき家賃相当額を経済的利益としてその者の給与の支給額に含めて源泉徴収をする必要があります。

---

1 住宅の貸付け

現金で支給される住宅手当や入居者が直接契約している場合の家賃負担はもとより、無償又は低額で貸与している場合も給与所得となります。

なお、使用人に対して社宅や寮などを貸与する場合（会社が所有しているか他から借りたものであるかを問いません。）は、使用人から１か月当たり一定額の家賃（賃貸料相当額）以上を受け取っていれば給与として課税する必要はありません（4-24、4-25参照）。

2 賃貸料相当額

賃貸料相当額とは、

① その年度の家屋の固定資産税の課税標準額×0.2%

② 12円×（その家屋の総床面積（㎡）／3.3（㎡））

③ その年度の敷地の固定資産税の課税標準額×0.22%

の合計額です。

3　無償又は低額での貸与

住宅を無償で貸与する場合は、賃貸料相当額を給与として課税する必要があります。

また、低額で貸与する場合には、賃貸料相当額と収受する賃料との差額を給与として課税する必要がありますが、賃貸料相当額の２分の１以上を賃料として収受する場合には、給与として課税する必要はありません。

4　居住費用

レンタル家具や水道光熱費も本来個人が負担すべき費用であり、会社が負担した場合には、その全額を給与として課税する必要があります。

■【主な関係法令通達】　所法９、36、所令21、所基通９－９、36-15、36-41、36-45、36-47

3－19　語学研修費用を会社が負担した場合は

Q

海外から来日した従業員に日本語の研修を受けさせるため、その受講費用を会社が負担しましたが、源泉徴収をする必要がありますか。

Answer

業務遂行上の必要に基づき使用人としての職務に直接必要な知識を習得させるための費用は、これらの費用として適正なものに限り、課税しなくて差し支えありません。

1　学資金等として支給される金品

会社が自社の業務遂行上の必要性に基づいて、従業員としての職務に直接必要な技術若しくは知識を習得させ、又は免許若しくは資格を取得させるための研修会、講習会等の出席費用に充てるものとして支給する金銭については、これらの費用として適正なものに限り、課税しなくて差し支えないこととされています（4－11参照）。

2　語学研修費

おたずねの場合は、来日した従業員にとっての日本語は円滑な業務を推進する上で直接必要なものであり、会社にとってもその従業員の職務内容の質的向上を図るためのものであるといえます。

したがって、その従業員に日本語の研修を受講させるための費用を会社が負担した場合であっても、研修の内容や程度、その金額が適正である限り、給与として課税する必要はありません。

なお、その従業員の配偶者の日本語研修費用についても同様な取り扱いができると考えられます。

■【主な関係法令通達】　所法９、36、所令21、所基通36-29の２

3－20　海外から働きに来ている者の年末調整は

Q

ブラジル人を従業員として採用し給与を支給していますが、年末調整はどのようにしたらよろしいですか。

Answer

海外から働きに来ている場合であっても、居住者又は非居住者かの判定を行い、居住者に判定された者については、一般の日本人従業員と同様に年末調整を行う必要があります。

1　12月に行う年末調整

12月に行う年末調整は、「扶養控除等申告書」を年末調整を行う日までに提出している在職従業員（1年間に支払うべきことが確定した給与の総額が2,000万円を超える者を除きます。）について行います（1－17、1－18参照）。

2　年の中途で行う年末調整

いわゆるパートタイマーとして働いている人などが退職した場合で、本年中に支払を受ける給与の総額が103万円以下である人（退職後その年に他の勤務先から給与の支払を受ける見込みのある人は除きます。）や死亡によって退職した人などは、退職する際に、年末調整を行う必要があります。

3　海外から働きに来ている従業員

海外から働きに来ている従業員であっても、居住者に判定される者で、かつ、年末まで引き続き勤務している者のうち「扶養控除等申告書」が提出されている場合には年末調整の対象となります。

なお、学生等の租税条約に基づく軽減又は免除の届出書を提出している者にあっては、原則的には年末調整をする必要はありません。

■【主な関係法令通達】　所法190、194

3－21　年の途中で居住者となった者の年末調整は

Q

1年未満の在留予定で来日しましたが、滞在期間が延長され、1年以上国内に滞在することになりました。その者の年末調整はどうしたらよろしいですか。

Answer

滞在期間が延長され1年以上滞在することが決定した日以後、その年の12月31日までの間に支払われる給与については、年末調整を行う必要があります。

1　年末調整の対象となる期間

海外から働きに来ている者であっても、居住者に判定される者で年末まで引き続き勤務している場合は、「扶養控除等申告書」を提出することによって、年末調整を受けることができます。

したがって、滞在期間が延長され1年以上国内に滞在することとなった者については、その決定した日以後、その年の12月31日までに支払われる給与については、「扶養控除等申告書」の提出を求めて、年末調整を行う必要があります。

2　結果的に滞在期間が1年を超えるに至った者

結果的に滞在期間が1年を超えるに至った者についても、来日から1年を経過した日以後、その年の12月31日までに支払われる給与については、「扶養控除等申告書」を提出することによって、年末調整を受けることができます。

3　非居住者であった期間に支払いを受けた給与

その居住者が非居住者であった期間に支払を受けた給与については、年末調整に含めることはできません。

■【主な関係法令通達】　所法161、169、190、194

3－22 在留予定が短縮された者の年末調整は

Q

当初1年以上日本に滞在する予定で入国した者を雇用していましたが、本人の都合により入国の日から6か月で帰国することになりました。年末調整は、どうしたらよろしいですか。

Answer

居住者である従業員が出国により非居住者となる場合には、居住者期間中に支払った給与等について年末調整を行う必要があります。

1　年末調整の時期

給与等の支払を受けている居住者が年の中途で出国することが決まり、非居住者となる場合は、その時において年末調整を行うこととされています。

2　年末調整の対象となる給与等及び所得控除の範囲

年末調整は、居住者に支払った給与等を対象とし、一般の従業員と同様の方法により年末調整を行います。

なお、配偶者や親族と生計を一にしているかについては、出国時の現況により判定し、それらの者の合計所得金額については、出国する年の1年間の所得を出国時に見積もって判定します。

年の途中で出国する場合であっても、配偶者控除や扶養控除、基礎控除は按分計算する必要はありません。

■【主な関係法令通達】　所法83～85、190、所基通85-1、190-1

3－23　海外赴任者の一時帰国と国内源泉所得は

Q

３年間の予定で海外子会社に出向・赴任中の従業員Ａが一時帰国し、出向先である海外子会社の業務を行うことになりました。なお、当該従業員には、格差補填金としての留守宅手当を支給し、現地給与は子会社が現地で支給しています。

この場合、日本での課税関係はどうなるのでしょうか。

Answer

日本出張期間中の従業員Ａの役務提供地は日本であり、日本で支払う留守宅手当のうち日本出張期間に対応する部分は、非居住者の国内源泉所得に該当しますので、20.42％（復興特別所得税を含みます。）で源泉徴収をする必要があります。

1　留守宅手当

海外子会社出向中に従業員Ａに通常支払われる格差補填金としての留守宅手当は、従業員Ａが非居住者で、役務提供地も海外であることから国外源泉所得となり、日本では課税されません。

2　日本出張期間中の課税

非居住者である従業員Ａの、日本出張期間中の役務提供地は日本国内であり、日本出張期間に対応する部分の給与は国内源泉所得に該当しますので、源泉徴収が必要となります。

3　短期滞在者免税の適用

わが国が締結した租税条約の「短期滞在者免税」規定（租税条約第15条第２項）では、「一方の締約国の居住者が他方の締約国内において行う勤務について取得する報酬に対しては、「報酬が当該他方の締約国の居住者でない雇用者又はこれに代わる者から支払われるものであること」との要件が定められており、国内法人が支払う役務の提供に係る給与の支払いは適用とならないため、「租税条約に関する届出書」の提出も必要ありません。

なお、従業員Aの日本出張期間の役務提供地は日本であり、同期間に対応する海外子会社が支払う現地給与についても国内源泉所得となりますが、日本に同法人が事務所等を有しない限り、日本の税法が及ばないため源泉徴収義務は発生しません。

■【主な関係法令通達】　所法2①五、7①三、161十二イ、162、実特令8

3 －24　出国後に支給する国内給与は

Q

海外から働きに来ていた者が、この９月末日まで働き、契約期間の満了に伴い10月５日に帰国しました。

当社は、給与の計算期間を月の初日から末日までとして翌月の10日に、また、超過勤務手当は翌々月の10日に支払うこととしていますので、帰国した者に対して、９月分の給与と８・９月分の超過勤務手当が未払いとなっていました。

給与計算ができましたので、海外送金をすることにしましたが源泉徴収はどのようにしたらよろしいですか。

Answer

支払われる給与及び超過勤務手当のすべてが非居住者に対する国内で行った勤務その他人的役務の提供に対する報酬となりますので、20.42％（復興特別所得税を含みます。）の源泉徴収をする必要があります。

1　帰国した者の居住者・非居住者の判定

契約が満了して本国に帰国した者は、10月５日には出国しており、同者の生活の本拠地は、反証がない限り本国であると認められますので、出国の翌日である６日から非居住者と判定されます。

2　国内源泉所得

俸給、給与等又はこれらの性質を有する給与その他人的役務の提供に対する報酬のうち、非居住者となった日以後に支給期の到来する国内において行った勤務その他の人的役務の提供に起因するものについては、源泉徴収の対象となる国内源泉所得となります。

その給与等が居住者又は非居住者のいずれに支払われた給与等であ

るかは、その給与等の支給期、即ち、支給日が定められているものについてはその支給日においてその者が居住者又は非居住者のいずれであるかによります。

したがって、未払いとなっていた9月分の給与と8・9月分の超過勤務手当は、すべて国内勤務に対応するもので、非居住者に対する給与等の人的役務の提供に係る報酬として、その支払いに対して20.42%（復興特別所得税を含みます。）の源泉徴収をする必要があります。

なお、給与等の計算期間の中途において海外法人等に出向となり、非居住者となった日以後に支給期の到来する同計算期間の給与等のうち、その計算期間が1月以下で、かつ、国内勤務と国外勤務の双方に対応する部分が含まれている場合には、その総額を国内源泉所得に該当しないものとして差し支えないとしていますので留意してください。

3　出国前に給与等の精算

国内勤務に対応する給与や超過勤務手当であっても、非居住者になってから支給期が到来し支払われるものについては、非居住者に対する給与等の人的役務の提供に係る報酬の支払いとして20.42%（復興特別所得税を含みます。）の源泉徴収が必要となることから、非居住者となることが明らかになった場合は、できるだけ帰国日前に給与等の精算を済ませることをお勧めします。

■ 【主な関係法令通達】　所法2①三、五、161①十二、212①、所令285①、所基通36-9、212-5

3－25　非居住者に支払われる退職所得の課税は

Q

国内勤務がある非居住者に退職金を支払うことになりましたが、源泉徴収をする必要があるか教えてください。

また、その場合、選択課税の特例があると聞きましたがどのようなものかを教えてください。

Answer

非居住者が国内で勤務したことにより受ける退職金（国内勤務期間分）は、非居住者に係る国内源泉所得となりますので、その支払いに当たっては、20.42％（復興特別所得税を含む。）の税率による源泉徴収をする必要があります。

なお、非居住者が受ける退職金については、納税者の選択により確定申告の方法を用いて居住者と同様の課税を受けることができ、これにより非居住者として退職金に課税された源泉所得税の還付を受けることができます。

1　居住者に支払う退職金の課税

居住者に対して退職金（特定役員退職手当等を除く。）を支払う場合には、その居住者から、「退職所得の受給に関する申告書」の提出を求め、その支給総額から勤務期間に応じた退職所得控除額を差し引いた後の金額の2分の1に相当する金額に税率（累進税率）を乗じた金額について源泉徴収をする必要があります。

2　非居住者に支払う退職金の課税

非居住者に支払う退職金については、居住者であった期間に行った勤務に対する収入金額が国内源泉所得に該当し、その支払いに当たっては20.42%（復興特別所得税を含みます。）の税率により源泉徴収をする必要があります。

3　非居住者が受ける退職金の課税方式の選択

退職金の支払いを受ける時が、居住者か非居住者かによって税負担が大きく異なることから、これを調整する措置として、「非居住者が居住者として行った勤務に基因する退職金の支払を受ける場合には、居住者として支払を受けたものとみなす」という特例があります。

具体的には、その年中に支払を受けた退職手当等のすべてについて居住者と同様の課税を受けることを選択した申告書を税務署長に提出することにより、非居住者として退職金に課された源泉所得税の還付を受けることができます。

■【主な関係法令通達】　所法161①十二ハ、171、173、所令297、所基通161－41

3－26　扶養親族の範囲は

Q

年の途中で居住者になりましたので年末調整を受けるために「扶養控除等申告書」「配偶者控除等申告書」を提出したいのですが、本国にいる家族は配偶者控除や扶養親族に含めることができますか。

Answer

家族がどこに住んでいるかに関係なく、所得税法上の控除対象配偶者や扶養親族となる人がいる場合には、「扶養控除等申告書」「配偶者控除等申告書」に配偶者や扶養親族として記載することができます。

1　所得税法上の控除対象配偶者

控除対象配偶者とは、その年の12月31日の現況で、①　民法の規定による配偶者であること（内縁関係の人は該当しません。）、②　納税者と生計を一にしていること、③　年間の合計所得金額が48万円以下であること、④　納税者の合計所得金額が1,000万円を超えないことの要件のすべてに当てはまる者です。

2　所得税法上の扶養親族の要件

扶養親族とは、その年の12月31日（納税者が年の中途で死亡し又は出国する場合は、その死亡又は出国の時）の現況で、①　配偶者以外の親族（６親等内の血族及び３親等内の姻族をいいます。）、②　納税者と生計を一にしていること、③　年間の合計所得金額が48万円以下であることの要件のすべてに当てはまる者です。

なお、令和２年度税制改正において、日本国外に居住する親族に係る扶養控除についてその対象となる親族から、①留学により国内に住所及び居所を有しなくなった者、②障害者、③その適用を受ける居住者からその年において生活費又は教育費に充てるための支払を38万円以上受けている者のいずれにも該当しない者を除外することとし、令和５年分以降の所得税又は同年１月１日以後に支払を受けるべき給与等に適用されることになりました。

3　民法の規定によらない配偶者や親族

外国籍で民法の規定によらない配偶者が控除対象配偶者となるかについては、法令の規定により、婚姻の方式は婚姻挙行地の法律の定めによることとされており、婚姻の挙行地が本国であれば本国の法律の定めにより婚姻しているかにより判断することになります。

なお、非居住者である親族に係る扶養控除、配偶者控除又は障害者控除等の適用を受ける居住者は、親族関係書類（3-21参照）を扶養控除申告書等に添付し、又はその申告書の提出の際に提示しなければならないとされています。

4　生計を一にしていることの要件

非居住者である親族に係る扶養控除、配偶者控除又は障害者控除等の適用を受ける居住者は、生活費等を本国にいる家族に送金するなど扶養している事実が確認できる送金関係書類（3-27参照）を扶養控除申告書等に添付し、又はその申告書の提出の際に提示しなければなりません。また、配偶者特別控除の適用を受ける居住者は、親族関係書類及び送金関係書類を配偶者特別控除申告書（配偶者控除等申告書）に添付し、又はその申告書の提出に際して提示しなければならないとされています。

5　年間の合計所得金額が48万円以下の要件

年間の合計所得金額が48万円以下であるかについては、その家族が本国において相当額の所得があったとしても、その所得は国外源泉所得で、所得税法上の合計所得金額には含まれませんので、配偶者控除や扶養控除の対象にすることが可能ですが、多額な国外源泉所得がある場合に、生計を一にしていると判定できるかについては疑問が残ります。

■【主な関係法令通達】　所法２①三十三、三十四、三十四の二、82、84、85、190、所基通２-46、２-47

3－27 親族関係書類・送金関係書類は

Q

本国にいる家族について扶養控除や配偶者控除を受けるために「扶養控除等申告書」等を提出したいのですが、どのような書類が必要ですか。

Answer

非居住者である親族に係る扶養控除や配偶者控除等の適用を受ける居住者は、親族関係書類を、また、年末調整において同控除の適用を受ける居住者は送金関係書類を扶養控除等申告書等に添付し、又はその申告書の提出の際に提示しなければなりません。

1　親族関係書類

親族関係書類とは、次の①又は②のいずれかの書類で、その国外居住親族がその納税者の親族であることを証するものとされています。

① 戸籍の附票の写しその他の国又は地方公共団体が発行した書類及びその国外居住親族の旅券の写し

② 外国政府又は外国の地方公共団体が発行した書類（その国外居住親族の氏名、生年月日及び住所又は居所の記載があるものに限る。）

2　送金関係書類

送金関係書類とは、その年における次の①又は②のいずれかの書類で、その国外居住親族の生活費又は教育費に充てるための支払を、必要の都度、各人に行ったことを明らかにするものとされています。

① 金融機関の書類又はその写しで、その金融機関が行う為替取引によりその居住者（納税者）からその国外居住親族に支払をしたことを明らかにする書類

② いわゆるクレジットカード発行会社の書類又はその写しで、そのクレジットカード発行会社が交付したカードを提示してその国外居住親族が商品等を購入したこと等及びその商品等の購入等の代金に相当する額をその居住者（納税者）から受領したことを明らかにする書類

3　留学証明書類、38万円以上送金等関係書類

令和２年度税制改正において、国外居住親族に係る扶養控除として適用される控除は、留学により国内に住所及び居所を有しなくなった者に該当する場合には、親族関係書類及び送金関係書類に加えて留学証明書類（外国政府又は外国の地方公共団体が発行した留学の在留資格に相当する資格をもって外国に在留することにより非居住者となったことを証する書類）、控除対象扶養親族に該当する事実が、その適用を受ける居住者からその年において生活費又は教育費に充てるための支払を38万円以上受けている者に該当する場合には、親族関係書類及び送金関係書類に加えて38万円以上送金等関係書類（その親族への支払金額が38万円以上であることを明らかにする書類）が、それぞれ添付等された者に限られることになり、令和５年分以降の所得税又は同年１月１日以後に支払を受けるべき給与等に適用されることになりました（３－26参照）。

4　書類が外国語で作成されている場合

親族関係書類又は送金関係書類が外国語で作成されている場合には、その翻訳文を添付し、又はその申告書の提出の際に提示する必要があります。

5　添付又は提示

親族関係書類又は送金関係書類は、扶養控除等申告書に添付しない

で、その提出の際に提示することでよいことになっていますが、納税者の承諾を得て写しを作成し保存しておくことをお勧めします。

■【主な関係法令通達】　所 法120③ 二、190、194① 七、④、⑤、⑥、所令316の２②三、③、所規73の２②二、③、④

3－28　国内源泉所得に係る源泉所得税等の納期限は

Q

内国法人の台湾支店に勤務する社員が来日し、本社で10か月間勤務することになり、この間の給与は台湾支店から支給されますが、同給与は、非居住者に対する国内源泉所得の支払となり、源泉徴収が必要とのことですが、納期限を教えてください。

Answer

台湾支店に勤務する社員が日本にある本社で勤務することにより受ける給与は国内源泉所得となります。また、その給与が台湾支店から支払われていますが、本社が国内にあることから、国内において支払われたものとみなして源泉徴収を行うことになります。

徴収した源泉所得税は支払をした月の翌月末日までに納付する必要があります。

1　国内源泉所得に係る源泉所得税等の納期限

非居住者に国内源泉所得の支払をした場合の源泉所得税等の納付は、一部の特例を除いて一般の居住者に支払った場合の源泉所得税等の納期限と異なるところがなく、その支払った月の翌月10日までに、これを納付する必要があります。

2　国内源泉所得に係る源泉所得税等の納期限の特例の不適用

居住者に対して支払った給与の支給人員が常時10人未満の源泉徴収義務者は、源泉徴収した所得税及び復興特別所得税を、半年分まとめて納めることができる特例がありますが、非居住者に係る源泉所得税等については、適用がありませんので注意をしてください。

3　国内で支払われるものとみなされた場合の納期限

国内源泉所得の支払が国外で行われる場合において、その支払者が国内に住所若しくは居所を有し、又は国内に事務所、事業所等を有するときは、その者がその国内源泉所得を国内において支払うものとみなして源泉徴収を行い、その徴収した日の属する月の翌月末日までに納付する必要があります。

なお、この取扱いによって徴収した所得税等を納付する場合には、月々の給与所得に係る徴収高計算書とは別にして作成し、その「適要」欄に「所得税法第212条第２項該当分」と記載してください。

■【主な関係法令通達】　所法161①十二イ、212①、②、216

3－29　留学生アルバイトに対する源泉徴収票の作成は

Q

専ら教育を受けるために国内に滞在する学生をアルバイトとして採用し、給与を支払っていますが、この者に支払う給与はすべて租税条約の規定により日本での課税が免除されています。

そのため、源泉徴収税額が発生しませんが、この場合であっても源泉徴収票を作成し、交付する必要がありますか。

Answer

居住者に対して給与等の支払をする者は、翌年１月31日までに源泉徴収票を作成して受給者に交付する必要があります。

１　給与所得の源泉徴収票

居住者に対して給与等の支払いをする者は、その年において支払の確定した給与等について、その給与等の支払を受ける者の各人別に源泉徴収票を２通作成し、その年の翌年１月31日までに、１通を所轄の税務署長（支払金額が居住者にあっては500万円以下、非居住者にあっては50万円以下である場合については、提出を要しないとされています。）に、他の１通を給与の支払を受ける者に交付する必要があります。

２　居住者である留学生

専ら教育を受けるために国内に滞在する学生で、勉学の余暇を利用してアルバイトを行い、生活費や学費に充てている場合においても、通常受け取る程度のアルバイト代であれば、租税条約に定める手続きを行うことにより日本での課税が免除されますが、その場合であっても給与所得の源泉徴収票の作成・交付は必要となります。

なお、この場合、「支払金額」欄には、免除の対象となった金額を含めて記載するとともに、「摘要」欄に免除対象金額と租税条約の該当条項を記載します。

■【主な関係法令通達】　所法226、所規93、所規別表６(1)

3－30　非居住者等に支払われる給与等の支払調書は

Q

海外から10か月の滞在予定で来日した者を従業員として採用し給与を支給しましたが、支払調書及び同合計表はどうしたらよろしいですか。

Answer

非居住者に国内源泉所得の支払をする者は翌年１月31日までに支払調書に合計表を添付して税務署長に提出する必要があります。

１　非居住者等に支払われる給与等の支払調書

非居住者に対して国内において行う人的役務の提供の対価として給与等を支払った場合には、「非居住者等に支払われる給与、報酬、年金及び賞金の支払調書」を作成し、同支払調書を「非居住者等に支払われる給与、報酬、年金及び賞金の支払調書（同合計表）」に添付して、その支払の日の属する年の翌年１月31日までに税務署長に提出する必要があります。

２　提出省略と部数

非居住者に支払われる給与等の支払金額が年間50万円以下の場合は、支払調書（給与所得の源泉徴収票）を提出する必要はありません。

なお、日本と自動的情報交換の規定を有する66か国（令和元年５月31日現在）に住所がある者の支払調書については、２部提出する必要があります。

■【主な関係法令通達】　所法161十二イ、225①八、所規89②、④

3－31 租税条約に基づき源泉徴収税額の免除を受けるための手続は

Q

留学生が租税条約に基づき税額の軽減又は免除を受けようとする場合にはどのような手続きが必要ですか。

Answer

留学生が、日本において源泉徴収される所得税及び復興特別所得税について、租税条約に基づき免除を受けようとする場合には、「租税条約に関する届出書（教授等・留学生・事業等の修習者・交付金等の受領者の報酬・交付金等に対する所得税及び復興特別所得税の免除）」を提出する必要があります。

1　租税条約に関する届出の提出

留学生等（学校教育法第１条に規定する学校の留学生）が、その生計のため又は教育を受けるために日本でアルバイトをして受け取る給与等について、租税条約の規定に基づき源泉徴収税額の免除を受けようとする者は、「租税条約に関する届出書（教授等・留学生・事業等の修習者・交付金等の受領者の報酬・交付金等に対する所得税及び復興特別所得税の免除）」を入国の日以後最初に報酬・交付金等の支払を受ける日の前日までに報酬・交付金等の支払者を経由してその支払者の所轄税務署長に提出する必要があります。

なお、勉学若しくは研究のための交付金、手当若しくは奨学金の受領者として、それぞれ国内に一時的に滞在する留学生等が、その支払を受ける国外からの給付若しくは送金、交付金等についても同様の手続きが必要となります。

2　租税条約に関する届出の提出方法

おたずねの場合には、報酬・交付金等の支払者ごとに租税条約に関する届出書を正副２部作成して、その支払者に提出し、その支払者は、正本を、その支払者の所轄税務署長に提出する必要があります。

なお、この届出書には、その者が在学する学校が発行する在学証明書及び交付金等の受領者である場合は交付金等の支給者が発行する交付金等の受領者であることを証明する書類を添付してください。

おって、適用を受ける租税条約の規定が特典条項の適用対象となる規定である場合には、「特典条項に関する付表（様式17）」を添付してください。

■【主な関係法令通達】　実特令４、８、９の５、９の10

3－32　租税条約に関する届出書の提出を失念していた者は

Q

留学生が租税条約に基づく税額の軽減又は免除を受けるための手続きを失念していましたが、これらの届出書をこれから提出することができますか。

Answer

「租税条約に関する届出書」は、できるだけ入国の日以後最初に給与等の報酬・交付金等の支払を受ける日の前日までにその支払者を通じてその支払者の所轄税務署長に提出する必要がありますが、遅れても提出することができます。

1　租税条約に関する届出書を提出しなかった場合

給与等の支払を受ける日の前日までに租税条約に関する届出書（教授等・留学生・事業等の修習者・交付金等の受領者の報酬・交付金等に対する所得税及び復興特別所得税の免除）を税務署長へ提出していない場合には、支払者はその支払の際、国内法の規定に基づき源泉徴収をする必要があります。

2　遅れて租税条約に関する届出書を提出する場合

おたずねの場合には租税条約に関する届出書とともに「租税条約に関する源泉徴収税額の還付請求書（様式11）」に支払内容が確認できる書類の写し等を添付して、支払者を通じて支払者の所轄税務署長に提出することで、免除の適用を受けた場合の源泉徴収税額と、国内法に規定する税率により源泉徴収された税額との差額（免除の場合は、基本的には源泉徴収された全額）について、還付を請求することができます。

なお、還付金については原則として申請者である非居住者等に還付します。ただし、代理人によって還付金を受領することを希望する場合には、非居住者等からの委任状とサイン証明書（委任状のサインが正当なものであるということの公的な証明）又は印鑑証明書、これらの翻訳文の添付が必要となります。

3　在留期間の長短にかかわらず適用

学生等の租税条約に基づく免除の取扱いは、その留学生のわが国における滞在期間の長短、居住者又は非居住者の別に関係なく適用ができます。

■【主な関係法令通達】　実特令４、８、９の５

第 4 章　経済的利益と非課税制度

◆ 特殊な給与 ◆

4－1　通勤手当の非課税限度額は

Q

会社に勤務する従業員等の通勤方法や通勤経路はそれぞれ異なると思いますが、通勤に要する費用であれば全額非課税とされるのでしょうか。

従業員等に通勤手当や通勤用定期乗車券等を支給する場合の課税上の取扱いを教えてください。

Answer

通勤距離や利用している交通機関等により、非課税とされる金額が異なります。

1　非課税限度額等

給与所得者でその通勤に必要な交通機関（電車・バス等）の利用又は交通用具（自動車・自転車等）の使用のために支出する費用に充てるものとして通常の給与に加算して受ける通勤手当及びこれに類するもの（通勤用定期乗車券等）のうち、一般の通勤者に通常必要であると認められる部分の金額は非課税とされています。

その課税されない金額は、１か月当たりの合理的な運賃等の額として、次の表のとおり、その者の通勤方法の区分に応じて定められています。

区　　分		課税されない金額
①　交通機関又は有料道路を利用している人に支給する通勤手当		１か月当たりの合理的な運賃等の額 （最高限度額　150,000円）
②　自転車や自動車などの交通用具を使用している人に支給する通勤手当	通勤距離が片道55キロメートル以上である場合	31,600円
	通勤距離が片道45キロメートル以上55キロメートル未満である場合	28,000円
	通勤距離が片道35キロメートル以上45キロメートル未満である場合	24,400円
	通勤距離が片道25キロメートル以上35キロメートル未満である場合	18,700円
	通勤距離が片道15キロメートル以上25キロメートル未満である場合	12,900円
	通勤距離が片道10キロメートル以上15キロメートル未満である場合	7,100円
	通勤距離が片道２キロメートル以上10キロメートル未満である場合	4,200円
	通勤距離が片道２キロメートル未満である場合	（全額課税）
③　交通機関を利用している人に支給する通勤用定期乗車券		１か月当たりの合理的な運賃等の額 （最高限度額　150,000円）
④　交通機関又は有料道路を利用するほか交通用具も使用している人に支給する通勤手当や通勤用定期乗車券		１か月当たりの合理的な運賃等の額と②の金額との合計額 （最高限度額　150,000円）

なお、「合理的な運賃等の額」とは、通勤のための運賃、時間、距離等の事情に照らし最も経済的かつ合理的と認められる通常の通勤の経路及び方法による運賃又は料金の額をいいます。この「合理的な運賃等の額」には、新幹線鉄道を利用した場合の特別急行料金は含まれますが、特別車両料金（グリーン料金）等は含まれません。

2　消費税等の取扱い

「運賃等の額」には、消費税及び地方消費税が含まれます。したがって、消費税及び地方消費税込みの運賃等の額が、表の「課税されない金額」以下であれば、課税される金額はないことになりますが、超える場合にはその超える部分の金額が課税の対象となります。

■【主な関係法令通達】　所法9①五、所令20の2、所基通9−6の3、平元直法6−1（平26課法9−1改正）

■【参考判例・裁判例】

①　通勤定期券または購入代金の支給は所得税法上の給与であるとした事例〔444ページ〕

②　年俸契約による給与等を得ている請求人の単身赴任費相当額又は通勤費相当額が非課税所得に当たらないとされた事例〔445ページ〕

③　通勤手当の非課税規定は、通常の給与に加算して受けるものとした事例〔446ページ〕

4－2　パートタイマー等に支給する通勤費の非課税限度額は

Q

当社では、パートタイマーに対し、通勤費として自宅から当社までの電車代・バス代等の実費相当額を支払うこととしました。

このような通勤費の非課税限度額について教えてください。

Answer

パートタイマーの１日当たりの実費相当額に１か月間の勤務日数を乗じて算出した金額と、１か月当たりの電車やバスの定期乗車券相当額とを比較し、いずれか低い金額が非課税限度額となります。

○　給与所得者で通勤をする者が、その通勤に必要な交通機関の利用又は交通用具の使用のために支出する費用に充てるものとして通常の給与に加算して受ける通勤手当及びこれに類するもの（通勤用定期乗車券など）のうち、一般の通勤者につき通常必要と認められる部分の金額は非課税とされています。

その金額は、経済的かつ合理的な運賃等の額として、１か月当たり最高150,000円まで非課税とされます。

おたずねの場合には、パートタイマーの１日当たりの所要額に１か月間の勤務日数を乗じて算出した金額と１か月当たりの電車やバスの定期乗車券相当額を比較し、いずれか低い方の金額が経済的かつ合理的な運賃等の額として非課税限度額になります。

■【主な関係法令通達等】　所法９①五、所令20の２

■【参考裁決例】　人材派遣会社から支払われた給与のうちの通勤費相当額は非課税所得に該当しないとした事例〔446ページ〕

4－3　勤務が深夜に及ぶアルバイトに支給する交通費は

Q

当社はゲーム機ソフトを開発している会社です。毎週水曜日と金曜日の週２日、専門大学の学生をアルバイトとして雇っています。開発業務が深夜に及ぶこともあり、通常のアルバイト賃金のほかに交通費として１日当たり2,000円を支払いたいと考えていますが、源泉徴収の対象となるでしょうか。

Answer

通勤のための実費が2,000円以上であれば、源泉徴収の対象とはなりません。

○　非課税とされる通勤手当の限度額は、通勤のための運賃、時間、距離等の実情に照らし最も経済的かつ合理的と認められる通常の通勤経路及び方法による運賃又は料金の額とされています。

おたずねの場合は、通勤のための実費が交通費として支給される2,000円以上かどうかにより、次のように取り扱われます。

①　１日当たりの通勤のための実費が2,000円以上である場合

支給総額は、週２日の勤務で月８日、支給される交通費は16,000円であり、１か月当たりの非課税限度額150,000円を超えないことから、全額非課税とされます。

②　１日当たりの通勤のための実費が2,000円未満である場合

その実費を超える部分の金額については、課税されることになりますので、源泉徴収が必要となります。

■　【主な関係法令通達】　所法９①五、所令20の２

4－4　旅費はすべて非課税か

Q

通常の勤務地を離れて職務を遂行する場合や、職場内の異動で転任する場合などには、会社から旅費等が支給されることが一般的ですが、「旅費」であれば全て非課税として取扱われるのでしょうか。

Answer

原則として、その旅行について通常必要と認められるものについては、課税されません。

○　次に掲げる旅行に必要な支出に充てるため支給される金品で、その旅行について通常必要と認められるものについては、課税されません。

① 通常勤務する場所を離れて職務を遂行するために行う旅行

② 転任や転居のために行う旅行

③ 就職や退職した人の転居又は死亡により退職した人の遺族が転居のために行う旅行

具体的には、旅行をした者に対して使用者等からその旅行に必要な運賃、宿泊料、移転料等の支出に充てるものとして支給される金品のうち、㋑その旅行の目的、㋺目的地、㋩行路若しくは期間、㋥宿泊の要否、㋭旅行者の職務内容、㋬旅行者の地位等からみて、その旅行に通常必要とされる費用の支出に充てられると認められるものに限られます。

そして、非課税となる旅費に該当するかどうかの判定に当たっては、次に掲げる事項を勘案することとされています。

① その支給額が、その支給をする使用者等の役員及び使用人の全てを通じて適正なバランスが保たれている基準によって計算され

たものであるかどうか

② その支給額が、その支給をする使用者等と同業種、同規模の他の使用者等が一般的に支給している金額に照らして相当と認められるものであるかどうか

なお、パートタイマーやアルバイトなどにも業務上の要請から出張等を命ずることがあると思われますが、これらの者に支給する旅費についても同様に取り扱われます。

■ 【主な関係法令通達】 所法9①四、所基通9－3

■ 【参考裁決例】 ① 単身赴任者に支給した帰郷交通費は、職務を遂行するための旅行でなく、帰郷に要する交通費の負担を軽減するために支給されたもので、給与所得に該当するとした事例〔447ページ〕

② 定額の旅費支給について非課税所得であるとして課税を行わないとする合理的理由が認められないとした事例〔447ページ〕

4－5　営業担当者に月１回支給する出張旅費は

Q

当社は新商品の営業に契約社員とパートタイマーを充てています。毎日出張しての営業であり、訪問先も多数であることから出張事績を記録するのが煩雑です。そのため、出張旅費の精算を行うことなく毎月６万円を定額の旅費として支給していますが、この旅費の課税上の取扱いを教えてください。

Answer

毎月定額により支給される旅費であり、給与所得として課税の対象とされます。

○　職務を遂行するために行う旅行の費用に充てるものとして支給される旅費であっても、年額又は月額により支給されるものは、給与所得として課税の対象とされます。

しかしながら、その支給を受けた従業員等の職務を遂行するために行う旅行の実情に照らし、明らかにその旅行に通常必要とされる費用に充てられると認められる範囲内のものについては、課税されません。

おたずねの場合には、毎月６万円という定額の旅費であり、また、出張の事績も残されていませんので、給与所得として課税の対象とされます。

なお、営業担当者に支給する旅費について非課税の取扱いを受けるためには、通常必要とされる旅費の精算であることを明らかにするための出張事績簿等を記録し、それに基づいて旅費を支給する必要があると考えます。

■【主な関係法令通達】　所法９①四、所基通28-３

4－6　大学教授の講師に支払う旅費交通費は

Q

大学教授を講師としてお迎えしセミナーを開催しましたが、その報酬とは別に、講師に立て替えていただいた会社宛名の領収書のある旅費交通費の実費を支払います。この場合に支払う旅費交通費について、報酬・料金に含めて源泉徴収をする必要があるでしょうか。

Answer

講師が立て替え払いした旅費交通費につき会社宛名の領収書に基づいて、その実費を支払うものであり、報酬の支払者が交通機関やホテル等に直接支払われたと同視できますので、その金額がその費用として通常必要であると認められるものであれば、源泉徴収をしなくて差し支えないと考えます。

1　報酬の支払者が負担する旅費

所得税法第204条に定める役務の提供に係る一定の報酬・料金については、たとえ謝金、取材費、車賃などの名称で支払うものであっても源泉徴収の対象となるとされています。

2　１の例外的取扱いとその趣旨

役務の提供者に旅費や宿泊費等として支払われるものであっても報酬・料金等の性質を有するものは、源泉徴収を行う必要がありますが、役務の提供者がその役務を提供するために旅行や宿泊等を行う場合において、その費用を報酬の支払者から交通機関、ホテル、旅館等に直接支払われ、かつ、その金額がその費用として通常必要であると認められる範囲内のものであるときは、源泉徴収をしなくて差し支えないとされています。

この取扱いは、報酬の支払者が交通機関やホテル等に直接支払われたものについては、その金額を役務の提供者が知ることは容易ではなく、事業所得や雑所得の算出も困難であり、源泉徴収の対象とすることは実態にそぐわないことから、源泉徴収をしなくて差し支えないとされたものといわれています。

3　立て替え払いで支払う旅費交通費

報酬の支払者が、役務の提供者が立替えた旅費交通費の実費相当額を支払う場合については、交通機関等に支払うものでないため、原則的には報酬・料金として源泉徴収を行う必要がありますが、その金額が会社宛名の領収書に基づいて精算されるものであり、かつ、その費用として通常必要であると認められる範囲内のものである場合は、交通機関等に直接支払われたと同視できることから源泉徴収をしなくて差し支えないとされています。

■【主な関係法令通達】　所法204、所基通204－2、204－4

4－7　夜間勤務者の食事代は

Q

当社では電子機器等の保守管理のため、午後8時から翌日午前6時までを正規の勤務時間とする契約社員を雇用しています。

当社には調理施設がなく夜食を提供することができないため、これに代えて夜食の補助金を通常の給与に加算して支給しようと考えていますが、いくらまでなら課税されないでしょうか。

Answer

深夜勤務者に支給する夜食代については、勤務1回ごとの定額で支給する金銭で、その1回の支給額が300円以下であれば課税しなくて差し支えありません。

1　非課税とされる深夜勤務者の食事代

深夜勤務者（労働協約又は就業規則等により定められた正規の勤務時間による勤務の一部又は全部を午後10時から翌日午前5時までの間において行う者をいいます。）に対して支給する夜食代については、次のいずれの要件をも満たすものについては、課税しなくて差し支えないこととされています。

①　使用者が調理施設を有しないことなどにより、深夜勤務に伴う夜食を現物で支給することが著しく困難であること

②　夜食の現物支給に代えて通常の給与に加算して勤務1回ごとの定額で支給する金銭で、その額が300円以下であること

2　消費税等の取扱い

支給額が非課税限度額の300円を超えるかどうかは、消費税及び地方消費税を除いた金額により判定します。

なお、算出した金額に10円未満の端数が生じた場合には、この端数を切り捨てることとされています。

■【主な関係法令通達】　昭59直法6-5、平元直法6-1（平26課法9-1改正）

4－8　結婚祝金等は

Q

当社に長年勤務するパートタイマーが、結婚することになりました。そこで、この者に対して結婚祝金３万円を支給することとしましたが、この結婚祝金についても給与所得として課税する必要がありますか。

Answer

金額が３万円程度の結婚祝金は、社会通念上相当なものと考えられますので、給与所得として課税する必要はありません。

1　基本的な考え方

使用者から従業員等に対して支給される結婚祝、出産祝等のための金品は、使用者側の一方的な給付ないしは単なる贈与ではなく、従業員等たる地位に基づいて支給されるものと認められますから、原則として給与所得に該当することになります。

2　非課税とされる結婚祝金品等

結婚祝金等は原則として給与所得に該当しますが、このような慶事における祝金等の贈答は広く一般的に社会的な慣行として行われているものです。

そこで、その祝金等の金額が支給を受ける従業員等の地位などに照らして社会通念上相当と認められるものについては、課税しなくても差し支えないこととされています。

この取扱いは、正規の社員とパートタイマー等で異なることはありませんので、おたずねの場合も、給与所得として課税する必要はありません。

■【主な関係法令通達】　所法28、所基通28-5

4－9　見舞金等は

Q

当社の契約社員の実家が火災に遭い焼失しました。そこで火災見舞金として5万円を支給することとしましたが、この火災見舞金についてはその社員の給与所得として課税する必要はありますか。

Answer

金額5万円の火災見舞金は、社会通念上相当なものと考えられますので、給与所得として課税する必要はありません。

○　葬祭料や香典、災害等の見舞金については、その金額がその受贈者の社会的地位、贈与者との関係等に照らし、社会通念上相当と認められるものであれば課税しないこととされています。

おたずねの場合には、火災見舞金の額も5万円であり、社会通念上相当なものと考えられますので、課税する必要はありません。

■【主な関係法令通達】　所基通9－23

4－10　奨学金の貸与と一定期間勤務した後の免除は

Q

当社には大学入学時から勤務しているアルバイトがいます。人物・勤務成績のいずれも優秀であることから、２年後に卒業したら当社に勤務することを条件に奨学金を無利息で貸与することとしました。この奨学金については、毎月の給与に加算して支給し、卒業後３年間勤務することにより返済を免除する約束になっています。

このような場合、無利息で貸与することによる経済的利益の額及び３年後に免除される奨学金については、給与等として課税されるでしょうか。

Answer

無利息貸付による経済的利益及び３年後に免除される奨学金のいずれにも給与等として課税する必要はありません。

1　非課税となる学資金

学資に充てるため給付される金品（以下「学資金」といいます。）のうち、給与所得を有する者がその使用者から通常の給与に加算して受けるものであって、次に掲げるもの以外のものについては非課税とされます。

① 法人である使用者からその法人の役員の学資に充てるため給付するもの

② 法人である使用者からその法人の使用人（その法人の役員を含みます。）と特別の関係がある者（注）の学資に充てるため給付するもの

③ 個人である使用者からその個人の営む事業に従事するその個人

の親族（その個人と生計を一にする者を除きます。）の学資に充てるため給付するもの

④　個人である使用者からその個人の使用人（その個人の営む事業に従事するその個人の親族を含みます。）と特別の関係がある者㈡（その個人と生計を一にする個人の親族に該当する者を除きます。）の学資に充てるため給付するもの

㈡「特別の関係がある者」とは、次に掲げる者をいいます。

①　その使用人の親族

②　その使用人と婚姻の届出をしていないが事実上婚姻関係と同様の事情にある者及びその者の直系血族

③　その使用人の直系血族と婚姻の届出をしていないが事実上婚姻関係と同様の事情にある者

④　①から③に掲げる者以外の者で、その使用人から受ける金銭その他の財産によって生計を維持しているもの及びその者の直系血族

⑤　①から④に掲げる者以外の者で、その使用人の直系血族から受ける金銭その他の財産によって生計を維持しているもの

2　「使用者から通常の給与に加算して受けるもの」の範囲

学資金のうち、給与所得を有する者がその使用者から通常の給与に加算して受けるもの（平成28年度税制改正）については、例えば、法人又は事業を営む個人から学資に充てるための金品を貸与された学生が、卒業後にその法人又は事業を営む個人の下で使用人として勤務し、一定期間勤務後、その金品の返済を免除された場合に生ずる債務免除益や、地方公共団体から学資に充てるための金品を貸与された医学生、薬学生等で資格取得後、その地方公共団体が設置・運営する医療機関に使用人として勤務し、一定期間勤務後、その金品の返済を免除される場合に生ずる債務免除益なども含まれることとされています。

したがって、おたずねの無利息で奨学金（学資金）を貸与することによる経済的利益及び3年間の勤務後に奨学金（学資金）が免除されることによる経済的利益（債務免除益）のいずれについても非課税とされます。

■【主な関係法令通達】　所法９①十五、所基通９-14～９-16

■【参考裁判例・裁決例】

①　大学の神職課程を履修する学生を実習生として受け入れ、神社の日常的業務を行うことにより支給した奨学金の全額が給与等と認めるのが相当であるとした事例〔448ページ〕

②　従業員を産業能率短期大学に入学させその費用を負担したのは、従業員の一般的資質の向上を直接の目的とするにすぎないから従業員の給与所得を構成するとした事例〔449ページ〕

③　被扶養者の入学金及び授業料等が減額免除されたことによる学費減免相当額は給与所得の収入金額に該当するとした事例〔449ページ〕

4－11　資格取得費は

Q

当社は倉庫業を営んでいます。この度フォークリフトを運転する作業員１名が退職して欠員が生じました。このため、現在勤務している契約社員１名にフォークリフトの運転免許を取得させて欠員を補充する予定です。この運転免許を取得するには５万円程度の費用がかかりますが、この費用を会社が負担した場合には、その契約社員の給与所得として課税されますか。

Answer

免許の取得がその契約社員の職務に直接必要なものであり、その費用も免許取得のための費用として適正な金額と認められますので、給与所得として課税する必要はありません。

○　使用者が従業員等に支給する学資金等については、原則として受給する者に対する給与等とされ、課税の対象となります。

しかし、使用者が自己の業務遂行上の必要に基づき、従業員等に、その職務に直接必要な技術若しくは知識を習得させ、又は免許若しくは資格を取得させるための研修会や講習会等の出席費用に充てるものとして支給する金品については、その費用として適正なものに限り課税しなくて差し支えないこととされています。

おたずねの場合には、免許の取得がその社員の職務に直接必要なものであり、また、その費用も免許取得のための費用として適正な額と認められますので、課税する必要はないと考えます。

なお、運転免許の取得のための費用に限らず、危険物取扱主任者、ボイラー技士の資格取得のための費用等についても同様に取り扱われます。

■【主な関係法令通達】　所基通36−29の２

4－12　発明・考案等の報償金・表彰金等は

Q

経理課に勤務するパートタイマーが、社内の提案制度に沿った「営業担当職員が利用する営業車の効率的な配車に関する提案」を行って入賞しました。このため賞金３万円を贈呈することになりましたがこの賞金については給与所得として源泉徴収をする必要がありますか。

Answer

パートタイマーが行ったその提案は、同者の通常の職務の範囲内の行為として行った創意工夫に基づく提案とは認められませんので、その賞金は一時所得となります。

したがって、給与所得として源泉徴収をする必要はありません。

1　発明・考案等の報償金・表彰金等の取扱い

業務上有益な発明、考案等をした役員又は使用人に対して支給する報償金、表彰金、賞金等については、次のように取り扱われます。

① 業務上有益な発明、考案又は創作をした人に対して、その発明、考案又は創作に関する特許や実用新案登録、意匠登録を受ける権利又は特許権、実用新案権、意匠権を使用者が承継することにより支給するものについては、これらの権利の承継に際し一時に支給するものは譲渡所得、これらの権利を承継した後において支給するものは雑所得とされます。

② 役員又は使用人が取得した特許権、実用新案権や意匠権について通常実施権又は専用実施権を設定したことにより支給するものについては、雑所得とされます。

③ 事務や作業の合理化、製品の品質の改善や経費の節約等に寄与

する工夫、考案等（特許や実用新案登録、意匠登録を受けるに至らないものに限ります。）をした人に支給するものについては、その工夫、考案等がその人の通常の職務の範囲内の行為である場合には給与所得、その他の場合には一時所得（その工夫、考案等の実施後の成績などに応じ継続的に支給する場合は雑所得）とされます。

④　災害等の防止又は発生した災害等による損害の防止などに功績のあった人に対して一時に支給するものについては、その防止などがその人の通常の職務の範囲内の行為である場合には給与所得、その他の場合には一時所得とされます。

⑤　篤行者として社会的に顕彰され使用者に栄誉を与えた人に対して一時に支給するものについては、一時所得とされます。

⑥　使用者原始帰属制度に基づき、従業者が契約、勤務規則その他の定めにより職務発明に係る特許を受ける権利を使用者に原始的に取得させることにより、その使用者から受ける相当の金銭その他の経済上の利益は、雑所得とされます。

2　提案制度における賞金の取扱い

提案制度に基づく賞金は、上記③に定める「事務や作業の合理化、製品の品質の改善や経費の節約等に寄与する工夫考案等」をした人に支給する賞金と認められます。

したがって、その工夫、考案等がその人の通常の職務の範囲内の行為であるか否かにより給与所得又は一時所得等とされます。

おたずねの場合には経理課に勤務するパートタイマーが行った営業に関する提案とのことですから、同者の通常の職務の範囲内の行為とは認められないと考えられ、その賞金は一時所得となりますので源泉徴収をする必要はありません。

■　【主な関係法令通達】　所法34、35、所基通23～35共-1

◆ 現物給与 ◆

4－13 食事の支給と本人負担は

Q

当社では、正社員に限らず、パートタイマー・アルバイトを含む全従業員に昼食を支給しています。その食事は給食業者から購入したもので、1人当たりに要する費用は1か月7,000円です。この場合、従業員がいくらの額を負担すれば非課税の取扱いを受けることができますか。

Answer

従業員1人につき3,500円を負担させれば非課税の取扱いを受けることができます。

---

1 **食事の支給と本人負担**

使用者が支給する食事（宿日直又は残業をした場合に支給される食事を除きます。）については、その支給を受ける人がその食事の価額の半額以上を負担すれば課税されません。

ただし、食事の価額からその人の負担した金額を控除した残額（使用者が負担する額）が月額3,500円を超えるときは、使用者が負担した全額が給与所得として、課税されます。

つまり、次の二つの要件をいずれも満たす場合には、その経済的利益に課税しないこととされています。

① 食事の価額の50％以上を従業員が負担すること

② 使用者の負担額が、利用者1人につき月額3,500円以下であること

2　消費税等の取扱い

使用者の負担額が3,500円を超えるかどうかは、消費税及び地方消費税の額を除いた金額により判定します。

なお、算出した金額に10円未満の端数が生じた場合には、この端数を切り捨てることとされています。

3　食事の評価の原則

使用者が従業員等に対して支給する食事については、次のとおり評価することとされています。

①　使用者が調理して支給する場合

⇒　その食事の主食、副食、調味料等に要する直接費の額に相当する金額（水道光熱費や人件費等の間接費は含めなくてよいこととされています。）

②　使用者が購入して支給する場合

⇒　その食事の購入価額に相当する金額

■【主な関係法令通達】　所基通36−38、36−38の２、平元直法６−１（平26課法９−１改正）

■【参考裁決例】　使用人等に対する食事の支給による経済的利益の供与について、請求人が給食委託業者に支払った委託料等を加算したところにより評価するのが相当であるとした事例〔450ページ〕

4－14　残業をした者に支給する食事は

Q

当社はソフトウェアの開発に契約社員を充てていますが、開発期間が短いこともあり、正規の勤務時間を超えて深夜に及ぶことも多くあります。そのため、残業をした者には食事を支給していますが、この食事について課税する必要はありますか。

また、残業の回数に制限はありますか。

Answer

課税しなくて差し支えありません。

また、残業の回数に制限はありません。

○　使用者が、残業又は宿直若しくは日直をした者（その者の通常の勤務時間外における勤務としてこれらの勤務を行った者に限る。）に対し、これらの勤務をすることにより支給する食事については、課税しなくて差し支えないこととされています。

この取扱いは、例えば、通常の勤務時間が9時から17時までである者が、21時まで時間外勤務をした場合に支給を受ける夕食などは、これらの勤務に伴う実費弁償的なものであることを考慮して課税しないこととされたものです。

■　【主な関係法令通達】　所基通36-24

4－15　従業員に支給する事務服等は

Q

当社には採用形態（正社員、契約社員、パートタイマー等）の異なる女性従業員がおり、それぞれに色調の異なる事務服（上着、ベスト、ブラウス、スカート）を支給しています。一組の価額は５万円程度ですが、所得税法上問題はあるでしょうか。

Answer

専ら勤務場所で着用するものであれば、課税しなくて差し支えありません。

○　給与所得者で、その職務の性質上制服を着用すべき者がその使用者から支給される制服その他の身の回り品は、非課税とされており、事務服、作業服等であっても、専ら勤務場所のみにおいて着用するものであれば、制服の取扱いに準じて非課税とされます。

この場合「専ら勤務場所のみにおいて着用するもの」とは、勤務場所以外では使用することのできないような衣服を意味しており、おたずねの場合は事務服であり、一般的に私服として使用することはないと思われますので、課税しなくて差し支えないものと考えます。

■【主な関係法令通達】　所法９①六、所令21二、三、所基通９－８

4－16　永年勤続したパートタイマーに支給する記念品は

Q

当社には勤続15年を超えるパートタイマーが複数名います。これらのパートタイマーにも正規の社員と同様、毎年の創業記念日にその年において勤続15年、20年、25年、30年及び35年に達する者を永年勤続者として表彰し、勤続年数に応じて次の記念品を授与しています。

この場合、これらの記念品については給与所得として課税する必要はありますか。

勤続15年　３万円相当の万年筆
勤続20年　５万円相当の腕時計
勤続25年　７万円相当の腕時計
勤続30年　10万円相当の腕時計又は置時計
勤続35年　15万円相当の腕時計又は置時計

課税する必要はありません。

1　課税されない永年勤続者の記念品等

使用者が永年にわたり勤務した従業員等の表彰に当たり、記念として旅行、観劇等に招待し、又は記念品を支給することによりその従業員等が受ける経済的利益で、次の要件のいずれにも該当するものについては、課税しなくても差し支えないこととされています。

①　その利益の額が、その従業員等の勤続期間等に照らして、社会通念上相当と認められること

②　その表彰が、概ね10年以上勤務した人を対象とし、かつ、２回以上表彰を受ける人については、概ね５年以上の間隔をおいて行

われるものであること

おたずねの場合には、②の要件を満たしており、その金額も勤続年数等に照らして社会通念上相当と認められる程度のものであることから、課税する必要はありません。

2　課税される記念品等

永年勤続者に支給する記念品等であっても、次のようなものである場合には給与として課税されます。

①　現物に代え、金銭や事実上金銭支給と異ならない商品券や株券等を支給するもの

②　10年未満の勤続年数の者や連年表彰を受ける者を対象とするもの

③　恣意的な基準で支給する利益の額や過大な利益の額など、一般的に行われている儀礼的な給付の範囲を超えるもの

■【主な関係法令通達】　所基通36−21

4－17 永年勤続したパートタイマーに支給する旅行券は

Q

当社では、勤続満30年及び満40年に達した者に対し、永年勤続記念として次のとおり旅行券を支給していますが、これについては課税しなくてよいでしょうか。

なお、この旅行券の支給は、当社における永年勤続表彰規程に定める表彰制度の一環として行うものであり、その規程では、勤続者の勤続年数が満15年到達時に初回表彰を行い、その後5年間隔において表彰を行うこととしています。

(1) 支給対象者及び支給額

支給対象者	支　給　額
満30年勤続者	10万円相当の旅行券
満40年勤続者	20万円相当の旅行券

(2) 旅行の実施等

① 旅行の実施は、旅行券の支給後1年以内とし、実施後は報告書を提出する。

② 旅行の範囲は、支給した旅行券の額からみて相当なもの（海外旅行を含む。）とする。

③ 旅行券の支給を受けた者がその旅行券の支給後1年以内に旅行券の全部又は一部を使用しなかった場合には、その使用しなかった旅行券は返還する。

Answer

課税しなくて差し支えありません。

○ 永年勤続者に対する記念品等として、旅行券を支給することも見受けられますが、一般的に旅行券は有効期限がなく、所定の手数料を払

えば金銭と引き換えることもできるなど、実質的には金銭の支給と異なりませんので、原則として券面額に相当する金額の給与の支給があったものとして源泉徴収の対象となります。

しかしながら、旅行券を支給する永年勤続者の全員について、次の条件の下に旅行させる場合には、その額が永年勤続者表彰として相当なものである限り、給与として課税しなくて差し支えないこととされています。

①　旅行券の支給後相当期間内（概ね１年程度）に旅行を実施すること

②　旅行の範囲は、支給した旅行券の額からみて相当なもの（海外旅行を含みます。）であること

③　旅行の報告をさせること

④　支給後相当期間内に旅行券の全部又は一部を使用しなかった場合には、その使用しなかった旅行券を返還させること

おたずねの場合には、勤続年数が30年以上の者を対象としていること、金額も高額であるとはいえないこと及び上記①から④の条件の下に行われる旅行であると認められることから、課税しなくて差し支えありません。

■　【主な関係法令通達】　所基通36-21、昭60直法６－４

4－18　従業員に交付する創業記念品費用は

Q

当社は、5年ごとの創業記念日に、全従業員に記念の書籍（各人1冊、1,500円程度）を交付してきましたが、来年は創業50年を迎えます。これを記念して、全従業員に1人当たり10,000円程度（デパートからの購入価額）の記念品を贈りたいと考えています。

これまでと比較して記念品の額が高額ですが、この購入価額相当額は給与所得として課税する必要はありますか。

Answer

課税しなくて差し支えありません。

1　創業記念品等の支給

創業記念、増資記念、工事完成記念又は合併記念等に際し、使用者が従業員等に対して支給する記念品で、次の要件のいずれにも該当するものについては、課税しなくて差し支えないこととされています。

①　支給する記念品が社会通念上記念品としてふさわしいもので、処分見込価額（小売販売価額の60％相当額）により評価した価額が10,000円以下のものであること

②　創業記念のように一定期間ごとに到来する記念に際して支給する記念品については、創業後相当な期間（概ね5年以上の期間）ごとに支給するものであること

ただし、建築業者、造船業者等が請負工事又は造船の完成等に際して支給するものは上記の取扱いから除かれます。

おたずねの場合は、これら二つの要件のいずれにも該当しますので、課税しなくて差し支えありません。

2　消費税等の取扱い

経済的利益の額が、非課税限度額の10,000円を超えるかどうかは、消費税及び地方消費税の額を除いた金額により判定します。

なお、算出した金額に10円未満の端数が生じた場合には、この端数を切り捨てることとされています。

■【主な関係法令通達】　所令321、所基通36-22、205-９(7)、平元直法６-１（平26課法９-１改正）

4－19 商品の値引販売は

Q

当社は衣料品の販売を行っていますが、在庫の縮減を図る観点から春と秋の年２回商品の値引販売を行っています。この値引販売は、社内のパートタイマーやアルバイトを含む全従業員向けに、通常他に販売する価額の２割引で行うものですが、この値引販売で従業員が受ける経済的利益には課税されますか。

なお、値引販売の価額は、当社の仕入金額を上回っています。

Answer

課税しなくて差し支えありません。

---

1 商品、製品等の値引販売

使用者が従業員等に対し自己の取り扱う商品、製品等（有価証券及び食事を除きます。）の値引販売をすることにより、その従業員等が受ける経済的利益については、その値引販売が次の要件のいずれにも該当する場合には、課税しなくて差し支えないこととされています。

① 値引販売の価額が、使用者の取得価額以上であり、かつ、通常他に販売する価額の概ね70％以上であること

② 値引率が、従業員等の全部について一律に、又はこれらの者の地位、勤続年数等に応じて全体として合理的なバランスが保たれる範囲内の格差を設けて定められていること

③ 値引販売する商品等の数量が、一般の消費者が家事のために通常消費すると認められる程度のものであること

おたずねの場合は、その値引販売が仕入価額を上回っており、かつ、通常他に販売する価額の70％以上ですので、課税関係は生じません。

2　商品である不動産の値引販売

従業員等に対し使用者の取り扱う商品、製品等を値引販売することにより、従業員等が受ける経済的利益については、上記１の①から③の要件を満たす限り課税されません。

しかし、商品とはいえ、不動産業者が販売する土地や住宅のように、これらの値引販売による利益が極めて多額であり、一般社会における福利厚生の範囲を超えるようなものは、たとえそれらの要件を満たしていても課税の対象とされます。

■【主な関係法令通達】　所基通36-23

4－20　会社が負担するサークル活動費用は

Q

当社では正規の社員だけでなく、パートタイマーやアルバイトを含む全従業員を対象にサークル活動を推進しています。その活動の資金の主な費用（講師謝礼、各種用具代、会社のロゴが入ったトレーニングウェアなど）は会社が負担していますが、この場合の課税上の取扱いはどのようになりますか。

Answer

サークル活動を行っている従業員個人に支給されるものでない限り、課税しなくて差し支えありません。

○　使用者が、福利厚生施設の運営費等を負担することにより、その施設を利用した従業員等が受ける経済的利益については、その額が著しく多額であると認められる場合や、役員だけを対象としてその経済的利益を供与する場合を除き、課税されません。

おたずねのように、使用者が、従業員等の福利厚生の一環として行うサークル活動の運営費用等を負担した場合についても、それがそのサークルに所属する各個人に支給されたものでない限り、課税されません。

したがって、会社が負担した諸費用がサークルの活動に使用されたことを明らかにする事績（収支明細等）を残すとともに、購入した用具等を管理することが必要と考えます。

■【主な関係法令通達】　所基通26-29

■【参考判例・裁決例】

① すべての使用人に対して、雇用されている限り毎年誕生月に支給している誕生日祝金について、その支給形態等が、広く一般に社会的な慣習として行われているとは認められないとして給与等に当たるとした事例（451ページ）

② 従業員及び従業員の家族が参加した忘年会兼慰安旅行の費用のうち家族分各費用に係る経済的利益は、給与等となるとした事例（452ページ）

③ 大型のリゾートホテルを会場として協力会社等の従業員及び役員等約1000人が出席し、食事特別注文のコース料理（12000円）及びプロの歌手、クラッシック音楽の演奏家や歌手等によるコンサートが行われた「感謝の集い」行事について福利厚生事業（従業員に対する給与課税、法人税法上の交際費課税が行われていない。）と認めた事例（法人税）（453ページ）

4－21 人間ドック検診費用の取扱いは

Q

当社では、社員の健康管理の目的で、社内規程により次のとおり年１回の人間ドック検診を行うこととしました。

① 対象者・・・年齢35歳以上の役員・使用人

② 形　態・・・当社が指定した期間内の１泊２日

③ 費　用・・・５万円程度（全額当社負担）

この場合の当社が負担する費用については税務上どのように取扱われますか。

また、指定期間に受検できなかった者に対しては、人間ドック検診費用の80％相当額の４万円を現金で支給することとしていますが、この金額の税務上の取扱いについてはどのようになりますか。

Answer

会社が負担する５万円の費用については、課税しなくて差し支えありません。

一方、指定期間内に受検できなかった者に支給する現金４万円については、給与として源泉徴収の対象となります。

○　使用者が役員若しくは使用人の福利厚生のための費用を負担したことによる経済的利益については、原則として役員若しくは使用人に対する給与として課税の対象とされますが、次のような要件を満たしている場合には、課税しなくても差し支えないこととされています。

① 職員全員が対象となること（一定の年齢以上等の制限が付されていてもかまいません。）

② 人間ドックの検診内容が一般的に行われている程度のものであ

り、その経済的利益の額が著しく多額でないこと

おたずねの場合には、35歳以上の全職員を対象として、１泊２日の一般的に行われている人間ドックであり、その費用も１人当たり５万円程度と著しく多額であるとは認められませんので、課税しなくて差し支えありません。

しかしながら、指定期間に受検できなかった者については現金が支給されますので、この金額については給与として源泉徴収の対象となります。

■【主な関係法令通達】　所基通36-29

4－22 カフェテリアプランと経済的利益は

Q

当社は、従業員の福利厚生制度の一環として、ポイント制のカフェテリアプランを導入しました。このカフェテリアプランでは、全従業員に年間50,000ポイント（50,000円相当）が付与され、従業員は、付与されたポイントの範囲内で、一定の利用要件に従い予め定められた各種の福利厚生に関するサービスを受けることができます。

このようなカフェテリアプランの下で従業員に付与されたポイントに係る経済的利益は、従業員の給与所得として源泉徴収をする必要があるか教えてください。

Answer

カフェテリアプランのメニューには、レクリエーションに属するもの、健康をサポートするものなど様々ですが、原則として従業員が付与されたポイントを利用してサービスを受けたときに、その内容に応じて課税・非課税を判断することになります。

その課非の判断は、カフェテリアプランの各メニューの具体的な内容を、所得税基本通達36－30（「課税しない経済的利益・・使用者が負担するレクリエーション費用」）等の経済的利益に関する通達などの取扱いと照らし合わせて行っていただくことになると考えます。

1　カフェテリアプランとは

カフェテリアプランとは、企業が従業員に提供する「選択制の福利厚生制度」をいい、その仕組みは、従業員が付与されたポイントの範囲内で、予め用意された福利厚生サービスの中から自分に必要なものを選択できるというものです。

カフェテリアプランという名称は、好きな食べ物や飲物を選択できるカフェテリアに由来しています。

2　カフェテリアプランのメニュー

カフェテリアプランのメニューには、レクリエーションに属する旅行補助、宿泊施設利用補助、レジャー用品等の購入補助、映画・観劇・スポーツ等のチケット購入補助、健康をサポートする健康用具購入補助、健康増進施設・運動療養施設の利用補助などのほか、資格取得等の自己啓発に関する費用補助や育児・介護費補助など従業員の日常生活に資するもの等様々なものがあります。

3　付与されたポイントに係る経済的利益に係る課税・非課税の判断

カフェテリアプランのメニューは従業員の様々なニーズに対応していることから、そのメニューには課税扱いとなるものと非課税扱いとなるものが混在していますが、各メニューは、一定の要件に該当しなければサービスを受けられないものであり、また、そのサービスを受けられないことに代えて金銭が支給されるものではありません。したがって、従業員に付与されるポイントについての課非の判断は、現に従業員がポイントを利用してサービスを受けたときに、その内容に応じて課税・非課税を判断することになります。

その判断は、カフェテリアプランの各メニューの具体的な内容を、所得税の「課税しない経済的利益」に関する通達（36－29、36－29の２、36－30ほか。）などの取扱いと照らし合わせて行っていただくことになると考えます

4　課税されない経済的利益とするための要件

企業の福利厚生費として課税されない経済的利益とするためには、カフェテリアプランのポイントを付与するに当たり、次の点に留意す

ることが必要です。

① 役員・従業員にとって均等なもの（同一のポイント）であること（職務上の地位やその報酬・給与の額に比例してポイントが付与される場合には、カフェテリアプランの全てが課税対象となります。）。

② 付与されるポイントは換金性（何ら要件なくポイントを金銭に換えることができるものをいう。）のあるものでないこと（換金性のあるカフェテリアプランは、その全てが課税対象となります。）。

③ 当年度の未使用のポイントは次年度に繰り越しできないものであること。

■【主な関係法令通達】 所法36、所基通36－29、36－29の２、36－30、国税庁質疑応答：カフェテリアプランによるポイントの付与を受けた場合、カフェテリアプランによる旅行費用等の補助を受けた場合

■【主な裁決例】 人間ドック等の補助に係る経済的利益について、本件におけるカフェテリアプランは換金性のあるプランとは認められないから、源泉徴収義務はないとした事例〔454ページ〕

4－23　海外慰安旅行費用の経済的利益は

Q

当社では、本年が創業50周年に当たることから、例年行っていた国内慰安旅行に代え、全社員を対象にオーストラリアへ４泊５日の旅行を計画しています。

旅行に要する費用は、１人当たり15万円程度になると見込まれ、費用のうち５万円は社員に負担させることとしています。

当社が負担する費用は社員の給与所得として課税する必要はありますか。

Answer

課税しなくて差し支えありません。

1　レクリエーション費用の負担

使用者が、従業員等のレクリエーションのために社会通念上一般的に行われていると認められる会食、旅行、演芸会、運動会等の簡易なレクリエーション行事の費用を負担することにより、その行事に参加した従業員等が受ける経済的利益については、自己の都合で行事に参加しなかった従業員等に対し、参加に代えて金銭を支給する場合や、役員だけを対象としてその行事の費用を負担する場合を除き、課税されません。

なお、自己の都合により参加しなかった従業員等に対し、参加に代えて金銭を支給する場合には、参加者及び不参加者の全員にその不参加者に対して支給する金銭の額に相当する額の給与の支給があったものとされます。

2　レクリエーション旅行

従業員等のレクリエーション旅行については、旅行先が国内及び国外を問わず、これらの旅行に参加した従業員等が受ける経済的利益については、その旅行の企画立案、主催者、旅行の目的・規模・行程、従業員等の参加割合などを総合的に勘案して課税・非課税を判定することとされています。

なお、次のいずれの要件をも満たしている場合には、原則として、課税しなくて差し支えないこととされています。

① その旅行に要する期間が４泊５日（目的地での滞在日数によります。）以内であること

② その旅行に参加する従業員等の数が全従業員等の50％以上であること

おたずねの場合には、①及び②のいずれの要件をも満たした旅行であり、会社負担額も高額であると認められませんので、その経済的利益については課税しなくて差し支えありません。

■【主な関係法令通達】　所基通36-30、36-50、昭63直法６－９（平５課法８－１改正）

■【参考裁判例・裁決例】　① ハワイ旅行について、日程、費用等を考えると、それが企業の福利厚生事業たる慰安旅行として、社会通念上一般的に行なわれている性質・程度のものとは到底認めることができないとした事例〔455ページ〕

② 参加従業員の受ける経済的利益、すなわち本件旅行における使用者の負担額が重視されるべきであるとした事例〔457ページ〕

③　海外慰安旅行の参加者の一人当たりの費用の額は平成３年５月分341,000円、平成４年５月分454,411円及び平成５年５月分520,000円であり、多額であると認められ社会通念上一般に行われている福利厚生行事と同程度のものとは認められないとした事例〔458ページ〕

④　請求人が負担した慰安旅行の参加従事員１人当たりの費用の額は、平成５年分192,003円、平成６年分449,918円及び平成７年分260,332円と、社会通念上一般的に行われている福利厚生行事としてはあまりにも多額であるから、当該従事員が受ける経済的利益は、給与所得として課税するのが相当とした事例〔459ページ〕

⑤　請求人が実施した社員旅行は、社会通念上一般的に行われているレクリエーション行事として行われる旅行とは認められないとした事例〔460ページ〕

⑥　社会通念上一般的に行われているものと認められるか否かは、旅行に参加した従業員等が受ける経済的利益の額、すなわち使用者の負担額を中心として、当該旅行の目的や内容、従業員の参加状況などの諸事情を考慮することにより判断することが可能であるとした事例〔461ページ〕

4－24 借上社宅の家賃は

Q

当社は、借上社宅を従業員に無償で貸与していますが、当社が支払う賃借料の全額をその従業員に対する給与所得として源泉徴収をする必要がありますか。

Answer

従業員が無償又は低額の賃貸料で社宅の貸与を受けることによる経済的利益は、一定の算式により計算した賃貸料相当額によって評価することとされています。

したがって、貴社が家主に支払う賃借料そのものがその従業員に対する給与所得とされるものではありません。

○ 使用者が、使用人に対して無償又は低額の賃貸料で社宅や寮等を貸与することにより供与する経済的利益については、次の算式により計算した賃貸料相当額とその使用人から徴収している賃貸料の額との差額が給与所得とされます。

ただし、使用人から徴収している賃貸料が次の算式による賃貸料相当額の50％以上である場合には、その差額については課税されません。

【賃貸料相当額の計算式】

$$\text{賃貸料相当額（月額）} = \text{その年度の家屋の固定資産税の課税標準額} \times \frac{2}{1{,}000} + 12\text{円} \times \frac{\text{その家屋の総床面積（㎡）}}{3.3\text{（㎡）}}$$

$$+ \text{その年度の敷地の固定資産税の課税標準額} \times \frac{2.2}{1{,}000}$$

なお、他から借り受けた住宅等を社宅や寮として使用人に貸与する場合の賃貸料相当額も、この算式によって計算します。

また、固定資産税の課税標準額が改訂された場合であっても、その改定後の課税標準額が現に賃貸料相当額の計算の基礎になっている課税標準額に比して20％以内の増減に止まるときは、強いて賃貸料相当額を改訂する必要はありません。

おたずねの貴社の場合には、無償で貸与されているとのことですから、算出した賃貸料相当額がその使用人に対する給与所得とされます。

■【主な関係法令通達】　所令84の２、所基通36-41、36-45 ～ 36-47

■【参考裁決例】　建物を無償で使用することによって、通常支払うべき使用料の免除という経済的利益が発生していることは明らかであるから、経済的利益の供与に当たるとした事例〔463ページ〕

4－25　季節労働者に提供したアパートの家賃は

Q

当社は、酒類製造業を経営していますが、毎年11月から２月の４か月間勤務する季節労働者を雇用しています。会社が手狭のためこれらの者を住み込ませることができませんので、近くのアパートを借上げて無償で提供しています。

この場合、当社が支払っているアパートの家賃については、従業員に対する経済的利益として課税する必要はありますか。

Answer

課税しなくて差し支えありません。

○　職務の遂行上やむを得ない必要に基づき使用者から指定された場所に居住すべき者が、その指定する場所に居住するために貸与を受ける次のような家屋等については、その家屋等の貸与を受けることにより生ずる経済的利益は課税しないこととされています。

①　早朝又は深夜に勤務することを常例とするホテル、旅館、牛乳販売店等の住み込みの使用人に対して提供した部屋

②　季節的労働に従事する期間その勤務場所に住み込む使用人に提供した部屋

おたずねの場合は、繁忙期等の労働力確保と職務の遂行上の必要に基づき、住み込みを条件として季節労働者を雇用するものと思われますので、アパートを借上げて提供することは、貴社の業務上の要請に基づくものと認められ、その貸与を受けることにより生ずる経済的利益については課税しなくて差し支えありません。

■【主な関係法令通達】　所法９①六、所令21四、所基通９－９

4－26　会社が負担する保険料は

Q

当社は、次の内容の養老保険に加入したいと考えていますが、この場合、当社が生命保険会社に支払う保険料は社員に対する経済的利益の額として課税する必要はありますか。

① 契約者・・・・当　社
② 被保険者・・・役員及び使用人
③ 保険金受取人・死亡保険金・・・役員又は使用人の遺族
　　　　　　　　生存保険金・・・当　社

Answer

原則として課税されることはありません。

○　使用者が、自己を契約者とし、役員又は使用人（これらの親族を含みます。）を被保険者とする養老保険（被保険者の死亡又は生存を保険事故とする生命保険をいい、傷害特約等の特約が付されている保険を含みます。）に加入してその保険料を支払ったことによりその役員又は使用人が受ける経済的利益については、保険金の受取人が誰であるかに応じ、次のように取り扱われます。

『養老保険料』の取扱い

<table>
<tr><th colspan="2">保険金の受取人</th><th colspan="2">経済的利益の額</th></tr>
<tr><th>生存保険金</th><th>死亡保険金</th><th>主契約保険料</th><th>特約保険料</th></tr>
<tr><td colspan="2">使用者</td><td>非課税</td><td rowspan="3">非課税
ただし、役員又は特定の使用人（これらの人の親族を含みます。）のみを給付金の受取人とする場合には、支払保険料に相当する金額が給与として課税されます。</td></tr>
<tr><td>役員又は使用人</td><td>役員又は使用人の遺族</td><td>給　与</td></tr>
<tr><td>使用者</td><td>役員又は使用人の遺族</td><td>非課税
ただし、役員又は特定の使用人（これらの人の親族を含みます。）のみを被保険者とする場合には、支払保険料の２分の１に相当する金額が給与として課税されます。</td></tr>
</table>

おたずねの場合の保険は、会社契約で被保険者の生存又は死亡を保険事故とする養老保険であり、生存保険金の受取人が会社、死亡保険金の受取人が被保険者の遺族であることから、役員又は使用人の給与として課税する必要はありません。

ただし、役員又は特定の使用人のみを被保険者とする場合には、支払保険料の２分の１に相当する金額をその役員等の給与として課税することとなります。

■【主な関係法令通達】　所基通36-31、36-31の４

■【参考裁決例】　①　損金に算入した養老保険の保険料相当額が、保険金受取人である従業員に対する給与（経済的利益の供与）に当たるとした事例〔463ページ〕

②　特定の者のみを被保険者とし、また、被保険者ごとの受取保険金額に格差があることから「合理的な

基準による格差」とは認められないとした事例〔464ページ〕

③　被保険者を主任以上とする保険契約については、全従業員がその恩恵に浴する機会が与えられているとは認められず、支払った保険料は、被保険者に対する給与に該当するとした事例〔464ページ〕

第５章　新型コロナウイルス感染禍をめぐる源泉徴収

本章のご利用に当たって

新型インフルエンザ等対策特別措置法に基づき、令和２年４月７日、新型コロナウイルス感染症緊急事態宣言が発出され、５月25日に緊急事態が終了した旨の宣言がなされましたが、その後も感染者の発生が続いています。

税制面については、新型コロナウイルス感染症緊急経済対策における税制上の措置がなされ、令和２年３月25日「国税における新型コロナウイルス感染症拡大防止への対応と申告や納税などの当面の税務上の取扱いに関するFAQ」が、また、令和２年５月15日「新型コロナウイルス感染症に関連して使用人等が使用者から支給を受ける見舞金の所得税の取扱いについて（法令解釈通達）」が発遣されました。

新型コロナウイルス感染者の発生以来、日常生活をはじめ社会生活、経済活動にも大きく影響し、今日では、その拡大防止を前提とした「新しい生活様式」の実践が求められ、使用者においても従業員の感染防止のためのマスク等の配付をはじめ見舞金の給付など諸施策が行われ、また、新たな生活様式の中でのレクリエーション等福利厚生事業のあり方を模索する動きも出ており、そうした対策又は福利厚生事業の見直しにより受ける従業員の経済的利益について、課税しない経済的利益となるか、給与所得として給与等に加算して源泉徴収を行わなければならないか疑義が発生しています。

そうした疑義は、新たな生活様式が求められる中で発生している事柄であり、これまでの生活様式等を前提とした法令解釈通達や取扱いをそのまま形式的に適用することは適切ではなく、改めて、疑義のある事柄に適用される法令、前提となる他の関係法令、その立法趣旨等を踏まえ、これまでの法令解釈や取扱いの考え方も尊重しながら、逸脱しない範囲で当てはめていく必要があると思っていますが、その作業は容易ではなく、また、前提となる事柄もそれぞれ異なることから、明快な解を求めることは非常に困難な状況にあります。

しかし、源泉徴収事務を担当する皆様、又は、源泉徴収の取扱いについてアドバイスしなければならない税理士の先生方は、疑義のある事柄について何らかの判断をしなければならない立場にあります。

そこで、本章では、想定される事例を抽出し、その質問に回答する形を維持しながらも、事例の集積がない質問について一刀両断に記述することは、執筆者にとっても厳しい状況にありますが、執筆者が何故そのように考えるかの理由や、根拠等をできる限り幅広かつ簡潔に記述することにより、皆様が個々の具体的な事案を判断する際の参考としていただけるように心がけましたので、読者の皆様にご利用いただけるものと考えております。

おって、従業員が受ける経済的利益の額については、常識的で一般的な範囲の金額を前提としており、誤解を防ぐため、一部の質問を除き具体的な金額は、記載していません。

なお、文中意見にわたる部分は、執筆者の私見であることを申し添えます。

5－1　事業者から従業員に支給される見舞金は

Q

介護老人福祉施設を運営する当社は、緊急事態宣言下、社会的な使命に応えるため、従業員には新型コロナウイルス感染症の感染リスクを抱えながら平常時には感じ得ない精神的な不安のなかで業務に従事していただきました。

そこで、当社では、介護サービスに従事する従業員に５万円の見舞金を支給することとしましたが、給与等として源泉徴収する必要があるか教えてください。

Answer

非課税となる見舞金は、心身に加えられた損害につき支払いを受ける相当の見舞金で、役務の対価たる性質を有するものを除くとされています。

新型コロナウイルス感染症の感染リスクを抱えての業務の従事は、従業員にとってこれまでに感じたことのない緊張や不安に加え、相当の苦痛を伴うものと思われ、このような精神的・肉体的な負担は心身に加えられた損害に該当するものと考えられます。

また従業員が支給を受ける見舞金５万円は、社会通念上相当な額と認められ、この見舞金は通常の給与とは別に感染リスクの高い業務に従事した従業員の精神的・肉体的な負担に報いるために支給されるものであることから、役務の対価とは考えられません。

したがって、この見舞金は、非課税所得に該当しますので、給与等として源泉徴収する必要はありません。

1　見舞金

心身に加えられた損害又は突発的な事故により資産に加えられた損

害に基因して取得する所得や心身又は資産に加えられた損害につき支払を受ける相当の見舞金（その他役務の対価たる性質を有するものを除く。）については、所得税を課さないとされています。

2　葬祭料、香典、見舞金

葬祭料、香典又は災害等の見舞金で、その金額がその受贈者の社会的地位、贈与者との関係等に照らし社会通念上相当と認められるものについては、課税しないものとするとし、「この種の金品については、必ずしも「心身又は資産に加えられた損害につき支払いを受ける相当の見舞金」といえるかどうか疑問の余地もないわけではないが、同規定の趣旨からみると、この種のものについて「所得」として課税するのは必ずしも妥当ではないと認められる。」としています。

3　非課税とされる見舞金の範囲

1）　新型コロナウイルス感染症に関連して使用人等が使用者から支給を受ける見舞金のうち、その見舞金が、① 心身又は資産に加えられた損害につき支払を受けるもので、② 支給額が社会通念上相当であること、③ 役務の対価たる性質を有していないことの要件のいずれをも満たすものは、非課税所得に該当する（国税庁　令和２年５月15日課個２－10「新型コロナウイルス感染症に関連して使用人等が使用者から支給を受ける見舞金の所得税の取扱いについて（法令解釈通達）」）としています。

2）「心身又は資産に加えられた損害につき支払を受けるもの」とは、例えば、① 使用人等又はこれらの親族が新型コロナウイルス感染症に感染したため支払を受けるもの、② 緊急事態宣言の下において事業の継続を求められる使用者の使用人等で多数の者との接触を余儀なくされる業務など新型コロナウイルス感染症に感染する可能性が高い業務に従事している者、緊急事態宣言が発出される前と比較して、相当程度心身に負担がかかっていると認められる者、③ 使用人等又はこれらの親族が新型コロナウイルス感染症に感染するなどしてその所有する資産を廃棄せざるを得なかった場合に支払を受けるものに該当する者が支払を受ける見舞金が含まれるとしています。

3）「社会通念上相当」であるかどうかについては、① その見舞金の支給額が、使用人等ごとに新型コロナウイルス感染症に感染する可能性の程度や感染の事実に応じた金額となっており、そのことが使用者の慶弔規程等において明らかにされているかどうか、② その見舞金の支給額が、慶弔規程等や過去の取扱いに照らして相当と認められるものであるかどうかを勘案して判断するとしています。

4）「役務の対価たる性質を有していない」ものには、① 本来受けるべき給与等の額を減額した上で、それに相当する額を支給するもの、② 感染の可能性の程度等にかかわらず使用人等に一律に支給するもの、③ 感染の可能性の程度等が同じと認められる使用人等のうち特定の者にのみ支給するもの、④ 支給額が通常の給与等の額の多寡に応じて決定されるものなどは該当しないとしています。

5）個別事案の当てはめ

新型コロナウイルス感染症に関連して使用人等が使用者から支給を受ける見舞金のうち、その見舞金が上記１）の①から③の要件のいずれも満たすものは非課税所得に該当するとしています。

その非課税所得に該当するための要件の一つとして「役務の対価

たる性質を有していないこと」を求め、その例示として「感染の可能性の程度等にかかわらず使用人等に一律に支給するもの」を掲げていますが「感染の可能性の程度」や「使用人等に一律」の適用に係る明確な基準が示されていないことから実務における判断には困難が伴い、また、「その見舞金が心身に加えられた損害」、「その見舞金の支給額が社会通念上相当である」についても不確定概念であり、その判断においても同様に困難が伴います。

したがって、個別事案への当該法令及び法令解釈通達の適用に当たっては、同通達が求める個々の要件を形式的に適用するのではなく、業務の内容や新型コロナウイルス感染症への罹患リスクの程度、納税者の業務継続性の要請の強弱等の納税者の個別的な事情にも配意したうえで、心身に加えられた損害を非課税とする立法趣旨や法令解釈通達等発遣の趣旨（背景）を総合的に勘案し、妥当な判断を求めるべきであると考えます。

■ 【主な関係法令通達】　所法９①十七、所令30三、所基通９-23、国税庁　令和２年５月15日課個２－10「新型コロナウイルス感染症に関連して使用人等が使用者から支給を受ける見舞金の所得税の取扱いについて（法令解釈通達）」、新型コロナウイルス感染症に関連する税務上の取扱い関係　問９－３

5－2　従業員に事業者が支給したマスクは

Q

当社は、社会インフラに係る事業を運営しており、新型コロナウイルス感染症の発生下においても事業継続が求められているなかで、市中においてマスクが買えない状況が続いたことから、従業員とその家族の安全を第一に考えて感染防止のためのマスク一人1箱（50枚入り）を配付しましたが、現物給与として給与に含めて源泉徴収をする必要があるかを教えてください。

Answer

新型コロナウイルス感染症の発生下、感染防止のためのマスクが手に入らないなかで、従業員とその家族を感染のリスクから守るためにマスクを提供したことにより従業員が受ける経済的利益は、使用者に課せられている労働者の安全と健康を確保することなどの義務等に対する反射的なものにすぎず、給与等として課税する必要はないと考えます。

1　所得の収入金額

所得の金額の計算上収入金額とすべき額は、その年において収入すべき金額、金銭以外の物又は権利その他経済的な利益をもって収入とする場合には、その金銭以外の権利その他の経済的な利益の額とすると定められています。

そして、「金銭以外の物又は権利その他経済的な利益」（「経済的利益」という。）には、物品その他の資産の譲渡を無償又は低い対価で受けた場合におけるその資産のその時における価額又はその価額とその対価の額との差額に相当する利益、用役を無償又は低い対価により提供したことによる経済的利益等が含まれるとしています。

2　使用者の義務と費用の負担

使用者は、従業員にとって働きやすい安全で清潔な職場環境を保つように配慮すべき義務を、また、従業員の健康を守るために、医師による健康診断を実施する義務を負っています。

こうした義務の履行の延長線として常備薬の配置や一般的に実施される人間ドック費用の負担は、給与等として課税する必要はないものとされています（４－21参照）。

3　新型コロナウイルス感染症防止等の要請

政府は、新型コロナウイルス感染症の感染拡大を防ぐため国民に対して、「三つの密」を徹底的に避ける、「人と人との距離の確保」、「マスクの着用」、「手洗いなどの手指衛生」などの基本的な感染対策を行うよう強く求めるとともに、事業者に対しては、従事者に関する感染防止策として施設の管理・運営に必要な人員を最小限度とするなど、ジョブローテーションを工夫することとマスク着用や手指消毒を徹底することを求めています。

■【主な関係法令通達】　所法36①、所基通36-15、36-29、労働安全衛生法３、66

5－3　従業員にPCR検査を受検させた場合の費用負担は

Q

新型コロナウイルス感染症の感染拡大に伴い、当社は従業員の健康確保と事業継続のための対応マニュアルを作成し、37.5度以上の発熱により新型コロナウイルス感染症の疑いがある従業員及び罹患者との濃厚接触者は保健所の指示に従い、濃厚接触者に準ずる従業員についてはPCR検査の受検を指示し、その費用は会社が負担することとしました。

このPCR検査受検のための費用については、現物給与として給与に含めて源泉徴収をする必要があるか教えてください。

Answer

新型コロナウイルス感染症患者との濃厚接触者に準ずる従業員に対して、事業者が従業員の健康管理や職場環境の整備、事業の継続の要請からPCR検査を求め、その費用を事業者が負担した場合の、従業員がPCR検査を受けることによる経済的利益については、給与等として課税する必要はないと考えます。

1　新型コロナウイルス感染症感染防止等の要請

政府は、新型コロナウイルス感染症の感染拡大を防ぐため国民に対して、「三つの密」を徹底的に避ける、「人と人との距離の確保」、「マスクの着用」、「手洗いなどの手指衛生」などの基本的な感染対策を行うよう強く求めるとともに、事業者に対しては、新型コロナウイルス感染拡大防止策の策定実行を要請するほか従業員に感染者が発生した場合の適切な対応を求めています。

2　新型コロナウイルス感染症を疑う場合

発熱や咳など症状が４日以上続く場合や強度の自覚症状がある場合は、帰国者・接触者外来への受診を求め、疑似症患者として感染症法に基づく届出を行うとともにPCR検査（行政検査）を実施するとしています。

また、保健所の調査での濃厚接触者と確定された従業員に対しては、必要に応じPCR検査（行政検査）受検等保健所の指示に従うこととされています。

3　使用者の義務と費用の負担

使用者は、従業員にとって働きやすい安全で清潔な職場環境を保つように配慮すべき義務を、また、従業員の健康を守るために、医師による健康診断を実施する義務を負っています。

更に、濃厚接触者に準ずる従業員に対するPCR検査の要請は、使用者の事業を継続するための要請でもあり、使用者が従業員にPCR検査を求めた場合は、その費用も会社が負担すべきであるとの考えがあり、こうした点を踏まえれば、PCR検査を受けることにより従業員が受ける経済的利益については、給与として所得税の課税対象とする必要はないものと考えます。

■【主な関係法令通達】　所法212①、②、労働安全衛生法３、66

5－4　新型コロナウイルスワクチン接種費用の負担は

Q

新型コロナウイルス感染症のワクチンが開発され、その接種が始まった場合、当社は従業員にその接種を求めるとともに、その費用を負担したいと考えていますが、ワクチン接種により受ける経済的利益については、現物給与として給与に含めて源泉徴収をする必要があるか教えてください。

Answer

従業員が負担すべき費用を使用者が負担した場合は、原則として、従業員に対する給与として源泉徴収の対象となりますが、ワクチン接種が使用者の業務上の要請により、従業員全員に接種を求める場合は、それが使用者に課された職場環境等に配慮する義務や従業員の安全と健康を確保する義務を履行するものであることなどを考慮すれば、従業員がワクチン接種を受けることによる経済的利益については、給与等として課税する必要はないものと考えます。

1　予防接種制度

予防接種制度には、感染力の強い疾病の流行阻止、又は致死率の高い疾病による重大な社会的損失を防止するための予防接種（努力義務あり）と、個人の発病や重症化を防止し、併せてそのことによりその疾病の蔓延を予防することを目的として予防接種（努力義務なし）があり、接種費用は市町村が支弁し実費の徴収は可能とされています。

2　使用者の義務

使用者は、快適な職場環境の実現と労働条件の改善を通じて職場における従業員の安全と健康を確保する義務を、また、従業員の健康を守るために、医師による健康診断を行う義務を負っています。

3　ワクチン接種費用の負担

新型コロナウイルスワクチンが開発された場合には、使用者がその費用を負担して、全従業員にその接種を求めることが考えられます。

このような場合に、使用者の要請によりワクチンの接種を受けた従業員が受ける経済的利益については、ワクチンの接種が使用者の業務上の要請に基づくものであること、また、使用者に課された職場環境等に配慮する義務や従業員の安全と健康を確保する義務を履行するものであることなどを考慮すると、その負担額が不相当に高額でない場合には、課税する必要はないものと考えます。

なお、2009年に新型インフルエンザが流行した際のワクチン接種については自己負担があり、その従業員が負担すべき費用を使用者が負担した場合も同様の取り扱いがなされました。

㈱　新型コロナウイルスワクチン接種の費用については、国費で支弁するか等について、現在、検討されているところです。

■【主な関係法令通達】　所法36①、所基通36-15、36-29、労働安全衛生法３、66

5－5　自転車・自家用車通勤への一時的変更は

Q

新型コロナウイルスの感染拡大防止の観点から、これまで交通機関を利用して通勤している従業員に対して、できる限り自転車や自家用車を使って通勤するよう指示しました。

なお、通勤手当については従来どおり支給することとしていますが、非課税の取扱いを変更する必要があるか教えてください。

Answer

通常の給与に加算して支給する通勤手当は、一定の限度額まで非課税とされており、通勤方法により定められた１か月当たりの非課税となる限度額を超えて通勤手当を支給する場合には、超える部分の金額は給与として課税されます。

新型コロナウイルス感染症の発生時においても、特例的な定めはありませんので、１月に満たない臨時的な場合を除き通常の取扱いに従って、変更月については、交通機関を利用した場合と交通用具を使用した場合の１月当たりの非課税限度額のうちいずれか高い金額を、また、翌月以降は、交通用具を使用した場合の非課税限度額を超える部分の通勤手当については、給与等に加えて源泉徴収をする必要があると考えます。

ただし、自動車通勤の日数が少ないなど通勤方法を変更したといえない者については、非課税として取り扱って差し支えありません。

1　通勤手当の非課税規定

通勤する者がその通勤に必要な交通機関の利用又は交通用具の使用のために支出する費用に充てるものとして、通常の給与に加算して受ける通勤手当のうち一般の通勤者につき通常必要であると認められる部分は、所得税を課さないとされています（４－１参照)。

2　交通用具を使用している人に支給する通勤手当

従業員が通勤に必要な交通用具の使用のために支出する費用に充てるものとして受ける通勤手当については、１か月当たり通勤距離により4,200円から31,600円の一定金額までは非課税とされています。

3　月の途中で通勤方法や通勤距離が変更になった場合

月の途中で通勤方法や通勤距離を変更した場合でもその月の１日現在の通勤方法に基づいて通勤手当を支給しているときは、その月の１日現在の通勤距離等に基づいた非課税限度額で差し支えないものとしています。

また、月の途中で通勤方法や通勤距離が変更になった場合の１か月当たりの非課税限度額の算定方法については、特段の規定がありませんので、月の中途で通勤距離が変更になった交通用具を使用している従業員の非課税限度額については、変更前と変更後の通勤距離のうちいずれか長い方の通勤距離に応じた金額として差し支えないものとされています。

したがって、月の途中で通勤方法が、交通機関から交通用具に変更になった場合においても、交通機関を利用した場合と交通用具を使用した場合の１月当たりの非課税限度額のうちいずれか高い金額を、非課税限度額として差し支えないものとされています。

4　自動車通勤は会社の要請

自動車通勤は、新型コロナウイルスの感染拡大防止のための会社の要請で臨時的であり、自動車通勤の実費の範囲内で交通機関を利用したとした場合の合理的な運賃の額を非課税限度額としてもよいのではないかとの疑義がありますが、通勤手当の非課税規定は、その通勤の実態に即して適用することとされています。

参考　障害者が2キロメートル未満を交通用具で通勤

交通用具を使用して2キロメートル未満の距離を通勤する場合は、その費用が軽微であるとの考えから非課税が認められないとしているものであり、足が不自由という障害があるゆえに通勤の方法として自動車通勤による通勤費用の負担を余儀なくされる等の特殊事情がある場合には、交通機関利用者と同様に取り扱い、交通機関を利用したとした場合の合理的な運賃の額を非課税限度額（自動車通勤による実費の範囲内に限ります。）として取り扱って差し支えないものとされています。

■【主な関係法令通達】　所法9①五、212①、②、216、所令20の2

5－6　自家用車通勤者の駐車場の利用は

Q

新型コロナウイルスの感染拡大防止の観点から、これまで交通機関を利用して通勤している従業員に対して、できる限り自転車や自家用車を使って通勤するよう指示することになりました。自社敷地内に駐車場はあり来客を含めて自由に駐車することができますが、狭隘となるため近隣に臨時の月極め駐車場を準備しました。

なお、当社は自家用車の業務使用を認めており、また、駐車場所は特定していません。この場合に従業員が駐車場を利用することにより受ける経済的利益について、給与に加算して源泉徴収をする必要があるか教えてください。

Answer

従業員が駐車場を利用することにより受ける経済的利益の取扱いについては明らかにされていませんが、従業員が駐車場を利用する用役を無償で受けた場合における経済的利益は、一義的には給与所得を構成し、給与として、源泉徴収をする必要があります。

ご質問に係る駐車場の利用が、①新型コロナウイルスの感染拡大防止の観点からの要請という合理性が有ること、②自家用車を業務にも使用しており、その区分が難しいこと、③駐車場は会社の設備の一つで、従業員が駐車場を利用することによる追加的な負担が発生しないこと、④駐車場が狭隘になったため外部の駐車場を借り上げたものであり、新たに自家用車通勤者のみがその費用を負担すべきであるとする理由がないこと、⑤経済的利益の額の計算が困難であること、⑥仮に経済的利益の額が計算できたとしても少額であると認められ、少額不追及の範囲内であると考えられることなどから、課税しなくて差し支えないものと考えます。

1　経済的利益

給与所得とは、俸給及び賞与並びにこれらの性質を有する給与に係る所得をいうとし、所得の金額の計算上収入金額とすべき金額には、その金銭以外の物又は権利その他経済的な利益の価額とすると定められています。

そして、「金銭以外の物又は権利その他経済的な利益」（「経済的利益」という。）には、物品の譲渡又は用役の提供を無償又は低い対価で受けた場合におけるその時の価額とその対価の額との差額に相当する利益が含まれるとされています。

2　課税しない経済的利益

使用者が従業員に対し自己の営む事業に属する用役や福利厚生のための施設を無償若しくは通常の対価の額に満たない対価で提供したことにより、従業員が受ける経済的利益については、その経済的利益の額が著しく多額であると認められる場合又は役員だけを対象として供与される場合を除き、課税しなくて差し支えないとされています。

■【主な関係法令通達】　所法28、36①、所基通36-15

5－7　在宅勤務手当の支給に係る源泉徴収は

Q

新型コロナウイルス感染症の拡大に伴い従業員への在宅勤務を実施することとしました。従業員が自宅で勤務をすることにより負担が増えるインターネットの通信費や電気代などの一部を補助するため、「在宅勤務手当」を支給することとしましたが、実費弁償であり、源泉徴収の対象となる給与に含めなくてもよいと考えますが教えてください。

Answer

在宅勤務手当は、他の住宅手当等諸手当と同じく給与となり、源泉徴収の対象となると考えられます。この場合、原則として、毎月一定の金額を支給する場合は、月額給与として、一時金として支給する場合は賞与として源泉徴収をしていただくことになります。

ただし、在宅で勤務した業務に伴い発生する費用の実費弁償であることが明らかである場合やその支給する金額が合理的な計算に基づいて算出されており、明らかに非課税所得に掲げる金品に相当するものと認められる場合には、課税しなくて差し支えないと考えます。

1　在宅勤務手当

在宅勤務を行う場合、自宅内の勤務に係る通信費（電話、インターネットなど）や光熱費、コピー代などの事務関連費が発生します。そうした在宅勤務における経費を会社が負担する仕組みとして在宅勤務手当が支給されるようです。

2　在宅勤務手当の支給形態

在宅勤務手当の支給形態として一般的には、①毎月一律の手当額を支給、②在宅勤務日数に応じて１日当たりの手当額を支給、③自宅で勤務する環境を整備するための一時金を支給、④一時金と毎月一律の支給、⑤領収書等の提出を求めての精算支給などが考えられます。

3　税務上の取り扱い

1）給与所得

給与所得とは、給与及び賞与、並びにこれらの性質を有する給与に係る所得としており、企業が従業員に支給する金品は、給与や賞与などの名称にかかわらず、給与課税の対象となることが原則と理解されています。

ただし、給与所得を有する者が勤務する場所を離れてその職務を遂行するための通常必要であると認められる旅費などは非課税とされています。

2）月額等で支給される旅費

職務を遂行するために行う旅行の費用に充てるものとして支給される金品であっても、年額又は月額により支給されるものは、給与等とするとされています。

ただし、その支給を受けた者の職務を遂行するために行う旅行の実情に照らし、明らかに非課税所得に掲げるものに相当するものと認められる金品については、課税しないこととされています。

3）役員等に支給される渡切交際費

使用者から役員又は使用人に交際費、接待費等として支給される金品は、その支給を受ける者の給与等とするとしています。

ただし、使用者の業務のために使用すべきものとして支給されるもので、そのために使用したことの事績が明らかなものについては、課税しないこととされています。

4）在宅勤務手当

所得税法は、人の担税力を増加させる経済的利得はすべて所得を構成するという考え方を採用しており、使用者から支給される在宅勤務手当は、原則として他の住宅手当等諸手当と同じく給与となり、源泉徴収の対象となると考えられます。

ただし、業務に伴う実費弁償としてインターネット回線の通信費や光熱費などを明細書等で明らかにし又は支給する金額が合理的な計算に基づいて算出されている場合には課税しないことができると考えます。

また、一律支給であっても、在宅で職務を遂行することにより追加的費用が発生する実情に照らし、明らかに非課税所得に掲げる金品に相当するものと認められる場合については、課税しなくて差支えないと考えます。

おって、机等の耐久物品の供与についても、もっぱら在宅勤務の業務のためにのみ必要なものについては、課税しなくて差し支えないと考えます。

■【主な関係法令通達】　所法９①四、28①、212①、所基通９－３、28－３、28－４

5－8　在宅勤務時の通勤手当の取扱いは

Q

当社は従業員に通勤手当を支給していますが、新型コロナウイルスの感染拡大防止策の一環として在宅勤務を交代制で採り入れていますが、通勤手当の非課税の取扱いを変更する必要があるか教えてください。

Answer

通勤手当の非課税規定は、「通勤するものがその通勤に必要な交通機関の利用又は交通用具の使用のために支出する費用に充てるものとして」と規定しており、通勤を前提として定められていますが、通勤や会社内での密による感染を防ぎ、かつ事業継続を目的とした在宅勤務により、通勤が一部不要となった場合であっても、この非課税規定が適用できます。

1　通勤手当

通常の給与に加算して支給される通勤手当や通勤用定期乗車券は、１か月当たりの合理的な運賃等の額（最高限度　150,000円）までは課税されないこととされ、「合理的な運賃等の額」とは、通勤のための運賃、時間、距離等の事情に照らし最も経済的かつ合理的と認められる通常の通勤の経路及び方法による運賃又は料金の額をいうとされています。

2　通勤手当の非課税の判定

通勤手当の判定は、通勤の区分に従った手段により通勤している実態があり、その支給が「合理的な運賃等の額」までであれば、通勤手当を支給した従業員が、そのすべてを使用したかしないかの実績にかかわらず非課税規定を適用できるものと理解されています。

3　在宅勤務での取扱い

自宅を利用する在宅勤務を採用した会社においても、その在宅勤務の日数等には、完全在宅勤務から勤務日数の一部を在宅勤務とするなど様々であり、また、新型コロナウイルス感染症が収束するまでの臨時的な措置であるか、恒常的であるかなども異なっています。

したがって、在宅勤務を採用した使用者においては、その在宅勤務の実態に沿って通勤手当等の支給の見直しを行うことが一般的であると考えられます。その結果、見直された支給額が合理的であれば、そこで支給される通勤手当は引き続き非課税として取り扱うことができ、自宅勤務を原則とする者にあっては、通勤そのものが不要となることから、その者に引き続き通勤手当が支給されている場合は、通勤手当とはいえないため、給与等として源泉徴収が必要になると考えます。

■【主な関係法令通達】　所法９①五、183、所令20の２

5－9　新しい生活様式における新年会に代わる食品の提供は

Q

当社は、例年、近くのホテルで従業員全員が出席し、写真撮影を行った後、同会場で新年会を行っていましたが、新型コロナウイルス感染症の発生により新年会や忘年会の開催が難しい状況にあります。

そこで、新年会に代えて、ちょっとした贅沢を感じる食品（新年会における社員１人あたりの会社負担額と同程度のもの）を新年を迎える従業員全員に提供したいと考えています。この食品の提供により従業員が受ける経済的利益は、給与として源泉徴収をする必要があるか教えてください。

Answer

新年を迎える従業員に提供する食品は、新しい生活様式が求められる中ですべての従業員を対象とするもので、新年会における社員１人当たりの会社負担額と同程度のものとのことですので、その額も社会通念上著しく多額とは認められないこと、自由に品物を選択できるものではないこと、換金性もあるとはいえないことから従業員に対する福利厚生としての性格を有するものであり、従業員が受ける経済的利益は、課税しない経済的利益に該当するとして取り扱うことができると考えます。

1　給与所得

「給与所得とは、俸給、給料、賃金、歳費及び賞与並びにこれらの性質を有する給与に係る所得をいう」と規定しており、給与とは、雇用契約又はこれに類する原因に基づき使用者の指揮命令に服して提供した労務の対価として使用者から受ける給付と解されています。

2　収入金額

その年分の各種所得の金額の計算上収入金額とすべき金額又は総収入金額に算入すべき金額は、別段の定めがあるものを除き、その年において収入すべき金額（金銭以外の物又は権利その他経済的な利益をもって収入する場合には、その金銭以外の物又は権利その他経済的な利益の価額）とし、金銭以外の物又は権利その他経済的な利益の価額は、当該物若しくは権利を取得し、又は当該利益を享受する時における価額とするとされています。

3　課税しない経済的利益

金銭以外の物又は権利その他経済的な利益には、物品その他の資産の譲渡を無償又は低い対価で受けた場合におけるその資産のその時における価額又はその価額とその対価の額との差額に相当する利益等が含まれるとしています。

4　福利厚生費

厚生労働省は、企業の福祉厚生事業を、①住宅関連、②健康・医療関連、③育児・介護支援関連、④慶弔・災害関連、⑤文化・体育・レクリエーション関連、⑥自己啓発・能力開発関連、⑦財産形成関連⑧その他に分類し、⑤文化・体育・レクリエーション関連を文化・体育・レクリエーション活動支援と余暇施設（運動施設、保養所）とに区分、⑧その他には、社員食堂・食事手当、その他に分類しています。

5　レクリエーション費用

使用者が役員又は使用人のために社会通念上一般的に行われていると認められる会食、旅行、演芸会、運動会等のレクリエーション行事に要する費用を負担することにより、これらの行事に参加した役員又は使用人が受ける経済的利益については、自己都合でその行事に参加しなかった役員又は使用人に対し、その参加に代えて金銭を支給する場合や、役員だけを対象としてその行事の費用を負担する場合を除き、課税しなくて差し支えないこととされています。

6　社会通念上一般的に行われている

社会通念の法的解釈は、適用となる法令により一様ではなく、また、社会通念という概念は、客観的な合理性を意味する場合にも、また、主観的判断を意味する場合にも用いられるというあいまいな不確定概念であるとの見解もあります。

課税しない経済的利益・・・レクリエーション行事に係る裁決や判決においても、その内容が“贅沢”であるから、社会通念上一般的に行われていると認められないとして、給与所得となると判断した事例がある一方で、法人税法上の福利厚生費と交際費との区分を争点とする事案ではありますが“贅沢”はその福祉厚生事業の目的を達成するうえで必要であるとして、原告の主張を認めた事例もあり、参加した従業員に対する給与所得課税は行われていません。

したがって、「社会通念上一般的に行われている」の判断に当たっても、その解釈は一様ではなく、特に、新型コロナウイルス感染症禍での適用・当てはめにおいては、新しい生活様式に置き換えて判断すべきと考えます。

7　経済的利益の少額不追求

レクリエーション費用は、福利厚生費としての処理が認められており、そこに参加することにより従業員が受ける経済的利益の額については、通常少額不追及の範囲内であるとして、課税しなくて差し支えないとされています。

その趣旨として、使用者がレクリエーション費用を負担することによる経済的利益の額については多額とはいえないものが多く、参加者の希望を十分満たすものでなく、経済的利益の額も少額であるなど、少額不追及の観点から強いて課税しないこととしたものであるといわれています。

また、レクリエーション費用に係る少額不追及の額については、経済的利益の対象となる行事ごとに、社会通念上相当の額であるかを判断すべきであり、その判断には、当該行事の企画立案の経緯、行事の目的、使用者の負担額等を総合的に考慮すべきであるとされています。

この取り扱いは、昭和38年12月の税制調査会が「所得税法及び法人税法の整備に関する答申」において、現物給与に対する課税について「総じて常識的な無理のない程度で判断する必要があると考えられる。」と述べていることからも読み取れるように、この答申の考え方を前提として課税しない経済的利益に係る取扱いが定められていると考えます。

8　新しい生活様式における課税しない経済的利益

人と人の接触を基本とする行事を自粛せざるを得ない状況のなかで、新型コロナウイルスの感染拡大防止と従業員の慰安の両立を求める動きがあり、そうしたなかで、実施されるレクリエーションに参加することにより従業員が受けた経済的利益については、従前のレクリエーション行事に関する考え方と異なる新たな考え方の下でそれぞれの行事の企画立案の経緯、行事の目的、使用者の負担額等について総合的に検討すべきであると考えます。即ち、これまでの生活様式や社会様式を前提とした判断に留まることなく、新しい生活様式や社会様式に置き換えて、立法や制度の趣旨に沿った解釈を採るべきであり、その中で答申の考え方である「総じて常識的な無理のない程度で判断する必要がある。」と考えます。

■【主な関係法令通達】　所法28、所令36①、所基通36－15、36－30

5－10 社員旅行を指定保養所利用に切り替えて行う一部補助は

Q

新型コロナウイルス感染症の感染拡大に伴い、例年行ってきた社員旅行の実施が困難な状況にはありますが、取りやめは経営者として避けたいと考え、近隣の複数の温泉旅館と指定保養所契約を締結し、そこを利用した場合に一定額の補助をすることに切り換え、利用者は会社が補助する金額を除いた料金を利用した温泉旅館に支払い、会社が補助する金額は、後日まとめて会社が温泉旅館に直接支払うこととしています。

この場合に、従業員が温泉旅館等を利用したことにより受ける経済的利益の額は、給与等に加算して源泉徴収をする必要があるか教えてください。

Answer

会社等が設けた保養所や指定保養施設等を従業員が利用することにより受ける経済的利益は、著しく多額である場合を除き、課税しなくて差し支えないとされており、ご質問の、従業員が温泉旅館等を利用したことにより受ける経済的利益についても、その金額が著しく高額でない場合は、給与等に加算して源泉徴収をする必要はないと考えます。

特に、例年実施してきた社員旅行が新型コロナウイルス感染症の感染拡大により中止せざるを得なくなったことから、その代替として、やむを得ず温泉旅館と指定保養所契約を締結したものであり、その施設を利用した従業員が受ける経済的利益の額も高額とは思われないことから原則として給与等に加算する必要はないものと考えます。

具体的な取り扱いに当たっては、社員旅行から指定保養所の利用に切り替えた事情、会社や従業員の負担額、更には、他社の指定保養施設を利用した場合の補助額等と自社指定保養施設利用における会社の負担額等を総合的に考慮して判断すべきものと考えます。

1　用役の提供

事業者が使用人等に対し自己の営む事業に属する用役を無償若しくは通常の対価の額に満たない対価で提供し、又は使用人等の福利厚生のための施設の運営費等を負担することにより、当該用役の提供を受け又は当該施設を利用した使用人等が受ける経済的利益については、その経済的利益の額が著しく多額であると認められる場合又は特定の者を対象として供与される場合を除き、課税しなくて差し支えないとされています。

ここでいう用役には、自己が経営する事業に属するサービスを提供したことによる経済的利益のほか、保養所、理髪室などの福利厚生施設を設け又は外部の旅館や理髪店などと契約してこれらの者に利用させることとしている場合については、その運営費等を負担したことにより、これらの施設の利用者が受ける経済的利益についても同様に取り扱うものとしています。

2　使用者が負担する旅行費用

会社が従業員のレクリエーションのために社会通念上一般的に行われている会食、旅行等の費用を負担することにより、これらの行事に参加した者が受ける経済的利益については、一部を除き課税しなくて差し支えないとされています。

この取り扱いは、必ずしも希望しないままレクリエーション行事に参加せざるを得ない面があり、その経済的利益を自由に処分できるわけでもないこと、行事に参加することによって使用人らが受ける経済的利益の価額は少額であるのが通常であること、レクリエーション行事が社会通念上一般に行われていると認められるようなものであれば、あえてこれに課税するのは国民感情からしても妥当ではないこと等を考慮したものと解されています。

■ 【主な関係法令通達】 所法36、所基通36－29、36－30

5－11　地域の温泉旅館等を支援するために従業員が利用した場合の一部補助は

Q

新型コロナウイルス患者の発生により宿泊客が減少している地域の温泉旅館等を支援する目的で、従業員（家族を含む。）がそれらの施設を利用した場合に一定額を補助することとしました。

具体的には、この制度を利用する従業員は、会社から利用券の交付を受け、宿泊料の支払の際にその利用券を温泉旅館に提出することにより宿泊料が割り引かれ、その利用券を受け取った温泉旅館は、従業員が受けた割引金額を会社に請求し支払いを受けるものです。

この場合に、従業員が温泉旅館等を利用したことにより受ける経済的利益の額は、給与等に加算して源泉徴収をする必要があるか教えてください。

Answer

会社等が設けた保養所や指定保養施設等を従業員が利用することにより受ける経済的利益は、著しく多額である場合を除き、課税しなくて差し支えないとされており、ご質問の、従業員が温泉旅館等を利用したことにより受ける経済的利益についても、その金額が著しく高額でない場合は、給与等に加算して源泉徴収をする必要はないと考えます。

ご質問の、温泉旅館を利用した従業員に対するその費用の一部補助は、会社が地域の温泉旅館を支援することを目的としたものであり、この制度を利用したことにより受ける従業員の経済的利益は、その要請に応えたことによる反射的利益に過ぎないともいえることから、この点からもその経済的利益の額が著しく高額でない場合は給与所得に該当しないものと考えます。

1　福利厚生のための施設の運営費等を負担

福利厚生のための施設の運営費等を負担することにより、その施設を利用した従業員が受ける経済的利益については、その経済的利益の額が著しく多額であると認められる場合又は役員だけを対象として供与される場合を除き、課税しなくて差し支えないとされています。

2　指定保養施設等の利用

福利厚生のための施設の運営費等を負担したことにより、これらの施設の利用者が受ける経済的利益には、保養所や理髪室などの福利厚生施設が含まれるほか、外部の旅館や理髪店などと契約して従業員等に利用させることとしている場合も含まれますが、これらの施設の利用者が受ける経済的利益についても同様に取り扱うこととされています（5－10参照）。

3　著しく多額であるか

その運営費等を負担することにより、これらの施設の利用者が受ける経済的利益が著しく多額であるか否かについては、常識的で一般的な範囲の金額とされていますが、それぞれに提供される事業サービスや各種施設によってその金額や運営費等の額は異なるため、個別の事案に応じて判断する必要があります。

■　【主な関係法令通達】　所法36、所基通36－29

5－12　医療従事者の健康管理と家族への感染リスクを防ぐための宿泊施設の提供は

Q

当病院は新型コロナウイルス感染者の診療を受け入れるに当たって、従事者の健康管理とその家族への感染防止を図るため、近隣のビジネスホテルを宿泊場所として確保し、高齢家族と同居している従業員を中心に希望する従事者に一定期間、提供することとしました。

この宿泊場所の提供については非課税とされる職務上必要な住宅の貸与として取り扱ってよいか教えてください。

Answer

新型コロナウイルス感染症禍で、医療従事者が業務の遂行上、また、家族等への感染防止のために病院が確保したビジネスホテルを利用する場合に従業員が受ける経済的利益は、「職務上の必要に基づき貸与を受ける住宅等の非課税」に準ずるものとして取り扱うことができるものと考えます。

ただし、その適用に当たっては、業務上の必要性、貸与を受けた従業員の業務の内容や家族等の事情、貸与したホテル等の規模や費用、その期間等を総合的に検討し判断する必要があると考えます。

1　職務上必要な住宅の貸与の非課税

従業員が社宅や寮などの貸与を受けることによる経済的利益は、給与所得とされていますが、「職務の遂行上やむを得ない必要に基づき使用者から指定された場所に居住すべきものがその指定する場所に居住するため」に貸与を受けることによる経済的利益は、非課税所得とされています。

したがって、病院等が医師や看護師に対して業務の遂行上の必要により一定の場所に住宅を用意し、その指定された住宅の提供を受けることによる経済的利益は、非課税とされています。

2 職務上必要な住宅の貸与を非課税とする趣旨

深夜や早朝業務、時間外勤務を常例とする者など、その職務の遂行上やむを得ない必要に基づき、使用人から指定された場所に居住すべきものが、その指定する場所に居住するために家屋の貸与を受けることによる利益は非課税とされています。これは、このような場合の家屋の無償貸与は、通常の社宅等の無償貸与と比べ、主に使用者の業務上の必要性・便宜性を目的として行われるものであって、これにより従業員等が受ける経済的利益は、反射的なものにすぎず、また、従業員の住居の自由が制限される側面があるなかで、これを給与等として課税することは妥当でないとの考え方に基づくものであるといわれています。

■【主な関係法令通達】　所法９①六、所令21④、所基通９－９

5－13　感染症の発生が少ない地域からの通勤者への宿泊施設の供与は

Q

都内に事務所を置く当社の従業員の中には、新幹線で遠隔地通勤をしている者がいますが、新型コロナウイルス感染症の発生により、自宅近隣の者から異様な目で見られるなど、精神的に負担であることから、当面の間、ビジネスホテルの部屋を会社で借り上げ、貸し付けることとしました。

この場合にそのホテルを利用した者が受ける経済的利益は、給与に加算して源泉徴収を行う必要があるか教えてください。

Answer

会社がホテルの部屋を借り上げ、これを従業員に貸し付けた場合は、住宅等の貸与となり、無償又は低額の賃貸料で貸与することによる経済的利益については、賃借料相当額と従業員から徴収した賃借料との差額は、原則として給与所得とされます。

ただし、その貸与が従業員の責めに帰さない新型コロナウイルス感染症の発生という中での臨時的かつ緊急避難的な措置についてまで、所得税を課税することは酷であるとも考えられることから、具体的な事案に沿って、その期間、従業員が受ける経済的利益の額、心身に加えられた損害の程度、従業員の健康を守る使用者の義務などを総合的に勘案して適切に判断すべきものと考えます。

1　従業員に社宅を貸したとき

従業員に対して社宅や寮などを貸与する場合には、従業員から１か月当たり賃貸料相当額の50％以上を受け取っていれば給与として課税されません。

また、従業員に無償で貸与する場合には、この賃貸料相当額が50%未満の場合は家賃と賃貸料相当額との差額が、給与として課税されます。

賃貸料相当額とは、次の⑴〜⑶の合計額をいいます。

⑴ （その年度の建物の固定資産税の課税標準額）×0.2%

⑵ 12円×（その建物の総床面積（平方メートル）／3.3（平方メートル））

⑶ （その年度の敷地の固定資産税の課税標準額）×0.22%

なお、役員に対する社宅等の貸与に係る賃貸料相当額の計算は、別途準備されています。

また、使用者が他から借り受けた社宅を貸与している場合であっても、従業員については自社所有の社宅と同様、賃借料相当額の50%以上を徴収していれば、給与として課税されません。

2 災害支援金

心身又は資産に加えられた損害について支払を受ける義援金や見舞金で、その受贈者の社会的地位、贈与者との関係などに照らし社会通念上相当と認められるものについては、所得税及び復興特別所得税の課税の対象とはならないとされています。新型コロナウイルス感染症に関連して使用人等が使用者から支給を受ける見舞金についても、その見舞金が① 心身又は資産に加えられた損害につき支払を受けるもので、② 支給額が社会通念上相当であること、③ 役務の対価たる性質を有していないことの要件のいずれも満たすものは、非課税所得に該当するとしています㈱。

㈱ この取扱いは、緊急事態宣言下において事業の継続を求められる事業者の従業員を対象としたものですが、新型コロナウイルス感染症に罹患した者などへの見舞金についても、社会通念上相当と認められものである場合は、非課税所得に該当するものと考えます。

参考　災害時に地方公共団体が提供する借上型仮設住宅の例

災害時に住宅が被災した者に対して地方公共団体が行う借上型仮設住宅（家賃等が免除される）の提供に係る要件として、「住家が全壊、全焼又は流出し、居住する住家がない者」等に加え、「自らの資力をもってしては、住家を確保することのできない者」とされるなど、非常に厳しい条件が付されています。

【主な関係法令通達】　所法９①六、36、所基通９－９、36-40、36-41、36-45、36-47、労働安全衛生法３、66

5－14 小学校の休校に伴い支給された休校手当は

Q

新型コロナウイルスの感染拡大防止策として小学校等が臨時休校した場合に、小学校等に通う子の保護者の休業による給与の減少を支援するため、正規雇用・非正規雇用を問わず全員に休業日１日当たり一律5,000円の休校手当を支給しましたが、給与として源泉徴収をする必要があるか教えてください。

Answer

小学校の休校に伴い、小学生を扶養する従業員に支給する休校手当は、他の住宅手当等諸手当と同じく給与となり、通常の月額給与等に含めて源泉所得税を徴収し納付していただく必要があります。

1　給与所得

給与所得とは、給与及び賞与等並びにこれらの性質を有する給与に係る所得としており、企業が従業員に支給する金品は、給与や賞与などの名称にかかわらず、給与課税の対象となることが原則と理解されています。

ただし、使用人から支給される金員であっても、学資として支給される金品や心身又は資産に加えられた損害について支給を受ける相当の見舞金、旅費や通勤費などの通常要すると認められるものなどについては非課税とされています。

2　休校手当

小学校の休校に伴い、小学生を扶養する従業員に支給する休校手当は、使用者から支給される給与の性質を有する給与に該当し、また非課税とする規定もありませんので、他の住宅手当等諸手当と同じく源泉徴収の対象となります。

■【主な関係法令通達】　所法28①、183

5－15 市から支給された特別定額給付金は

Q

私は、大学在学中ですが、生活費の足しにするため父親の特定扶養親族となる範囲内で、1年間の収入を気にしながらアルバイトを行っています。

この度、市から特別定額給付金として10万円の助成を受けましたが、私が父親の扶養親族となるかを判定する場合に、この給付金を加えて計算しなければならないかを教えてください。

Answer

特別定額給付金は「新型コロナウイルス感染症等の影響に対応するための国税関係法律の臨時特例に関する法律」において非課税所得とされています。

したがって、扶養親族の適用要件である合計所得金額48万円以下を計算する場合の収入金額に含める必要はありません。

---

1 給付金の非課税

「新型コロナウイルス感染症等の影響に対応するための国税関係法律の臨時特例に関する法律」第4条で、市町村又は特別区から給付される給付金については、新型コロナウイルス感染症及びそのまん延防止のための措置の影響に鑑み、家計への支援の観点から、所得税を課さないとされています。

2 扶養親族

扶養親族とは、居住者の親族でその居住者と生計を一にするもののうち、合計所得金額が48万円以下である者をいい、控除対象扶養親族とは扶養親族のうち年齢16歳以上の者、特定扶養親族とは控除対象扶養親族のうち、年齢19歳以上23歳未満の者をいうとされています。

■【主な関係法令通達】　所法２①三十四　三十四の二、三十四の三
新型コロナウイルス感染症等の影響に対応するための国税関係法律の臨時特例に関する法律４

5－16 大学から支給された学資を賄うための助成金は

Q

私は、都内の大学に通う学生ですが、新型コロナウイルス感染症の影響による学生支援策として、大学から遠隔授業を受けるために供与されたパソコンと学費を賄うために給付された支援金を受領しました。

これらの支援金等は、所得税の課税対象となるか教えてください。

Answer

「学資に充てるため給付される金品」については所得税を課さない（非課税所得）とされており、遠隔授業を受けるためのパソコンの供与及び学費を賄うために給付された支援金はこの定めに該当しますので、所得税の課税対象になりません。

1　学資金の非課税規定

「学資に充てるため給付される金品」については所得税を課さないとされており、原則として非課税とされています。

ただし、この非課税とされる学資金からは、給与その他対価の性質を有するものを除くとされていますが、その場合であっても使用者が使用人に対して学校教育法第１条に規定する学校（大学及び専門学校を除く。）における修学のための費用に充てるものとして支給する金員で、その修学のための費用として適正なものについては課税しなくて差し支えないとしています。

2　遠隔授業を受けるためのパソコンの供与等

遠隔授業を受けるためのパソコンの供与と学費を賄うために支給さ

れた支援金は、大学が支給するものであり、給与その他対価の性質を有するものではありませんので、非課税となる学資金に該当し所得税は課税されません。

なお、その支援金の使途が限定されていないと認められる場合には、生活費を賄うために支給された支援金として、一時所得の収入金額に計上する必要があります。

■【主な関係法令通達】　所法９①十五、所基通９-14、９-16、新型コロナウイルス感染症に関連する税務上の取扱い関係問９-２

5－17 大学から支給された生活を賄うための助成金は

Q

私は、都内の大学に通う学生ですが、新型コロナウイルス感染症の影響による学生支援策として、大学から生活費を賄うために支給された支援金を受領しました。

これらの支援金等は、所得税の課税対象となりますか。また、扶養者の扶養控除等に影響するか教えてください。

Answer

大学から生活費を賄うために支給された支援金は、一時所得の収入金額に計上していただく必要があります。

ただし、その年の他の一時所得とされる金額の合計額が50万円を超えない限り、所得税の課税対象にはなりませんので、扶養者の扶養控除にも影響することはありません。

1　生活費を賄うために支給された支援金

生活費を賄うために支給された支援金は、学資に充てるため給付される金品には該当しませんので、非課税とされません。

2　一時所得

一時所得とは、営利を目的とする継続的行為から生じた所得以外の所得で、労務や役務の対価としての性質や資産の譲渡による対価としての性質を有しない一時の所得をいい、法人から贈与された金品（業務に関して受けるもの、継続的に受けるものを除きます。）などが該当します。

したがって、大学から支給された生活費を賄うための支援金は一時所得の収入金額に計上する必要がありますが、その年の他の一時所得とされる金額との合計額が50万円を超えない限り、所得税の課税対象にはなりませんし、扶養者の扶養控除にも影響することはありません。

■【主な関係法令通達】　所法22、34、所基通34−１、新型コロナウイルス感染症に関連する税務上の取扱い関係問９−２

5－18 新型コロナ禍での短期滞在者免税の期間の計算は

Q

海外支店に長期赴任中であった従業員が一時帰国し短期滞在者免税の届出書を提出していたところ、新型コロナウイルス感染症の拡大防止の影響で赴任先国が入国制限措置を講じているため、国内での滞在が183日を超えてしまいました。

この場合、特例的な対応が認められるか教えてください。

Answer

短期滞在者免税の要件である滞在期間の計算には、当人が病気で帰国できない場合を除くと取扱われていますが、新型コロナウイルス感染禍での赴任先国の入国制限というやむを得ない滞在期間日数の除外等についての見解は示されていません。

したがって、短期滞在者免税の適用を受けるための租税条約に関する届出書を提出している場合であっても、その日数計算において、183日を超えてしまうことになり、入国後に最初に支払われた給与に遡って免税規定が適用されず、源泉徴収義務が生じることになります。

しかし、新型コロナウイルス感染禍での出入国制限措置は災害ともいえ、租税条約の制定の趣旨や経済協力開発機構（OECD）の見解を踏まえて、個々の事案に応じた妥当な運用を期待したいと考えます。

1　租税条約

租税条約は、各国と締結する二国間の条約であり、また、恒常的なものであること等から、その改正は、租税条約を締結している多くの国との認識の一致が求められ、多くの時間が必要であり、迅速かつ臨機応変に対応できるものではないと認められます。

2　短期滞在者免税条項

短期滞在者免税の適用要件の滞在日数の計算方法について、OECDモデル条約第15条関係のコンメンタリーパラグラフ５で、当人が病気になり出国することができない場合のその日数を除くとしています（３－15、３－16参照）。

3　経済協力開発機構の租税条約の分析とCOVID-19の影響への分析結果

経済協力開発機構は令和２年４月３日、租税条約と新型コロナウイルス感染症（COVID-19）による危機の税務上の影響を検討する分析結果を発表したなかで、これらの例外的な状況がPE、居住性、給与所得の課税に関する従業員または雇用者の（租税条約に基づく）税務ポジションに意味のある変化を引き起こしてはならないとしています（「OECD、『租税条約の分析とCOVID－19の影響』を発表」2020年４月23日　EY税理士法人）。

■【主な関係法令通達】　所法２①五、７①三、161十二イ、162、212②、実特令２

5－19　技能実習生が新型コロナ感染拡大により帰国できないため、在留ビザを変更した場合は

Q

技能実習1号在留資格（在留期間を6か月）で入国して技能実習を受け、その実習が満了しましたが、新型コロナウイルス感染症の感染拡大に伴い本国への帰国が困難になりました。このため同人は1年間の就労が可能となる「特定活動」へ在留資格の変更を申請し、その在留資格を得ましたので、引き続き当社で業務に従事していただくこととしました。

この場合の源泉徴収の取扱いを教えてください。

Answer

技能実習1号として6月間の技能実習が満了し、更に1年間の「特定活動」の在留資格を得ましたので、その時点から居住者として源泉徴収をしていただくこととなります。

1　技能実習1号在留資格

技能実習1号在留資格者は、技能実習法上の認定を受けた技能実習計画に基づいて、講習を受け及び技能等に係る業務に従事する活動を行うことができるとし、その在留期間は、法務大臣が個々に指定する1年を超えない範囲の期間とされています。

したがって、技能実習1号実習生は、非居住者となります。

2　在留資格の変更

法務省は、新型コロナウイルス感染症の感染拡大に伴い、技能実習生が本国への帰国が困難である場合や技能検定等の受検が速やかにできない場合又は「特定技能1号」への移行に時間を要する場合に、在

留資格「特定活動」への変更を認めることとしました。

3　非居住者から居住者へ

技能実習１号在留資格で入国した技能実習生の在留期間は１年を超えない範囲とされていますので、その技能実習生は、非居住者となりますが、在留資格変更で１年を超えて在留することになりましたので、１年を超えて在留することとなったその時から居住者となります。

4　租税条約の適用

技能実習生は、租税条約に定める事業修得者には該当しないこととされています。

また、別途、事業習得者に対する免税措置の定めのある国がありますが、その場合であっても「技能実習１号」から「特定活動」へ在留資格を変更する場合については、原則として、租税条約の適用はできないことになると考えます（３－９参照）。

ただし、具体的な適用に当たっては、その技能実習者の本国との租税条約を確認した上で、その適用の可否を判定していただく必要があります。

■【主な関係法令通達】　令和２年９月17日「技能実習生に係る新型コロナウイルス感染症への対応について」（出入国在留管理庁）

5－20 海外赴任者の休暇帰国の長期化と租税条約の適用は

Q

海外子会社に出向中であった従業員が休暇で一時日本に帰国していましたが、新型コロナウイルス感染症の拡大防止の影響で赴任先国が入国制限措置を講じたため、その間、出向元親法人である当社において、海外子会社の仕事をしています。

その従業員には、留守宅手当を当社が支給していますが、租税条約に関する届出書（短期滞在者免税）を提出することができるか教えてください。

Answer

租税条約における「短期滞在者免税」の規定は、その適用要件として「報酬が当該他方の締約国の居住者でない雇用者又はこれに代わる者から支払われるものであること」と定められています。

留守宅手当は当社が支給し、出向先の海外子会社が支払うものではありませんので、租税条約の短期滞在者免税の対象となる報酬にはなりません。

したがって、租税条約に関する届出書（短期滞在者免税）を提出することはできません。

1　短期滞在者免税

短期滞在者についての免税措置は、各国と締結した二国間の租税条約によって定められており、一定の条件の下に居住者や非居住者の別に関係なく人的役務の提供地である源泉地国での課税を免除することとしています。

2　OECDモデル租税条約における短期滞在者免税

租税条約における「短期滞在者免税」規定（租税条約第15条第２項）では、「一方の締約国の居住者が他方の締約国内において行う勤務について取得する報酬に対しては、次に掲げる(a)から(c)までを条件として、当該一方の国においてのみ租税を課すことができる。」と定められています。

(a)　当該課税年度において開始し、又は終了するいずれの12か月の期間においても、報酬の受領者が当該他方の締約国内に滞在する期間が合計183日を超えないこと

(b)　報酬が当該他方の締約国の居住者でない雇用者又はこれに代わる者から支払われるものであること

(c)　報酬が雇用者の当該他方の締約国内に有する恒久的施設によって負担されるものでないこと」

■【主な関係法令通達】　所法２①五、７①三、161十二イ、162、212②、実特令２、OECDモデル租税条約15②

5－21　租税条約の届出書に添付する居住者証明書を取得できない場合は

Q

租税条約による源泉所得税の免除を受けるためには「租税条約に関する届出書」に「居住者証明書」を添付して提出しなければならないのですが、新型コロナウイルス感染症の影響により、届出書の提出期限までに居住者証明書を取得することが困難な状況となっています。

このような場合、租税条約による源泉所得税の免除は受けられないのか教えてください。

Answer

新型コロナウイルス感染症の影響により、居住者証明書の発行が遅延している旨の申立てがあり、源泉徴収義務者が非居住者等の居住者証明書の写し（おおむね１年以内に発行されたもの）を保管しているなど、非居住者等が条約相手国の居住者であることが確認できる場合には、新型コロナウイルス感染症が沈静化するまでの当面の対応として、源泉徴収義務者がその写しのコピーを作成し、その届出書に添付して提出する（後日、税務署から直近の居住者証明書等の確認を求められた場合には、その証明書の提出等をする。）ことで差し支えないとされています。

1　租税条約に関する届出書の提出

原則として、租税条約に関する届出書（居住者証明書等の添付書類を含みます。）を期限までに提出できない場合、源泉徴収義務者は、その所得に係る源泉所得税を法定納期限までに納付する必要があります。

なお、後日、租税条約に関する届出書とともに「租税条約に関する源泉徴収税額の還付請求書」を提出することで源泉徴収された所得税の還付を受けることができます。

2　居住者証明書を取得できない場合

新型コロナウィルス感染症の影響により、外国の税務当局による居住者証明書の発行が遅延していることから、租税条約に関する届出書にこれを添付することができない場合でも、次の方法により非居住者等が条約相手国の居住者であることが確認できる場合には、感染症が沈静化するまでの当面の対応としてこれが認められます。

①　源泉徴収義務者が非居住者等の居住者証明書の写し（おおむね１年以内に発行されたもの）を保管している場合

➡　その写しのコピーを作成し、その届出書に添付して提出する方法
（後日、税務署から直近の居住者証明書等の確認を求められた場合に、その証明書を提出する）

②　非居住者等が源泉徴収義務者の関連会社等（注１）であって、その源泉徴収義務者において、その非居住者等が条約相手国の居住者であることが明らかな場合

➡　その源泉徴収義務者がその届出書の余白部分にその旨を記載して（注２）提出する方法
（後日、居住者証明書の発行を受けた際には、その居住者証明書にその届出書の控え（税務署の収受印の押印があるもの等）の写しを添付して税務署に提出する）

（注１）　関連会社等とは、源泉徴収義務者と資本関係や人的関係等を有する者をいいます。

（注２）　届出書の余白部分には、例えば、「所得者は支払者の親会社であり、○○国の居住者であることが明らかである。居住者証明書の発行が遅延しているため、当該証明書は後日提出する。」と記載します。

3　外国居住者等所得相互免除法に関する届出書

非居住者等が条約相手国の居住者であることが確認できる場合の取扱いは、「外国居住者等所得相互免除法に関する届出書」に添付する

こととされている「居住者証明書」の取扱いについても同様です。

■【主な関係法令通達】　所法212①、実特令２

第６章　給与所得に対する源泉徴収税額の計算例

6－1 給与に対する源泉徴収 月額表を適用する場合の源泉徴収の具体例１ 《「扶養控除等申告書」の提出がある者の場合》

Q

次の者の源泉徴収税額の求め方を教えてください。

◆ Gさん ◆

① 給与の支給額（月額） 270,000円

② 給与から控除する社会保険料等 36,000円

③ 源泉控除対象配偶者あり ④ 控除対象扶養親族なし

◆ Hさん ◆

① 給与の支給額（月額） 298,000円

② 給与から控除する社会保険料等 45,200円

③ 源泉控除対象配偶者なし

④ 控除対象扶養親族（一般）１人（一般の障害者に該当）

◆ Jさん ◆

① 給与の支給額（月額） 280,800円

② 給与から控除する社会保険料等 43,600円

③ 源泉控除対象配偶者なし

④ 控除対象扶養親族２人（うち１人が一般の障害者に該当）

⑤ 本人が寡婦に該当

Answer

月額表を適用して「給与所得者の扶養控除等申告書」の提出がある者の給与に対する源泉徴収税額は、次のとおり求めます。

① まず、社会保険料等控除後の給与等の金額を計算します。

② ①により求めた金額に応じて、月額表の「その月の社会保険料等控除後の給与等の金額」欄の当てはまる行を求めます。

③ その行と「甲」欄の「扶養親族等の数」欄の該当する「人数」の欄

との交わるところに記載されている金額が、その求める税額です。

○　Ｇさん

①　社会保険料等控除後の給与等の金額を求めます。

270,000円 － 36,000円 ＝ 234,000円

②　月額表の「その月の社会保険料等控除後の給与等の金額」欄で、234,000円が含まれている「233,000円以上236,000円未満」の行を求めます。

③　その行が、「甲」欄「扶養親族等の数」が「１人」の欄と交わるところに記載されている4,380円が、その求める税額です。

○　Ｈさん

①　社会保険料等控除後の給与等の金額を求めます。

298,000円 － 45,200円 ＝ 252,800円

②　月額表の「その月の社会保険料等控除後の給与等の金額」欄で、252,800円が含まれている「251,000円以上254,000円未満」の行を求めます。

③　その行が、「甲」欄「扶養親族等の数」が「２人」の欄と交わるところに記載されている3,410円が、その求める税額です。

㈱「扶養親族等の数」は、控除対象扶養親族１人に障害者としての１人を加え、２人となります。

○　Ｊさん

①　社会保険料等控除後の給与等の金額を求めます。

280,800円 － 43,600円 ＝ 237,200円

②　月額表の「その月の社会保険料等控除後の給与等の金額」欄で、237,200円が含まれている「236,000円以上239,000円未満」の行を求めます。

③　その行が、「甲」欄「扶養親族等の数」が「４人」の欄と交わるところに記載されている０円が、その求める税額です。

したがって、源泉徴収をする税額はありません。

㈴「扶養親族等の数」は、控除対象扶養親族２人に障害者としての１人、本人が寡婦であることの１人を加え、４人となります。

6－2　給与に対する源泉徴収 月額表を適用する場合の源泉徴収の具体例2 《「扶養控除等申告書」の提出がない者の場合》

Q

次の者の源泉徴収税額の求め方を教えてください。

◆　Kさん　◆

①　給与の支給額（月額）　86,400円

②　給与から控除する社会保険料等なし

◆　Lさん　◆

①　給与の支給額（月額）　98,600円

②　給与から控除する社会保険料等なし

Answer

月額表を適用して「給与所得者の扶養控除等申告書」の提出がない者の給与に対する源泉徴収税額は、次のとおり求めます。

①　まず、社会保険料等控除後の給与等の金額を計算します。

②　①により求めた金額に応じて、月額表の「その月の社会保険料等控除後の給与等の金額」欄の当てはまる行を求めます。

③　その行と「乙」欄とが交わるところに記載されている金額が、その求める税額です。

○　Kさん

①　給与から控除する社会保険料がありませんので、支給額86,400円がそのまま社会保険料等控除後の金額になります。

②　月額表の「その月の社会保険料等控除後の給与等の金額」欄で、86,400円が含まれている「88,000円未満」の行を求め、その行の「乙」欄と交わるところをみると、「その月の社会保険料等控除後の給与等の金額の3.063％に相当する金額」と記載されています。

したがって86,400円 × 3.063% ＝ 2,646円（1円未満切捨て）が、その求める税額です。

○ Lさん

① 給与から控除する社会保険料がありませんので、支給額98,600円がそのまま社会保険料等控除後の金額になります。

② 月額表の「その月の社会保険料等控除後の給与等の金額」欄で、98,600円が含まれている「98,000円以上99,000円未満」の行を求めます。

③ その行の「乙」欄と交わるところに記載されている3,500円が、その求める税額です。

6－3　給与に対する源泉徴収
月額表を適用する場合の源泉徴収の具体例3
《「従たる給与についての扶養控除等申告書」を提出している者の場合》

Q

次の者の源泉徴収税額の求め方を教えてください。

◆　Mさん　◆

①　給与の支給額（月額）　152,800円

②　給与から控除する社会保険料等なし

③　従たる給与から控除する控除対象扶養親族２人

Answer

月額表を適用して「従たる給与についての扶養控除等申告書」を提出している者の給与に対する源泉徴収税額は、次のとおり求めます。

①　まず、社会保険料等控除後の給与等の金額を計算します。

②　①により求めた金額に応じて、月額表の「その月の社会保険料等控除後の給与等の金額」欄の当てはまる行を求めます。

③　その行と「乙」欄とが交わるところに記載されている金額を求めます。

④　③により求めた金額から「従たる給与についての扶養控除等申告書」により申告された扶養親族等の数に応じ、扶養親族等１人ごとに1,610円を控除した金額が、その求める税額です。

○　Mさん

①　給与から控除する社会保険料がありませんので、支給額152,800円がそのまま社会保険料等控除後の金額になります。

②　月額表の「その月の社会保険料等控除後の給与等の金額」欄で、152,800円が含まれている「151,000円以上153,000円未満」の行を

求め、その行の「乙」欄と交わるところに記載されている9,000円を求めます。

③ ②により求めた9,000円から、従たる給与から控除する控除対象扶養親族1人について1,610円、Mさんの場合は3,220円（1,610円 × 2人）を控除した5,780円（9,000円 － 3,220円）が、その求める税額です。

6－4　給与に対する源泉徴収
日額表を適用する場合の源泉徴収の具体例1
《「扶養控除等申告書」を提出している者の場合》

Q

次の者の源泉徴収税額の求め方を教えてください。

◆　Nさん　◆

①	給与の支給額（日額）	15,000円
②	給与から控除する社会保険料等なし	
③	源泉控除対象配偶者なし	
④	控除対象扶養親族なし	

◆　Oさん　◆

①	給与の支給額（週給）	98,600円
②	給与から控除する社会保険料等	13,286円
③	源泉控除対象配偶者なし	
④	控除対象扶養親族1人	

Answer

日額表を適用して「給与所得者の扶養控除等申告書」を提出している者の給与に対する源泉徴収税額は、次のとおり求めます。

①　まず、社会保険料等控除後の給与等の額を計算します。

②　①により求めた金額に応じて、日額表の「その日の社会保険料等控除後の給与等の金額」欄の当てはまる行を求めます。

③　その行と「甲」欄の「扶養親族等の数」欄の該当する「人数」の欄との交わるところに記載されている金額が、その求める税額です。

○　Nさん

①　給与から控除する社会保険料がありませんので、支給額15,000円がそのまま社会保険料等控除後の金額になります。

② 日額表の「その日の社会保険料等控除後の給与等の金額」欄で、15,000円が含まれている「15,000円以上15,100円未満」の行を求めます。

③ その行が、「甲」欄「扶養親族等の数」が「０人」と交わるところに記載されている725円が、その求める税額です。

○ Oさん

① 社会保険料等控除後の給与等の金額を求めます。

98,600円 － 13,286円 ＝ 85,314円

これを１日当たりに換算します。

85,314円 ÷ ７日 ＝ 12,187円

② 日額表の「その日の社会保険料等控除後の給与等の金額」欄で、12,187円が含まれている「12,100円以上12,200円未満」の行を求めます。

③ その行が、「甲」欄「扶養親族等の数」が「１人」の欄と交わるところに記載されている345円を求めます。

④ ③により求めた345円を７倍した金額2,415円が、その求める税額です。

6－5　給与に対する源泉徴収 日額表を適用する場合の源泉徴収の具体例２ 《「扶養控除等申告書」を提出していない者の場合》

Q

次の者の源泉徴収税額の求め方を教えてください。

◆　Ｐさん　◆

①　給与の支給額（20日ごとに支給）　164,000円

②　給与から控除する社会保険料等なし

Answer

日額表を適用して「給与所得者の扶養控除等申告書」を提出していない者の給与に対する源泉徴収税額は、次のとおり求めます。

①　まず、社会保険料等控除後の給与等の金額を計算します。

②　①により求めた金額に応じて、日額表の「その日の社会保険料等控除後の給与等の金額」欄の当てはまる行を求めます。

③　その行と「乙」欄との交わるところに記載されている金額が、その求める税額です。

○　Ｐさん

①　社会保険料等控除後の給与等の金額を日割額に換算すると、8,200円（164,000円 ÷ 20日 ＝ 8,200円）になります。

②　日額表の「その日の社会保険料等控除後の給与等の金額」欄で、8,200円が含まれている「8,200円以上8,300円未満」の行を求めます。

③　その行の「乙」欄と交わるところに記載されている金額1,190円を求めます。

④　③により求めた金額1,190円を20倍した23,800円が、その求める税額です。

6－6　給与に対する源泉徴収
日額表を適用する場合の源泉徴収の具体例３
《「従たる給与についての扶養控除等申告書」を提出している者の場合》

Q

次の者の源泉徴収税額の求め方を教えてください。

◆　Qさん　◆

①　給与の支給額（11日に採用して30日まで20日間の給与）

106,000円

②　給与から控除する社会保険料等なし

③　従たる給与から控除する控除対象扶養親族１人

Answer

日額表を適用して「従たる給与についての扶養控除等申告書」を提出している者の給与に対する源泉徴収税額は、次のとおり求めます。

①　まず、社会保険料等控除後の給与等の金額を計算します。

②　①により求めた金額に応じて、日額表の「その日の社会保険料等控除後の給与等の金額」欄の当てはまる行を求めます。

③　その行と「乙」欄との交わるところに記載されている金額を求めます。

④　③により求めた金額から「従たる給与についての扶養控除等申告書」により申告された扶養親族等の数に応じ、扶養親族等１人につき50円を控除した金額が、その求める税額です。

○　Qさん

①　社会保険料等控除後の給与等の金額を日割額に換算すると、5,300円（106,000円 ÷ 20日 ＝ 5,300円）になります。

②　日額表の「その日の社会保険料等控除後の給与等の金額」欄で、

5,300円が含まれている「5,300円以上5,400円未満」の行を求めます。

③　その行の「乙」欄との交わるところに記載されている金額340円を求めます。

④　③により求めた340円から、従たる給与から控除する控除対象扶養親族１人について50円を控除した金額290円（340円 － 50円）を求めます。

⑤　④により求めた290円を20倍した金額5,800円が、その求める税額です。

6－7 給与に対する源泉徴収 日額表を適用する場合の源泉徴収の具体例４ 《臨時雇用者＝丙欄適用者の場合》

Q

次の者の源泉徴収税額の求め方を教えてください。

◆　Rさん　◆

①	日雇労働者の賃金（日額）	11,250円
②	給与から控除する社会保険料等	740円

Answer

日額表を適用して日雇労働者（丙欄適用者）の給与に対する源泉徴収税額は、次のとおり求めます。

①　まず、社会保険料等控除後の給与等の金額を計算します。

②　①により求めた金額に応じて、日額表の「その日の社会保険料等控除後の給与等の金額」欄の当てはまる行を求めます。

③　その行と「丙」欄との交わるところに記載されている金額が、その求める税額です。

○　Rさん

①　社会保険料等控除後の金額は、10,510円（11,250円 － 740円）となります。

②　日額表の「その日の社会保険料等控除後の給与等の金額」欄で、10,510円が含まれている「10,500円以上10,600円未満」の行を求めます。

③　その行の「丙」欄と交わるところに記載されている45円が、その求める税額です。

6－8　賞与に対する源泉徴収 算出率表を適用する場合の具体例１ 《前月中に普通給与あり、「扶養控除等申告書」を提出している者の場合》

Q

次の者の源泉徴収税額の求め方を教えてください。

◆　Ｓさん　◆

①	前月の給与（社会保険料等控除後）	296,565円
②	賞与の金額	465,900円
③	賞与から控除する社会保険料等	68,397円
④	源泉控除対象配偶者あり	
⑤	控除対象扶養親族３人	

Answer

算出率表を適用して「給与所得者の扶養控除等申告書」を提出している者の賞与に対する源泉徴収税額は、次のとおり求めます。

① まず、算出率表の「甲」欄により、「扶養親族等の数」とその者の「前月の社会保険料等控除後の給与等の金額」が含まれている行を求めます。

② その行と「賞与の金額に乗ずべき率」欄との交わるところに記載されている率を求めます。

③ 社会保険料等控除後の賞与の金額に、①で求めた率を乗じて算出した金額が、その賞与に対する源泉徴収税額になります。

○　Ｓさん

① まず、算出率表の「甲」欄により、「扶養親族等の数」が「４人」の欄で、前月の社会保険料等控除後の給与等の金額296,565円が含まれている「210千円以上300千円未満」の行を求めます。

② その行と「賞与の金額に乗ずべき率」欄との交わるところに記載されている「2.042％」が、賞与の金額に乗ずる率です。

③ 賞与の金額465,900円から社会保険料等68,397円を控除した残額397,503円に②で求めた2.042％を乗じて算出した金額8,117円（1円未満切捨て）が、その賞与に対する源泉徴収税額です。

6－9 賞与に対する源泉徴収 算出率表を適用する場合の具体例2 《前月中に普通給与あり、「扶養控除等申告書」を提出していない者の場合》

Q

次の者の源泉徴収税額の求め方を教えてください。

◆　Tさん　◆

①	前月の給与（社会保険料等控除後）	155,133円
②	賞与の金額	428,000円
③	賞与から控除する社会保険料等	62,800円

Answer

算出率表を適用して「給与所得者の扶養控除等申告書」の提出がない者の賞与に対する源泉徴収税額は、次のとおり求めます。

① まず、算出率表の「乙」欄により、その者の「前月の社会保険料等控除後の給与等の金額」が含まれている行を求めます。

② その行と「賞与の金額に乗ずべき率」欄との交わるところに記載されている率を求めます。

③ 社会保険料等控除後の賞与の金額に、②で求めた率を乗じて算出した金額が、その賞与に対する源泉徴収税額になります。

○　Tさん

① まず、算出率表の「乙」欄により、前月の社会保険料等控除後の給与等の金額155,133円が含まれている「222千円未満」の行を求めます。

② その行と「賞与の金額に乗ずべき率」欄との交わるところに記載されている「10.210％」が、賞与に乗ずる率です。

③ 賞与の金額428,000円から社会保険料等62,800円を控除した残額

365,200円に②で求めた10.210％を乗じて算出した金額37,286円（1円未満切捨て）が、その賞与に対する源泉徴収税額になります。

6－10 賞与に対する源泉徴収
月額表を適用する場合の具体例1
《前月中の普通給与の10倍を超える賞与で「扶養控除等申告書」を提出している者の場合》

Q

次の者の源泉徴収税額の求め方を教えてください。

◆　Uさん　◆

①	前月の給与（社会保険料等控除後）	155,133円
②	賞与の金額（計算期間は6か月）	1,828,000円
③	賞与から控除する社会保険料等	237,670円
④	源泉控除対象配偶者なし	
⑤	控除対象扶養親族2人	

Answer

月額表を適用し、「給与所得者の扶養控除等申告書」を提出している者の「前月中の普通給与の10倍を超える賞与」に対する源泉徴収税額は、次のとおり求めます。

① まず、社会保険料等控除後の賞与の金額を6（その賞与の計算の基礎となった期間が6か月を超える場合は、12）で除し、その金額と前月中の社会保険料等控除後の給与等の金額との合計額を求めます。

② 月額表の「甲」欄によって、①により求めた合計額につき、その者の扶養親族等の数に応じた税額を求めます。

③ 月額表の「甲」欄によって、前月中の社会保険料等控除後の給与等の金額につき、その者の扶養親族等の数に応じた税額を求めます。

④ ②により求めた税額から③により求めた税額を控除し、その金額を6倍（又は12倍）した金額が、その賞与に対する税額になります。

○　Uさん

①　賞与の金額1,828,000円から社会保険料等の金額237,670円を控除し、これを6で除した金額265,055円（1円未満切捨て）と前月中の社会保険料等控除後の給与等の金額155,133円との合計額420,188円を求めます。

②　月額表の「甲」欄によって、①で求めた合計額420,188円について扶養親族等の数2人の場合の税額を求めると、11,750円になります。

③　月額表の「甲」欄によって、前月中の社会保険料等控除後の給与等の金額155,133円について扶養親族等の数2人の場合の税額を求めると、0円になります。

④　②により求めた税額11,750円から③により求めた税額0円を控除した金額11,750円を6倍した金額70,500円が、その賞与に対する源泉徴収税額になります。

6－11　賞与に対する源泉徴収 月額表を適用する場合の具体例２ 《前月中の普通給与の10倍を超える賞与で「扶養控除等申告書」を提出していない者の場合》

Q

次の者の源泉徴収税額の求め方を教えてください。

Ｖさん

①	前月の給与（社会保険料等控除後）	177,355円
②	賞与の金額（計算期間は６か月）	2,050,000円
③	賞与から控除する社会保険料等	258,890円

Answer

月額表を適用し、「給与所得者の扶養控除等申告書」の提出がない者の「前月中の普通給与の10倍を超える賞与」に対する源泉徴収税額は、次のとおり求めます。

① まず、社会保険料等控除後の賞与の金額を６（その賞与の計算の基礎となった期間が６か月を超える場合は、12）で除し、その金額と前月中の社会保険料等控除後の給与等の金額との合計額を求めます。

② 月額表の「乙」欄によって、①により求めた合計額に対する税額を求めます。

③ 月額表の「乙」欄によって、前月中の社会保険料等控除後の給与等の金額に対する税額を求めます。

④ ②により求めた税額から③により求めた税額を控除し、その金額を６倍（又は12倍）した金額が、その賞与に対する税額になります。

○　Ｖさん

① 賞与の金額2,050,000円から社会保険料等の金額258,890円を控除し、これを６で除した金額298,518円（１円未満切捨て）と前月

中の社会保険料等控除後の給与等の金額177,355円との合計額475,873円を求めます。

② 月額表の「乙」欄によって、①で求めた合計額475,873円についての税額を求めると、132,300円になります。

③ 月額表の「乙」欄によって、前月中の社会保険料等控除後の給与等の金額177,355円についての税額を求めると、13,200円になります。

④ ②により求めた税額132,300円から③により求めた税額13,200円を控除した金額119,100円を6倍した金額714,600円が、その賞与に対する源泉徴収税額になります。

6－12　特殊な支給形態である場合の税額計算

⑴　数か月分の給与を一括して支払うこととしている場合
《「扶養控除等申告書」の提出がある者の場合》

Q

次の者の源泉徴収税額の求め方を教えてください。

甲さん

①　半期（6か月）の役員報酬　4,200,000円

②　給与から控除する社会保険料等　なし

③　源泉控除対象配偶者　なし

④　控除対象扶養親族　2人

Answer

月額表を適用して「給与所得者の扶養控除等申告書」の提出がある者に係る給与に対する源泉徴収税額を、次のとおり求めます。

①　まず、社会保険料等控除後の給与等の額を計算し、その金額を給与の計算の基礎となった期間の月数で除して、社会保険料等控除後の給与等の月割額を算出します。

②　①により求めた月割額について、月額表を用いて通常の月給と同様の方法により税額を求めます。

③　②により求めた税額にその給与の計算の基礎となった期間の月数を乗じた金額が、その求める税額です。

○　甲さん

①　給与から控除する社会保険料等がありませんので、半期分の報酬額4,200,000円を6で除して月割額（700,000円）を求めます。

②　①により求めた金額に応じて、月額表の「その月の社会保険料等控除後の給与等の金額」欄の当てはまる行を求めます。

③　その行と「甲」欄の「扶養親族等の数」が「2人」の欄との交わる

ところに記載されている52,360円が月割額（700,000円）に対する税額になります。

④　③により求めた月割額に対する税額52,360円に６を乗じて算出した金額314,160円（52,360円×６）が、その求める税額です。

6－13 特殊な支給形態である場合の税額計算
⑵ 半月ごとに給与を支払うこととしている場合
《「扶養控除等申告書」の提出がある者の場合》

Q

次の者の源泉徴収税額の求め方を教えてください。

乙さん

①	給与の支給額（半月の額）	238,400円
②	給与から控除する社会保険料等	19,426円
③	源泉控除対象配偶者　あり	
④	控除対象扶養親族　１人	
⑤	本人が寡婦に該当	

Answer

月額表を適用して「給与所得者の扶養控除等申告書」の提出がある者に係る給与に対する源泉徴収税額を、次のとおり求めます。

① 社会保険料等控除後の給与等の金額を計算し、その金額に２を乗じて月額に換算します。

② ①により月額に換算した金額について、月額表「甲」欄を用いて通常の月給の場合と同様にその税額を求めます。

③ ②により求めた税額に１／２を乗じて算出した金額が、その求める税額です。

○ 乙さん

① まず、社会保険料等控除後の給与の額218,974円（238,400円－19,426円）を計算し、この金額に２を乗じて437,948円を算出します。

② ①により月額に換算した金額437,948円について、月額表の「甲」欄を用いて扶養親族等の数が３名（本人が寡婦であることから１人分を加えたものです。）の場合の税額を求めると10,000円となります。

③　②により求めた税額10,000円に１/２を乗じて算出した金額5,000円が、求める税額です。

6－14 特殊な支給形態である場合の税額計算
(3) 給与を追加して支給する場合
《「扶養控除等申告書」の提出がある者の場合》

Q

次の者の源泉徴収税額の求め方を教えてください。

丙さん

①	既に支給した当月分の給与の額	298,600円
②	給与から控除する社会保険料等	41,054円
③	既に支給した給与から徴収した源泉税額	3,620円
④	源泉控除対象配偶者　ない	
⑤	控除対象扶養親族　2人	
⑥	追加で支給する給与	21,600円

Answer

月額表を適用して「給与所得者の扶養控除等申告書」の提出がある者に係る給与に対する源泉徴収税額を、次のとおり求めます。

① 既に支給した給与の額と追加支給する給与の額を加算して、その合計額を求めます。

② ①により求めた合計額から社会保険料等の金額を控除して、社会保険料等控除後の給与の額を求めます。

③ ②により求めた社会保険料等控除後の金額について、月額表「甲」欄を用いてその税額を求めます。

④ ③により求めた税額から既に支給した給与から徴収した税額を控除した金額が、その求める税額です。

○ 丙さん

① 既に支給した給与の額298,600円に追加支給する給与の額21,600円を加算して、その合計額320,200円（298,600円＋21,600円）を求めます。

② ①で求めた合計額320,200円から社会保険料等の金額41,054円を控除して、社会保険料控除後の給与の額279,146円を求めます（320,200円－41,054円）。

③ ②により求めた社会保険料等控除後の給与の額279,146円について、月額表「甲」欄を用いて扶養親族等の数２人の場合の税額を求めると4,370円となります。

④ ③により求めた税額4,370円から既に支給した給与から徴収した税額3,620円を控除した金額750円（4,370円－3,620円）が、その求める税額です。

6－15 特殊な支給形態である場合の税額計算

(4) 前月中に賞与以外の普通給与の支払がない者に賞与を支給する場合
《「扶養控除等申告書」の提出がある者の場合》

Q

次の者の源泉徴収税額の求め方を教えてください。

丁さん

①	賞与の額（計算期間は６か月）	964,200円
②	賞与から控除する社会保険料等	110,842円
③	源泉控除対象配偶者　ない	
⑤	控除対象扶養親族　１人	

Answer

月額表を適用して「給与所得者の扶養控除等申告書」の提出がある者に係る賞与に対する源泉徴収税額を、次のとおり求めます。

① 社会保険料等控除後の賞与の額を算出し、その額を６（その賞与の計算の基礎となった期間が６か月を超える場合は、12）で除して１月分の金額を算出します。

② ①により求めた金額について、月額表「甲」欄を用いてその税額を求めます。

③ ②により求めた税額に６を乗じて算出した金額が、その求める税額です。

○ 丁さん

① 賞与の金額964,200円から社会保険料等の金額110,842円を控除して算出した金額853,358円を６で除した金額142,226円（１円未満切捨て）を求めます。

② ①により求めた142,226円について、月額表「甲」欄を用いて

扶養親族等の数１人の場合の税額を求めると1,110円となります。

③ ②により求めた税額1,110円に６を乗じて算出した金額6,660円が、その求める税額です。

6－16 特殊な支給形態である場合の税額計算
(5) 前月中の普通給与の10倍を超える賞与を支給する場合《「従たる給与についての扶養控除等申告書」を提出している者の場合》

Q

次の者の源泉徴収税額の求め方を教えてください。

戊さん

①	前月中の給与（社会保険料等なし）	143,800円
②	賞与の金額（計算期間は６か月）	1,626,000円
③	賞与から控除する社会保険料等　なし	
⑤	従たる給与から控除する控除対象扶養親族　２人	

Answer

月額表を適用して「給与所得者の扶養控除等申告書」の提出がある者に係る賞与に対する源泉徴収税額を、次のとおり求めます。

① 社会保険料等控除後の賞与の額を６（その賞与の計算の基礎となった期間が６か月を超える場合は、12）で除し、その金額と前月中の社会保険料等控除後の給与等との金額との合計額を求めます。

② ①により求めた金額について、月額表の「乙」欄によりその税額を求め、その税額から「従たる給与についての扶養控除等申告書」により申告されている控除対象扶養親族の数に応じ、扶養親族等１人につき1.610円を控除した金額を求めます。

③ 前月の社会保険料等控除後の給与等の金額について、月額表の「乙」欄によりその税額を求め、その税額から従たる給与についての扶養控除等申告書」により申告されている控除対象扶養親族の数に応じ、扶養親族等１人につき1.610円を控除した金額を求めます。

④ ②により求めた金額から③により求めた金額を控除した金額に６(又は12) を乗じて算出した金額が、求める税額です。

○ 戊さん

① 賞与の金額1,626,000円（賞与から控除する社会保険料等の金額がある場合は、その金額を控除した金額）を６で除した金額271,000円と前月中の社会保険料等控除後の給与等の金額143,800円との合計額414,800円を求めます。

② ①により求めた金額について、月額表の「乙」欄によりその税額98,300円を求め、この税額から3,220円（従たる給与から控除する控除対象扶養親族の２人分：1,610円×２人）を控除した金額95,080円を求めます。

③ 前月中の社会保険料等控除後の給与等の金額143,800円について、月額表の「乙」欄によりその税額7,800円を求め、この税額から3,220円（従たる給与から控除する控除対象扶養親族の２人分：1,610円×２人）を控除した金額4,580円を求めます。

④ ②により求めた金額95,080円から③により求めた金額4,580円を控除した金額90,500円に６を乗じて算出した金額543,000円が、その求める税額です。

第７章　パートタイマーなどで働く前に知っておきたい基礎知識

本章の改訂にあたって

本書を平成26年３月出版させていただいた当時、「103万円の壁」や「130万円の壁」が大きく報道されており、その報道やパートタイマー等で働いている皆様の疑問にこたえるために本章を設け、パートタイマーなどで得る賃金がその世帯の手取り額にどのように影響するかを主たる納税者の所得階層別にシミュレーションして解説するほか、パートタイマーで働く前に知っておいていただきたい源泉所得税等の基礎的な事項をまとめました。

その後、平成29年度の税制改正において、配偶者を中心とする非正規雇用者が主たる納税者の配偶者控除等の適用を受けることができる103万円以内に給与収入を抑えるという就業調整の課題に対応するため、配偶者特別控除の適用範囲を拡大するなどの措置が採られ、平成30年分以降適用されており、その意味での配偶者に係る税制上の「103万円の壁」は解消したともいえますが依然として扶養控除については、103万円の壁は解消されていません。

また、公務員をはじめ民間企業の多くが家族手当制度を実施し、その場合の配偶者の収入制限を103万円や130万円とする企業が多く、更に、社会保険料負担における106万円、130万円の壁は同制度の改正によりその対象者が増える状況にあります。

こうしたことから、主たる納税者の配偶者控除等を中心とした家庭全体の手取り額の逆転に対して光を当てた詳細なシミュレーションについては、割愛し、読者の皆様が概ねの手取り金額を計算できるよう工夫しましたので、読者の皆様のご理解をお願いします。

7－1　103万円・106万円・130万円の壁は

Q

パートタイマーやアルバイトの方の働き方について、「103万円・106万円・130万円の壁」という言葉を耳にしますが、この言葉について教えてください。

Answer

平成29年度以前は、配偶者が就業時間を調整することによって、主たる納税者の配偶者控除が適用される給与収入を103万円に抑える傾向があると指摘されていましたが、平成30年度以降については、配偶者特別控除の改正により、その家族全体の手取り額が逆転するという現象が解消されました。

しかし、扶養控除等についてはそのまま継続しており、また、依然として多くの企業が採用している配偶者に係る家族手当の収入制限とされている103万円や130万円、社会保険における106万円や130万円を意識して就業調整が行われているとの統計データが出されています。

このように「103万円の壁」等といわれる数値は、配偶者等が働いて得た年間の給与収入を指しています。

この数値が、パートタイマーやアルバイトで働く配偶者等にとっての心理的な壁として作用していることをもって、「壁」という言葉が使われているものと認識しています。

1　103万円の壁（所得税の壁）

「103万円」は、所得税法では、同一生計配偶者を「居住者の配偶者でその居住者と生計を一にするもののうち、合計所得金額が48万円以下である者をいう。」と、控除対象配偶者を「同一生計配偶者のうち、合計所得金額が1,000万円以下である居住者の配偶者をいう。」と規定しており、配偶者の所得が給与所得のみである場合の合計所得金額48万円は、給与収入が103万円となり、扶養親族についても控除対象配偶者と同様、被扶養親族の合計所得金額を48万円以下と規定しています。

パートタイマーやアルバイトで働いていて年間103万円までの給与収入であれば、主たる納税者は、その者の配偶者控除（主たる納税者の合計所得金額が1,000万円以下の者に限ります。）や扶養控除を受けることができます。

なお、配偶者の給与収入が103万円を超えた場合でも、給与収入150万円までは、配偶者控除額と同額の配偶者特別控除が、また、控除額は漸減するものの給与収入が同201.6万円までは一定の配偶者特別控除の適用を受けることができます。配偶者特別控除の適用範囲の拡大によって、家庭全体の手取り収入が逆転しない仕組みとなっており、その意味では税制上は「103万円の壁」は解消したともいえますが、扶養親族については解消されていません。

ただし、配偶者控除又は配偶者特別控除が適用される主たる納税者本人の合計所得金額が900万円を超える場合には控除額が逓減し、1,000万円を超えると消失します（1－20、1－21参照）。

2　106万円・130万円の壁（社会保険の壁）

配偶者や扶養親族がパートタイマーやアルバイトで働いていても、主として健康保険の被保険者により生計を維持している者は被扶養者として認定されますが、一般的には1か月当たり108,334円（年130万円）以上の収入が見込まれる者については、被扶養者になることができません。

国民年金についても、厚生年金保険法の被保険者の配偶者であって、主として被保険者の収入により生計を維持する者は第3号被保険者となりますが、健康保険と同様、年収が130万円未満であることなどの認定基準が定められています。

他方、平成28年10月１日から厚生年金保険・健康保険の加入要件が、これまで１週間の所定労働時間が正社員の４分の３以上で、かつ１か月の所定労働時間が正社員の４分の３以上（週30時間以上の労働）あったものから、従業員501人以上の会社については、所定労働時間が週20時間以上で月額賃金が8.8万円（年105.6万円）以上であるなどその対象が拡大されています（７－15参照）。

したがって、パートタイマーやアルバイトで働く配偶者等にとっては、社会保険において106万円・130万円という壁、すなわち社会保険に加入することで保険料が発生するというデメリットがある一方、保険料は使用者が２分の１を負担し、将来、報酬比例に係る厚生年金の支給を受けられるなどのメリットもあることから、長期的視点に立って検討いただくことが必要と考えます。

3　103万円・130万円の壁（家族手当の壁）

家族手当の支給状況について、「平成31年職種別民間給与実態調査結果・家族手当の支給状況及び配偶者の収入による制限の状況（人事院）」によりますと、

家族手当制度がある	78.0%
そのうち配偶者に家族手当がある	81.2%
配偶者に103万円の収入制限がある	51.7%
同130万円の収入制限がある	33.8%

となっています。

こうしたことから、パートタイマーやアルバイトで働く配偶者及び主たる納税者にとって、家族手当の支給要件である配偶者等の給与収入103万円又は130万円は、働き方を決める際の重要な要素となってい

るといえます。

■【主な関係法令通達】　所法２①、33、34、83、83の２、84、85

7－2　配偶者控除に影響を及ぼさないためには

Q

妻にパートタイマーとして働いてもらいたいと考えていますが、その際、私の配偶者控除に影響を及ぼさないためのポイントを教えてください。

Answer

ご主人の配偶者控除に影響をさせないためには、奥さまの年間給与収入を103万円以下とする必要がありますが、配偶者の給与収入が150万円以下までは、配偶者控除と同額の配偶者特別控除38万円を、また、201.6万円未満であれば、控除額は逓減しますが、配偶者の合計所得金額に応じて一定の配偶者特別控除を受けることができますので、社会保険や家族手当等を含めて検討してください。

1　控除対象配偶者の要件

納税者に所得税法上の控除対象配偶者がいる場合には、配偶者控除38万円又は老人配偶者控除43万円を受けることができますが、これらの控除を受けるためには、その年の12月31日の現況で、

① 民法の規定による配偶者であること（内縁関係の人は該当しません。）

② 納税者と生計を一にしていること

③ 年間の合計所得金額が48万円以下であること

④ 青色申告者の事業専従者としてその年を通じて一度も給与の支払を受けていないこと又は白色申告者の事業専従者でないこと

⑤ 同一生計配偶者のうち合計所得金額が1,000万円以下である納税者の配偶者であること

のすべてを満たす必要があります。

2　控除対象配偶者の要件となっている合計所得金額

「年間の合計所得金額が48万円以下であること」の合計所得金額とは、給与所得をはじめ事業所得、不動産所得等の合計額㈲をいいます。

したがって、医療費控除や扶養控除などの所得控除を受ける前の金額ですので注意してください。

なお、奥さまの収入が給与収入のみである場合には、その年間収入が103万円以下であれば、「年間の合計所得金額が48万円以下であること」の要件を満たしますので、ご主人の配偶者控除に影響を及ぼすことはありません。

また、給与収入が103万円を超えても、配偶者の給与収入が150万円以下までは、配偶者控除と同額の配偶者特別控除38万円を受けることができ、201.6万円未満であれば、控除額は逓減しますが、配偶者の合計所得金額に応じて一定の配偶者特別控除を受けることができます。

㈲　合計所得金額には、給与・事業・不動産等の所得のほか、利子所得と総合課税の配当所得・短期譲渡所得及び雑所得の合計額（損益通算後の金額）に総合課税の長期譲渡所得と一時所得の合計額（損益通算後の金額）の２分の１の金額、退職所得金額、山林所得金額を加算した金額となっています。

なお、申告分離課税の所得がある場合には、それらの特別控除前の所得金額の合計額を加算した金額となります。

■【主な関係法令通達】　所法２①、33、83、83の２、85、所基通２-46、２-47

7－3　雇用保険法の求職者給付等は

Q

妻は退職後、求職者給付を受け取っていますが、配偶者控除の対象になるかどうかを判定する場合の合計所得金額に、この金額を含める必要があるのでしょうか。

Answer

控除対象配偶者等に該当するか否かを判定する場合の合計所得金額には、雇用保険法に基づき支給される求職者給付や育児休業給付金等を含める必要はありません。

1　求職者給付

雇用保険法第10条に基づき支給される求職者給付は、同法第12条の規定により課税されないことになっています。したがって、この給付は合計所得金額を構成しませんので、控除対象配偶者等に該当するか否かを判定する場合の要件である合計所得金額の計算に含める必要はありません。

2　出産育児一時金

健康保険法第101条に基づき支給される出産育児一時金は、同法第62条の規定により課税されないこととなっていますので、求職者給付と同様に控除対象配偶者等に該当するかどうかを判定するときの合計所得金額の計算に含まれません。

3　育児休業給付金等

雇用保険法第61条の４に基づき支給される介護休業給付金、第61条の６に基づき支給される育児休業給付金は、同法の規定により課税されないこととなっていますので、控除対象配偶者等に該当するかどうかを判定するときの合計所得金額の計算に含まれません。

■【主な関係法令通達】　所基通２-41、雇用保険法10、12、61の４、61の６、健康保険法62、101

7－4　配偶者控除が受けられなくなった時の影響は

Q

私は、勤務先に妻の本年中の給与収入金額を100万円とする「配偶者控除等申告書」を提出し、既に年末調整を受けていましたが、妻がパートタイマーとして働いていた勤務先から交付された源泉徴収票には、１年間の収入金額が125万円となっていました。どのようにしたらよろしいでしょうか。

なお、私は妻を対象とした家族手当を受けていますがその支給要件は国家公務員の扶養手当の支給要件に準じています。

Answer

ご主人の控除対象配偶者の要件である奥さまの「１年間の合計所得金額が48万円以下」を超えています。

したがって、ご主人の年末調整において配偶者控除を受けることができませんので、勤務先に提出した「配偶者控除等申告書」に記載した給与の収入金額等を訂正し、年末調整の再調整を行っていただく必要があります。

なお、奥さまの１年間の給与の収入金額が125万円ですので配偶者控除を受けることはできませんが、配偶者控除と同額の配偶者特別控除38万円を受けることができますので、ご主人の納税額は変動しません。

1　奥さまの合計所得

奥さまの１年間の給与収入が125万円とのことですので、同金額を「令和２年分の年末調整等のための給与所得控除後の給与等の金額表」に当てはめ、同金額から55万円を控除しますと給与所得控除後の給与等の金額が70万円となります。

したがって、配偶者控除の要件である「年間の合計所得金額が48万円以下」を超えていますので、ご主人は配偶者控除を受けることができません。

なお、家族手当については、その支給要件を国家公務員の扶養手当の支給基準（国家公務員の扶養手当の支給要件は「年額130万円以上の恒常的な所得があると見込まれる者を支給対象から除く」としています。）に準じているとのことですので、奥さまの給与収入が125万円であり、その要件を満たしていますので影響しません。

2　年末調整の再調整

所得税法では、その年の12月31日の現況で控除対象配偶者などの判定を行うこととしていますので、年末調整時に提出してある「給与所得者の配偶者控除等申告書」の「配偶者の本年中の合計所得金額の見積額の計算」の記載金額を訂正し、奥さまを控除対象配偶者からはずして再調整をしてもらう必要があります。

なお、徴収不足税額がある場合の年末調整のやり直しについては、その異動があった年の翌年の１月末日以降であっても行う必要がありますので注意してください。

おって、奥さまの給与収入が125万円であり、配偶者控除と同額の配偶者特別控除38万円を受けることができますので、ご主人の納税額は変わりません。

3　奥さまの税金及び社会保険

奥さまに他の所得や所得控除等がない場合には、所得税（復興特別所得税を含みます。）が11,200円、そして、翌年に個人住民税の均等割額と所得割額を併せて概ね29,500円（住所地によって異なることがあります。）が課税されることになります。

また、平成28年10月１日から厚生年金保険・健康保険の加入要件が、これまで１週間の所定労働時間が正社員の４分の３以上で、かつ１か月の所定労働時間が正社員の４分の３以上（週30時間以上の労働）であったものから、従業員501人以上の会社については、所定労働時間が週20時間以上で月額賃金が8.8万円（年105.6万円）以上あること、学生でないこと及び雇用期間が１年以上見込まれることに対象が拡大されていますので、注意してください。

■【主な関係法令通達】　所法83、83の２①、85、190、194、198、所基通190－５、194～198共－１

7－5　扶養控除が受けられなくなったときの影響は

Q

大学２年生の長男を扶養親族としています。この長男は夏休み等を利用してアルバイトをしていますが、何か気を付けることがありますか。

Answer

扶養控除を受けるためには、「年間の合計所得金額が48万円以下であること」が要件の一つになっていますので、その要件を認識した上でアルバイトをするよう助言してください。

1　所得税における扶養控除

一般の扶養親族は38万円、年齢が19歳以上23歳未満の扶養親族（特定扶養親族）は63万円の扶養控除が受けられますが、その要件の一つとして「年間の合計所得金額が48万円以下であること」が定められています。

2　扶養控除の要件を満たすには

アルバイトによる収入は給与所得となりますので、扶養控除の要件である「年間の合計所得金額が48万円以下であること」を満たすためには、給与収入が年間103万円を超えないことが必要です。

したがって、その金額を月平均に直しますと概ね85,000円となりますので、１年を通じてアルバイトをする場合は、同金額を認識した上で行う必要があります。

3　扶養控除の要件を満たさなくなった場合

扶養親族となっている長男の年間のアルバイト収入が103万円を超

えた場合には、扶養控除の要件を満たさないことから、一般の扶養親族である場合には38万円、年齢が19歳以上23歳未満の特定扶養親族である場合には、63万円の控除が受けられないことになります。

4　父親が支払うべき所得税等への影響額

これまで扶養控除の要件を満たしていた長男の給与収入が103万円を超えたことにより、扶養控除を受けられない場合は、父親の課税所得が一般の扶養親族で38万円、特定扶養親族で63万円増加します。

この増加分に対応する所得税の額はご主人の所得階層や所得控除額等によって異なりますので、それぞれ税額表等を用いて計算してください（７－25参照）。

また、翌年の個人住民税においても一般の扶養親族で33万円、特定扶養親族で45万円の課税所得が増加します。

更に、長男のアルバイト収入が130万円以上となる場合には、社会保険の被扶養者要件を満たさないほか、父親の家族手当にも影響する可能性がでてきますので注意する必要があります。

5　大学生である長男の税金

学生、生徒などで給与所得を有する者のうち、合計所得金額（繰越損失控除前）が75万円以下で給与所得等以外の所得金額の合計額が10万円以下の者については、27万円の勤労学生控除が受けられますので、給与収入のみである者はその収入が年130万円（130万円－55万円＝75万円、75万円－48万円－27万円＝０円）までは所得税は課税されません。

しかし、個人住民税においては、所得税と同じ要件の下で26万円の勤労学生控除が受けられますが、基礎控除33万円と併せて人的控除額が59万円のため課税所得金額が６万円となり、均等割額と併せて概ね8,000円の個人住民税が課税されます。

なお、長男が未成年者である場合（前年度の合計所得金額が125万円を超える場合を除きます。）には、個人住民税は非課税とされています。

■【主な関係法令通達】　所法2①三十四、82、84、85、190、194、198、地法24の5①二、34①九、十一、314の2①九、十一

7－6　学生のアルバイト収入は

Q

私は大学在学中の学生で、アルバイトをしていますが、私の税金はどうなりますか。教えてください。

Answer

学生がアルバイトとして働いて得た収入は、給与所得となります。

給与収入の額によって、所得税や個人住民税、更には働き方によって社会保険等に加入し保険料を支払う義務が発生しますが、納税者自身が勤労学生の場合、一定の要件の下で勤労学生控除が認められているほか、社会保険の加入についても一部免除されています。

なお、給与収入が103万円を超えた場合は、扶養者の扶養控除や家族手当に影響することがありますので注意してください。

1　勤労学生控除

納税者自身が学校教育法に定める学生等で、合計所得金額が75万円以下（勤労に基づく所得以外の所得が10万円以下であること。）の者については、勤労学生控除27万円（個人住民税は26万円）が受けられます。

2　所得税、個人住民税

所得税の基礎控除は48万円で、個人住民税の基礎控除は43万円（令和2年度にあっては33万円）のほか、給与所得控除後の給与等の金額の計算や所得税、個人住民税の税率も一般の者の適用と変わるものではありませんが、納税者自身が勤労学生で一定の要件に当てはまる場合は、勤労学生控除が認められるため、所得税にあっては、その年中の給与の収入が130万円以下のみであれば所得税は課税されません。

しかし、個人住民税にあっては、基礎控除が43万円（令和2年度にあっては33万円）で勤労学生控除も26万円のため、給与の収入100万1円以上均等割額5,000円（市民税3,500円、県民税1,500円）が課税され、1,299,999円では、均等割額のほか所得割額2,800円（市民税1,700円、県民税1,100円）が課税されます。

なお、未成年者である場合、（前年度の合計所得金額が125万円を超える場合を除きます。）は、個人住民税が非課税とされています。

3　社会保険

健康保険の被扶養者の所得要件は年収130万円未満であり、この要件を満たした場合は扶養者の被扶養者として健康保険・厚生年金保険の加入者になることができます。

この要件を満たさない場合は、雇用先の社会保険に加入するか、国民健康保険に加入する必要があります。

勤労学生の給与収入と手取り額（介護２号に該当しない）　　（単位：円）

	給与所得の計算				所得控除額		
	月額平均	年　額	給与所得控除額	給与所得額	保険料控除	基礎・勤労控除	計
A	85,800	1,030,000	550,000	480,000	0	750,000	750,000
B	88,300	1,059,999	550,000	509,999	0	750,000	750,000
C	108,300	1,299,999	550,000	749,999	0	750,000	750,000
D	125,000	1,500,000	550,000	950,000	212,508	480,000	692,508
E	166,600	2,000,000	680,000	1,320,000	286,728	480,000	766,728

	所得税等		個人住民税（令和３年）			手　取　り	
	課税所得金　額	所得税額　等	課　税標準額	市民税額	県民税額	金　額	割合
A	0	0	0	3,500	1,500	1,025,000	99.5%
B	0	0	0	3,500	1,500	1,054,999	99.5%
C	0	0	59,000	5,200	2,600	1,292,129	99.4%
D	257,000	13,100	307,000	20,400	12,700	1,241,292	82.8%
E	553,000	28,200	603,000	38,100	24,600	1,622,372	81.1%

■　【主な関係法令通達】　所法２、82、85、120、194、所令11の３、262、316の２、所規47の２、73の２

7－7　学生のアルバイトと勤労学生控除は

Q

私は大学在学中の学生で、アルバイトをしていますが、勤労学生控除があると聞きますが教えてください。

Answer

納税者自身が勤労学生である場合は、基礎控除48万円のほか、一定の要件を満たす場合には勤労学生控除27万円を受けることができます。

したがって、その年中の収入が給与の収入130万円以下のみであれば、所得税は課税されません。

ただし、給与収入が130万円以下であっても、100万１円から個人住民税が発生し、また、給与収入が103万円を超えた場合は、扶養者の扶養控除や家族手当に影響することがありますので注意してください。

1　勤労学生控除の対象となる人の範囲

勤労学生とは、その年の12月31日の現況で、次の３つの要件の全てに当てはまることが必要です。

①　給与所得などの勤労による所得があること

②　合計所得金額が75万円以下で、しかも①の勤労に基づく所得以外の所得が10万円以下であること

③　学校教育法に規定する高等学校、大学、高等専門学校の学生であること（当てはまるかどうか分からないときは、通学している学校の窓口で確認してください。）

2　勤労学生控除を受けるための手続

勤労学生控除を受けるためには、「扶養控除等（異動）申告書」に勤労学生控除に関する事項を記載して勤務先に提出してください。な

お、専修学校等の場合は必要な証明書の交付を受けて添付してください。

■【主な関係法令通達】　所法２、82、85、120、194、所令11の３、262、316の２、所規47の２、73の２

7－8 配偶者等の給与収入や所得金額を適用要件とするものは

Q

配偶者の合計所得金額が48万円を超えた場合に所得税法上の配偶者控除が受けられないとのことですが、配偶者の合計所得金額や給与収入等をその適用要件としているものにはどのようなものがありますか。

Answer

所得税の配偶者控除や扶養控除において「年間の合計所得金額が48万円以下であること」をその要件の一つとしているほか、市・県民税の人的控除についても所得税と同様の要件となっています。

また、社会保険の被扶養者についてもその家族の収入金額が申請時点から今後1年間にどの位の収入が見込まれるかによって判断しますが、1か月当たり108,334円以上見込まれる時点で被扶養者の削除手続きをしなければなりません。

---

1 所得税、個人住民税

控除項目	所得金額等に係る適用要件
配偶者控除	納税者本人の合計所得金額が1,000万円以下で、かつ、納税者と生計を一にする配偶者の年間の合計所得金額が48万円以下であること
扶養控除	年間の合計所得金額が48万円以下であること
配偶者特別控除	納税者本人の合計所得金額が1,000万円以下で、かつ、納税者と生計を一にする配偶者の合計所得金額が48万円超133万円以下であること

2　社会保険

項　　目	年収の適用要件
被扶養者	社会保険加入者の被扶養者の家族となるためには、その家族の収入が年間130万円未満（60歳以上の者又は59歳以下の障害年金受給者は年間180万円未満）であること
被保険者	年収は105.6万円（月収約8.8万円）以上であること

3　国民健康保険

項　　目	総所得金額等の適用要件
軽減対象となる所得の基準	軽減割合７割　前年総所得金額等が33万円以下（基準日令和２年４月１日、令和３年４月１日は43万円以下）ほか保険料の所得割額の計算は加入者の基礎控除後の総所得金額等を基準として計算

4　家族手当

項　　目	年額の適用要件
配偶者手当 扶養手当	年額130万円以上の恒常的な所得があると見込まれる者を支給対象から除外するほか、年間103万円（所得税上の控除対象配偶者や扶養親族に限定している。）等の支給制限を定めているところがあります。

㈴　所得金額の適用要件等については、「所得税の扶養親族」や「収入が年間130万円未満」、「年額130万円以上」等と規定によってその所得等の範囲も異なっています。

■【主な関係法令通達】　所法２①三十三、三十四、地法23①七、八、292①七、八、健康保険法３⑦、一般職の職員の給与に関する法律11、人事院規則９−80

7－9　個人住民税における配偶者控除等の要件は

Q

妻はこれまで専業主婦でしたが、パートタイマーとして働く場合、個人住民税の観点から気を付けることがありますか。

Answer

個人住民税の控除対象配偶者は、合計所得金額が1,000万円以下の納税義務者と生計を一にする妻又は夫で、合計所得金額が48万円（令和2年度分は38万円）以下である者とされています。

1　個人住民税における控除対象配偶者の所得基準

個人住民税の控除対象配偶者とは、納税義務者の配偶者で、その納税義務者と生計を一にする者のうち、年間合計所得金額が48万円（令和2年度分は38万円）以下（配偶者の所得が給与所得のみである場合の給与収入103万円以下）である者とされております。

控除対象配偶者の控除額は次のとおりです。

（単位：円）

配偶者の所得金額	給与所得だけの場合の給与収入金額		納税義務者本人の合計所得金額			
			900万以下	900万超950万以下	950万超1,000万以下	1,000万超
48万以下	103万以下	70歳未満	33万	22万	11万	対象外
		70歳以上	38万	26万	13万	

㈱ 納税義務者本人の合計所得金額が給与所得だけの場合は、合計所得金額900万円の給与収入金額は1,095万円（令和2年度は1,120万円）、同950万円は1,145万円（令和2年度は1,170万円）、同1,000万円は1,195万円（令和2年度は1,220万円）となります。

2　個人住民税における配偶者特別控除

個人住民税の配偶者特別控除は、合計所得金額が1,000万円以下の納税義務者と生計を一にする配偶者で、控除対象配偶者に該当しない者のうち、その配偶者の合計所得金額が48万円（令和２年度は38万円）を超え133万円（同123万円）以下（配偶者の所得が給与所得のみである場合の給与収入201.6万円未満）である者に限られています。

配偶者特別控除額は次のとおりです。

（単位：円）

<table>
<tr><th rowspan="2">配偶者の所得金額</th><th rowspan="2">給与所得だけの場合の給与収入金額</th><th colspan="4">納税義務者本人の合計所得金額</th></tr>
<tr><th>900万以下</th><th>900万超950万以下</th><th>950万超1,000万以下</th><th>1,000万超</th></tr>
<tr><td>48万超100万以下</td><td>103万超155万以下</td><td>33万</td><td>22万</td><td>11万</td><td rowspan="8">対象外</td></tr>
<tr><td>100万超105万以下</td><td>155万超160万以下</td><td>31万</td><td>21万</td><td>11万</td></tr>
<tr><td>105万超110万以下</td><td>160万超
166万８千未満</td><td>26万</td><td>18万</td><td>９万</td></tr>
<tr><td>110万超115万以下</td><td>166万８千以上
175万２千未満</td><td>21万</td><td>14万</td><td>７万</td></tr>
<tr><td>115万超120万以下</td><td>175万２千以上
183万２千未満</td><td>16万</td><td>11万</td><td>６万</td></tr>
<tr><td>120万超125万以下</td><td>183万２千以上
190万４千未満</td><td>11万</td><td>８万</td><td>４万</td></tr>
<tr><td>125万超130万以下</td><td>190万４千以上
197万２千未満</td><td>６万</td><td>４万</td><td>２万</td></tr>
<tr><td>130万超133万以下</td><td>197万２千以上
201万６千未満</td><td>３万</td><td>２万</td><td>１万</td></tr>
<tr><td>133万超</td><td>201万６千以上</td><td colspan="4">対象外</td></tr>
</table>

㈱・配偶者の所得金額は令和３年度の所得金額を示し、令和２年度は10万円を減じた金額となります。

・納税義務者本人の合計所得金額が給与所得だけの場合は、合計所得金額900万円の給与収入金額は1,095万円（令和２年度は1,120万円）、同950万円は1,145万円（令和２年度は1,170万円）、同1,000万円は1,195万円（令和２年度は1,220万円）となります。

■【主な関係法令通達】　地法23①七ハ、34①十の二ホ、292①七ハ、314の２①十の二

7－10　個人住民税における扶養親族の要件

Q

大学生の子供を扶養親族としていますが、同人がアルバイトをするに当たって、個人住民税の観点から気を付けることがありますか。

Answer

個人住民税の扶養親族も、納税義務者と生計を一にする親族で、かつ、扶養親族の年間の合計所得金額が48万円（令和２年度は38万円）以下である者とされています。

1　個人住民税における控除対象扶養親族の所得基準

個人住民税の控除対象扶養親族は、配偶者以外の親族等で、その納税義務者と生計を一にする者のうち、年間の合計所得金額が48万円（令和２年度は38万円）以下である者とされています。

2　特定扶養親族

個人住民税の控除対象扶養親族で、年齢19歳以上23歳未満の者については、特定扶養親族として45万円の人的控除が受けられます。

したがって、特定扶養親族の該当者である者が所得基準を満たさなくなった場合は、不適用額が一般扶養控除33万円と比べて大きくなることから、扶養者が納めるべき個人住民税の額も増えることとなりますので注意する必要があります。

■【主な関係法令通達】　地法23①九、34①十一、292①九、314の２①十一

7－11　個人住民税の課税は

Q

パートタイマーやアルバイトにポイントをおいて個人住民税がどのように課税されるのかを教えてください。

Answer

個人住民税は、１月１日に市区町村内に住所を有する者について、前年の所得を基準として課税する前年所得課税主義が、また、市区町村が納税義務者から提出された申告書又は給与所得者から提出される給与支払報告書等を基にして税額を計算し、納税通知書を用いて納税者に通知することによって課税する賦課課税方式が採られています。

したがって、パートタイマーなどの給与収入が一定額を超える者については、その所得を基準として、翌年度の個人住民税（都道府県民税及び市区町村民税があり、それぞれ均等割額と所得割額があります。）を納める義務があります。

そして、個人住民税の納付は、普通徴収（納税通知書を納税者に交付して行う。）又は特別徴収（給与所得者については給与支払者に特別徴収税額を通知することにより行う。）により行われます。

１　個人住民税の均等割額

個人住民税の均等割額については、標準税率4,000円（都道府県民税1,000円、市区町村民税3,000円）のみが法定されています。

なお、防災のための施策に要する費用の財源を確保するために平成26年度から令和５年度までの標準税率は5,000円（都道府県民税1,500円、市区町村民税3,500円）とされています。

都道府県又は市区町村は、標準税率を基にして条例で均等割額の税率を定めることができ、かつ、市区町村においては条例の定めるところにより均等割額を軽減することができるとされていますので注意してください。

2　個人住民税の所得割額

個人住民税の所得割額は、次の計算式で求めます。

なお、標準税率は10％（都道府県民税４％、市区町村民税６％）となっていますが、条例で定めることができることとされています。

（課税総所得金額、課税退職所得金額（分離課税対象を除く。）及び総合山林所得の金額の合計額（他の課税所得省略））× 税率 － 税額控除 ＝ 所得割額

また、個人住民税においては、税額控除として、調整控除、配当控除、住宅借入金等特別税額控除、寄附金税額控除等があります。

調整控除は、税源移譲に伴う調整措置の一環として、所得税と個人住民税の人的控除額の差（一般配偶者・一般扶養各５万円、特別扶養18万円等）に基づく負担増を調整するために設けられたものです。

3　個人住民税の申告

個人住民税は、市区町村が税額を計算し、納税者に納税通知書をもって通知することにより納税額が確定する賦課課税方式が採用されています。

そのため、納税義務者には、賦課事務の便宜等の見地から、その者の所得等に関する事項について、申告書の提出を義務付けていますが、一般に、給与所得や公的年金等に係る所得のみの者や所得税の確定申告書を提出した者については、個人住民税の申告書の提出は不要となっています。

■　【主な関係法令通達】　　地法24、32、35、38、45の２、294、310、311、313、314の３、317の２

7－12　個人住民税の所得割の計算における所得控除は

Q

個人住民税の所得割は、前年中の所得金額から、所得控除を差し引いた残額に対して税率を乗じて計算されると聞いていますが、その場合の所得控除にはどのようなものがありますか。

Answer

個人住民税の所得割は、前年中の所得金額から、所得控除を差し引いた残額に対して税率を乗じます。その控除できる項目は所得税に準じていますが、社会保険料控除や医療費控除などの一部の控除を除きその控除額は所得税の控除額よりも低いものとなっています。

1　所得控除の種類

個人住民税の所得割の計算において控除が認められている所得控除は、所得税に準じた基礎控除、配偶者控除、扶養控除など16種類の控除と7種類の加算、割増控除が設けられています。

2　主な所得控除の内容

(1)　基礎控除

個人住民税の基礎控除は、次のとおりです。

合計所得金額	基礎控除額
2,400万円以下	43万円
2,400万円超2,450万円以下	29万円
2,450万円超2,500万円以下	15万円
2,500万円超	適用なし

(注)　令和２年度の基礎控除額は33万円（所得制限なし）です。

⑵　配偶者控除

個人住民税の配偶者控除又は配偶者特別控除は、納税義務者（合計所得金額が1,000万円以下の人に限ります。）と生計を一にする配偶者（妻又は夫）で配偶者及び納税者本人の合計所得金額に応じて控除額が異なります。配偶者控除額及び配偶者特別控除額については、７－９を参照してください。

⑶　ひとり親控除

個人住民税のひとり親控除は、婚姻歴や性別にかかわらず、生計を同じくする子（総所得金額等が48万円以下）を有し、かつ納税者の合計所得金額が500万円以下の単身者について令和３年度から適用され、その控除額は30万円です。

⑷　寡婦控除

個人住民税の寡婦控除は、扶養親族のいない死別の単身女性、子以外の扶養親族を有する死別・離別の単身女性のうち、納税者の合計所得金額が500万円以下の者に（令和３年度から）適用され、その控除額は26万円とされています。

なお、令和２年度は、一定の要件のもとに寡婦・寡夫控除26万円（特別寡婦30万円）が適用されています。

⑸　勤労学生控除

勤労学生控除とは、学校の学生、生徒等で自己の勤労による所得（事業所得、給与所得、退職所得又は雑所得のことをいいます。）を有する者のうち、合計所得金額が65万円（令和３年度以降は75万円）以下であり、かつ、その所得のうち自己の勤労によらない所得が10万円以下のものをいい、その控除額は26万円です。

なお、勤労学生に該当するかどうかは、前年の12月31日の現況により判定します。

⑹　扶養控除

個人住民税の扶養控除は、一般の扶養親族（年齢16歳以上18歳以下の者及び年齢23歳以上69歳以下の者（令和３年度分の個人住民税の場合は、年齢16歳以上の者には平成17年１月１日以前に生まれた者が該当します。)）が33万円、特定扶養親族（年齢19歳以上22歳以下の者（令和３年度分の個人住民税の場合は平成10年１月２日から平成14年１月１日までの間に生まれた者が該当します。)）が45万円となっています。

⑺ 社会保険料控除

納税義務者が自己又は生計を一にする配偶者その他の親族の負担すべき健康保険料や国民健康保険料、国民年金保険料等の社会保険料を支払った場合はその支払った金額又は給与から控除された金額の全額が控除できます。

■ 【主な関係法令通達】 地法23①七、八、九、34①、九、十、十一、②、292①七、八、九、314の２①、九、十、十一、②

7－13　個人住民税の非課税制度は

Q

パートタイマーやアルバイトで得た収入が年間いくらまででしたら個人住民税は課税されませんか。

パートタイマーなどの給与収入のみで、その者に控除対象配偶者や扶養親族がいない場合は、年間収入が一般的には100万円（均等割額の非課税限度額は条例の定めにより93万円又は96.5万円等と定めている地域があります。）を超えなければ、個人住民税は課税されません。

1　個人住民税の非課税判定

個人住民税においては、一定条件の下に個人住民税を課さないとする人的非課税制度が設けられています。

非課税区分	非課税とされる者
均等割と所得割がともに非課税とされる者	生活保護法の規定による生活扶助を受けている者 未成年者、ひとり親及び寡婦（ひとり親を除く）（令和２年度は寡婦又は寡夫）、障害者で前年の合計所得金額が135万円（令和２年度は125万円）以下の者（退職所得の分離課税の所得割を除きます。）
均等割が非課税とされる者 （条例により異なる）	均等割のみを課すべき者のうち、前年の合計所得金額が一定の基準に従い市区町村の条例で定めている金額以下の者 $\text{合計所得金額} \leqq \left(\begin{array}{l}\text{控除対象配偶者}\\ \text{＋扶養親族の数}\\ \text{＋1}\end{array}\right) \times \left(\begin{array}{c}\text{35万円}\\ \text{31.5万円}\\ \text{28万円}\end{array}\right) + \text{10万円} + \left(\begin{array}{c}\text{21万円}\\ \text{18.9万円}\\ \text{16.8万円}\end{array}\right)$ ※　35万円等の金額は地域により異なり、21万円等の加算される金額は、控除対象配偶者又は扶養親族を有する者に限られ、年少扶養もこの判定に当っては扶養親族の数に加えます。 ※　令和２年度は10万円の加算はありません。

非課税区分	非　課　税　と　さ　れ　る　者
所得割が非課税とされる者 （全国一律）	前年の総所得金額等の合計額が次により計算した金額以下の者 総所得金額等の合計額 ≦ $\left(\begin{array}{l}\text{控除対象配偶者}\\ \text{＋扶養親族の数}\\ \text{＋1}\end{array}\right)$ × 35万円 ＋ 10万円 ＋ 32万円 ※　35万円の加算は控除対象配偶者又は扶養親族を有する者に限られ、年少扶養もこの判定に当たっては扶養親族の数に加えます。 　なお、退職所得の分離課税に係る所得割は非課税とはなりません。 ※　令和２年度は10万円の加算はありません。

㈲「年少扶養」とは、年齢16歳未満の扶養親族をいいます。

2　所得割の非課税限度額の調整

所得割の非課税限度額を若干上回る所得を有する者については、所得割が課税されることにより税引き後の手取り額が非課税限度額を下回り、所得割が課されない者との間に逆転現象が生じます。これを調整するための措置が準備されていますがその詳細は省略します。

■【主な関係法令通達】　地法24の５①、③、295①、③、地令47の３、地法附則３の３①、④

7－14　社会保険制度の概要は

Q

パートタイマーやアルバイトで働く場合、知っておくべき社会保険制度の概要を教えてください。

Answer

国民は、全員が何らかの健康保険制度と公的年金制度等に加入することが義務づけられており、パートタイマーやアルバイトで働く者にとっても、公的医療保険としての健康保険又は国民健康保険、公的年金としての国民年金及び厚生年金についてその概要を理解しておくことが必要です。

1　社会保険制度

社会保険制度として、公的医療保険、公的年金、介護保険、労災保険及び雇用保険があります。

公的医療保険は私生活における病気・ケガの医療費の支援、公的年金は老齢・障害・遺族年金等の給付、介護保険は介護サービス給付、労災保険は業務上におけるケガ・病気・介護・障害・死亡の一時金や年金の給付、そして、雇用保険は失業・育児・介護・雇用継続の給付となっています。

なお、狭義の社会保険は、健康保険、介護保険及び厚生年金保険をいい、労災保険及び雇用保険を労働保険といいます。

なお、本章における「社会保険」とは、狭義の社会保険、なかでも健康保険と厚生年金保険を指している用語として理解してください。

2　健康保険

健康保険は主として民間企業に勤務する者の従業員を被保険者とし

て被保険者及びその家族を、労働者災害補償保険（労災保険）で規定する業務上災害以外の病気やケガ、死亡又は出産について必要な保険給付を行う制度です。

法人事業所は、常時従業員を１人でも使用するもの、個人営業の適用業種事業所で常時５人以上の従業員を使用するものは必ず健康保険や厚生年金保険に加入しなければならないこととされています。

そして、適用事業所に使用されている者は適用除外とされる者を除いて全員が被保険者となり、健康保険の保険料は事業主と従業員が２分の１ずつを負担します。

パートタイマーやアルバイトで働く者であっても、所定労働時間や月額賃金など一定の要件を満たす者は加入が強制されています（7-15参照）。

3　国民健康保険

国民健康保険は、職場の健康保険や国民健康保険組合に加入していない自営業者や専業主婦等を対象として、病気やケガ、死亡又は出産について必要な保険給付を行う制度です。

パートタイマーやアルバイトとして健康保険の適用事業所で働いている者であっても、健康保険法が求める労働時間が所定労働時間に達しない者など適用除外者で、かつ、健康保険の被保険者の家族等として被扶養者に認定されていない者、退職などにより職場の健康保険を脱退した者とその家族、外国人登録を行っていて、日本に１年以上滞在する者などの医療保険です。

国民健康保険は、大人や子どもの区別なく、一人ひとりが被保険者となり、加入は世帯ごとで行います。

4　介護保険

介護保険は、高齢者の介護を社会全体で支え合うことを目的とし、

65歳以上の者を第１号被保険者、40歳から64歳の者を第２号被保険者といい、第１号被保険者は介護保険料を介護保険の運営者である各市町村に年金月額から控除し又は納付します。第２号被保険者は、健康保険料と一緒に介護保険料として給与や賞与から控除されます。

全国健康保険協会管掌健康保険の介護保険の保険料は標準報酬月額の1,000分の17.9（令和２年３月分より）となっており、事業主と従業員が２分の１ずつを負担します。

5　厚生年金保険

厚生年金保険は、勤労者の老齢、障害、死亡に対する保険給付を目的とするもので、事業主と従業員が保険料を２分の１ずつを負担します。

一般厚生年金被保険者が第１号厚生年金被保険者となっており、第２号が国家公務員、第３号が地方公務員、第４号が私学学校教職員の組合員ないし加入者が被保険者となっています。

通常の法人の厚生年金保険は、健康保険とセットで加入するため、厚生年金被保険者は、国民年金（基礎年金）に加えて厚生年金を受け取ることができます。

適用事業所や被保険者となる者は、70歳以上の者を除き、また、パートタイマーなどの被保険者資格の条件も２の健康保険と同じです。

6　国民年金

第１号被保険者とは、日本に住んでいる20歳以上60歳未満の者のうち、自営業者・農業者とその家族、学生、無職の人など、第２号被保険者（民間会社員や公務員など厚生年金の加入者）、第３号被保険者（第２号被保険者に扶養されている20歳以上60歳未満の配偶者（年収が130万円未満の人））でない者をいいます。

第１号被保険者のみが毎月16,540円（令和２年度）の保険料を支払い、第２号被保険者及び第３号被保険者は厚生年金保険の保険料に含まれています。

■【主な関係法令通達】　健康保険法３、31、厚生年金保険法６、９、国民年金法７①、介護保険法９

7－15　社会保険・労働保険の被保険者は

Q

パートタイマーやアルバイトにポイントをおいて社会保険や労働保険の適用及び負担についての概要を説明していただけますか。

Answer

パートタイマーとして働く場合も、その勤務先が社会保険や労働保険の適用事業所で、かつ、一定の条件を満たす場合は社会保険や労働保険に加入する必要があり、加入者は保険給付を受けられる反面、その費用の一部を保険料として負担する必要があります。

1　社会保険の適用事業所

会社等の法人は、従業員（役員も含みます。）が１人でも、また、個人事業の場合においても、従業員が常時５人以上いる場合（農業漁業やサービス業などを除きます。）は、社会保険に強制的に加入する必要があります。

また、強制適用以外の事業所は、厚生労働大臣の認可を受けて社会保険に加入することができますが、その適用を受けた場合、社会保険の加入に反対する者を含めて、全ての者が加入する必要があります。

2　社会保険・労働保険の被保険者

①　労災保険

業務災害、通勤災害等の労災保険は、農林水産の一部事業を除き、パートタイマー等にも適用され、保険料は「労災保険料率表」に基づいて計算し、事業主が全額負担します。

② 雇用保険

雇用保険は、雇用保険の適用事業所に雇用される労働者で、パートタイマーなど短時間就労者であっても1週間の所定労働時間が20時間以上で、かつ、継続して31日以上引き続き雇用されると見込まれる場合は一般被保険者となり、被保険者負担分（令和2年度は3/1000）の保険料は賃金から控除されます。

③ 健康保険・厚生年金保険

パートタイマーで働いている者が社会保険の被保険者になるか否かは、常用的使用関係にあるかどうかを労働日数・労働時間・就労形態・職務内容等を総合的に勘案して判断されます。

具体的には、平成28年9月30日までは、1週間の所定労働時間が同一の事業所に雇用される通常の労働者の1週間の所定労働時間の4分の3以上で、かつ、1月間の所定労働日数が通常の労働者の4分の3以上である者（2か月以内の期間を定めて雇用される者を除きます。）について社会保険の被保険者となっていました。

そして、平成28年10月1日からは、この4分の3基準を満たさない者であっても、従業員が501人以上の事業所（特定適用事業所）に雇用される者で、①1週間の所定労働時間が20時間以上であること、②当該事業所に継続して1年以上使用されることが見込まれていること、③報酬の月額が、8.8万円以上であること、④高等学校の生徒、大学の学生等でないこと、のすべての要件を満たす者については社会保険の被保険者となりました。

さらに、平成29年4月からは、従業員が500人以下の会社であっても、労使で合意すれば、会社単位で適用（任意特定事業所）されることになりました。

④　介護保険

健康保険の被保険者に該当する40歳以上65歳未満の者は、介護保険第2号被保険者となるため、健康保険料と併せて、介護保険料の被保険者負担分が賃金から控除されます。

3　健康保険料・厚生年金保険料・介護保険料

健康保険料、厚生年金保険料及び介護保険料の額は、一般の被保険者一人ひとりについて次のとおり計算され、標準報酬月額等級や保険料率は、一定期間ごとに見直されることになっています。

	健康保険料・介護保険料 （令和2年3月から）	厚生年金保険料 （平成29年9月から） （厚生年金基金加入員を除く）
月　給 （保険料）	標準報酬月額×（健康保険料率（注1）＋介護保険料率（注2））（労使折半）	標準報酬月額×保険料率（労使折半）
賞　与 （保険料）	標準賞与額×（健康保険料率（注1）＋介護保険料率（注2））（労使折半） （標準賞与額の年度合計上限額573万円）	標準賞与額×保険料率（労使折半） （標準賞与額の支給1回（同じ月に2回以上支給されたときは合算）上限額150万円）

㈲1　健康保険料率は都道府県単位にそれぞれ決められています。
　2　介護保険料率は介護保険第2号被保険者（40歳以上65歳未満の者）に加算されます。

①　標準報酬月額の決定は、資格取得時決定や定時決定等があり、資格取得時決定は被保険者が資格を取得時に「被保険者資格取得届」に基づいて、また、定時決定は、毎年7月1日現在、被保険者資格を有する者を対象にして「報酬月額算定基礎届」に基づいて保険者が行います。

そして、資格取得決定時の報酬月額は、被保険者が資格を取得した日現在において定められた報酬額等を基礎として算定し、定時決定等がなされるまでの期間について適用します。

また、定時決定の報酬月額は、原則として４月、５月、６月の３か月に支払われた報酬の平均額を求めて算定し、その年の９月分から翌年の８月分まで適用します。

なお、被保険者の固定的賃金が昇給等により変動し、その支払われた月から継続する３か月の報酬を平均し、標準報酬に当てはめた場合に現在の等級と２等級以上の差があるときは随時改定が行われます。

② 標準賞与額とは、賞与額から1,000円未満の端数を切り捨てた額をいいます。

③ 健康保険の保険料率は、埼玉県の場合、1,000分の98.1（令和２年３月から）で、事業主と被保険者が半分ずつ負担することになっています。ただし、標準賞与額の年度合計の上限額は573万円となっています。

④ 厚生年金保険の保険料率は、1,000分の183.00（平成29年９月から）で、事業主と被保険者が半分ずつ負担することになっています。ただし、支給都度当たりの標準賞与額の上限は150万円となっています。

⑤ 介護保険の保険料率は、全国健康保険協会の場合、全国共通の1,000分の17.9（令和２年３月から）で、事業主と被保険者が半分ずつ負担することになっています。

■【主な関係法令通達】 労働者災害補償保険法30、雇用保険法４①、５、６、68、健康保険法３①、35、160、厚生年金保険法６、労働保険の保険料の徴収等に関する法律12、労働保険の保険料の徴収等に関する法律施行規則16

7－16　健康保険の被扶養者の範囲は

Q

健康保険の被扶養者は、所得税法上の控除対象配偶者や控除対象扶養親族とその範囲が異なっていると聞きますが、その要件を教えてください。

Answer

健康保険等の給付を受けることができる一定範囲の家族を被扶養者と呼んでおり、被保険者はあらかじめ被扶養者であることを届け出なければなりません。被扶養者は、主として被保険者により生計を維持する者で、被保険者と同一世帯の場合の認定対象者の年収が130万円未満であることなどの条件が定められています。

1　健康保険の被扶養者の認定要件

健康保険上の被扶養者の要件は、所得税法上の扶養とは別に、年収が130万円未満、かつ被扶養者の年収が被保険者の２分の１未満などの基本的要件をもとに扶養の事実を総合的に判断するとされています。

2　収入要件

その被扶養者の収入は、年間130万円未満（60歳以上の者又は59歳以下の障害年金受給者は年間180万円未満）とされていますが、給与収入には通勤交通費等の非課税収入及び賞与も含まれ、月額108,333円以下であることが目安とされています。

また、被扶養者の収入には、雇用保険の失業等給付、公的年金、健康保険の傷病手当金や出産手当金も含まれますので留意する必要があります。

3　判定の時期

年間収入とは、所得税のようにその年の12月31日の現況（過去実績）により判断するのではなく、被扶養者に該当する時点及び認定された日以降の年間の見込み収入額のことをいいます。

したがって、今後の収入が月次ベースでみて扶養の対象と判断されればその時点から扶養に入れることができます。

4　資格の確認等

被扶養者資格の再確認は一定の期日を決めて実施することとされており、再確認の際に必要書類の提出ができないときは資格を取り消される場合もあり、被扶養者の資格が既になくなっているのにもかかわらず直ちに届出をしなかった場合は、遡って資格が取り消され、場合によっては当該期間に発生した医療費給付やその他給付金の返還を遡及して求められることもあります。

■【主な関係法令通達】　健康保険法3⑦

7－17　給与収入や働き方によって社会保険等は

Q

妻はパートタイマーとして働いていますが、私の社会保険の被扶養者となっています。

パートタイマーとして働いて得た給与収入や働き方によって、妻の健康保険や年金はどのようになるか教えていただけますか。

Answer

納税者が社会保険に加入している場合において、その配偶者の年収が130万円未満であるときは、夫の健康保険の被扶養者となることができますが、パートの収入・労働時間により、妻の加入する健康保険・年金は次のように分類することができます。

1　妻が従業員500人以下の適用事業所に勤めている場合

平成29年4月から適用される労使合意がある場合（任意特定適用事業所）の社会保険の加入拡大に該当しない場合であっても、1日又は1週間の所定労働時間がおおむね正社員の4分の3以上であり、かつ、1か月の所定労働日数がおおむね正社員の4分の3以上である場合は、パートタイマー等の正社員契約でない者であっても社会保険の被保険者となります。

○任意特定適用事業所以外の事業所の場合

働　　き　　方	健康保険	年金関係
労働時間・労働日数ともに正社員の3/4以上	妻自身が健康保険に加入	妻自身が厚生年金保険に加入
労働時間又は労働日数のいずれかが正社員の3/4未満かつ年収130万円未満	夫の健康保険の被扶養者	国民年金の第3号被保険者として加入
労働時間又は労働日数のいずれかが正社員の3/4未満かつ年収130万円以上	妻自身が国民健康保険に加入	妻自身が国民年金の第1号被保険者として加入

2　妻が従業員501人以上の適用事業所に勤めている場合

パートタイマー等の短時間労働者であっても、所定労働時間が「週30時間以上」である者は、社会保険の被保険者となります。

また、１週間の所定労働時間が正社員の４分の３未満又は１か月の所定労働日数が正社員の４分の３未満であっても、①１週間の所定労働時間が20時間以上、②継続して１年以上勤務見込み、③報酬が88,000円以上（年間106万円以上）、④学生でないことのすべてを満たす場合は社会保険の被保険者になります。

○特定適用事業所・任意特定事業所の場合

働き方	健康保険	年金関係
労働時間・労働日数ともに正社員の３/４以上	妻自身が健康保険に加入	妻自身が厚生年金保険に加入
労働時間又は労働日数のいずれかが正社員の３/４未満で、①から④のすべてを満たし、かつ年収130万円以上	妻自身が健康保険に加入	妻自身が厚生年金保険に加入
労働時間又は労働日数のいずれかが正社員の３/４未満で、①から④のすべてを満たし、かつ年収130万円未満	妻自身が健康保険に加入	妻自身が厚生年金保険に加入
労働時間又は労働日数のいずれかが正社員の３/４未満で、①から④のいずれかを満たさず、かつ年収130万円未満	夫の健康保険の被扶養者	国民年金の第３号被保険者として加入
労働時間又は労働日数のいずれかが正社員の３/４未満で、①から④のいずれかを満たさず、かつ年収130万円以上	妻自身が国民健康保険に加入	妻自身が国民年金の第１号被保険者として加入

■【主な関係法令通達】　健康保険法３①、⑦、厚生年金保険法６

7－18 パートタイマーと国民健康保険及び国民年金は

Q

パートタイマーとして２か所の勤務先で働いていましたが、年間の給与収入の合計額が130万円を超えてしまい夫の社会保険の被扶養者資格を喪失しました。どうしたらよいか教えてください。

Answer

パートタイマーなどの給与収入が130万円以上の場合は、配偶者の社会保険の被扶養者資格を喪失します。また、あなたの労働時間又は労働日数が正社員の概ね４分の３に満たない場合には社会保険の被保険者の資格もありません。このため、住所地の市区町村が運営する国民健康保険に、併せて、国民年金についても自ら第１号被保険者として加入する必要があります。

1　国民健康保険及び国民年金

市区町村が運営する国民健康保険は、当該市区町村に住所を有する者で、健康保険の被保険者・被扶養者や国家公務員共済組合・地方公務員共済組合の組合員などを除き、組合員及び組合員と同じ世帯に属する者を対象としています。

また、外国人についても、在留資格が「留学」等であり、その在留期限が３か月以下の者（日本に３か月を超えて滞在すると認められる場合は除かれます。）を除き、国民健康保険の組合員の対象となります。

したがって、パートタイマーでの労働時間が通常の所定労働時間の４分の３未満等で社会保険に加入する必要がない者であっても、パートタイマーで得た収入とその他の収入の合計額が年収130万円以上となり、健康保険等の被保険者の被扶養者資格を喪失した者は、自ら国民健康保険や国民年金に加入し保険料を支払わなければならないことになります。

2　国民健康保険の保険料

国民健康保険の保険料は

【所得割】　世帯加入者の所得に応じて計算（所得額×料(税)率）

【資産割】　世帯加入者の資産に応じて計算（固定資産税額×料(税)率）

【均等割】　世帯加入者の人数に応じて計算（加入者数×均等割額）

【平等割】　一世帯当たりいくらと計算

の4項目の組み合わせによって計算された額の合計額となります。

なお、4項目の組み合わせや料(税)率、賦課限度額は、市区町村により異なります。

また、国民健康保険組合によっては、保険料等の算定基準や賦課額が異なっていますので注意してください。

○さいたま市国民健康保険料率一覧表（令和2年度）

（単位：均等割、賦課限度額：千円、所得割：%）

7割・5割・2割減額の適用あり	基礎賦課分			後期高齢者支援金等賦課分			介護納付金賦課分		
	均等割	所得割	賦課限度額	均等割	所得割	賦課限度額	均等割	所得割	賦課限度額
	29.5	7.51	610	8.5	2.11	190	9.7	2.02	160

3　国民年金の保険料

国民年金第1号被保険者及び任意加入被保険者の1か月当たりの保険料は、16,540円（令和2年度）です。

なお、前納制度や口座振替制度を利用すると、割引が適用される場合があります。

■【主な関係法令通達】　国民健康保険法76、国民健康保険法施行令29の7、国民年金法7、87

7－19　パートタイマーと家族手当は

Q

当社の家族手当は、国家公務員の扶養手当の支給要件に準じていますが、妻がパートタイマーで働くときに気を付けることがありますか。

Answer

国家公務員の扶養手当の支給要件となる扶養親族は「年額130万円以上の恒常的な所得があると見込まれる者を含まない」とされており、配偶者がパートタイマーとして働いて得た給与収入が年額130万円以上にならないよう配意する必要があります。

1　家族手当

家族手当（扶養手当）は、主としてその収入により生活を維持している家族を扶養している従業員に対してその生活費に配慮して支給されています。

国家公務員の扶養手当は、配偶者にあっては月額6,500円（本府省課長級は不支給、本府省室長級は3,500円）、満22歳までにある子にあっては原則として一人につき10,000円（16歳年度初めから22歳年度末までは5,000円を加算）が支給されています。

なお、その支給対象となる扶養親族の範囲には、年額130万円以上の恒常的な所得があると見込まれる者を含まないとしています。

2　配偶者控除と家族手当

控除対象配偶者は、所得税及び個人住民税においても納税義務者の配偶者で、その納税義務者と生計を一にする者のうち、年間合計所得金額が48万円以下である者とされています。

したがって、配偶者控除の要件は１年間の所得金額の合計で決まりますが、国家公務員の扶養手当の対象となる扶養親族には、年額130万円以上の恒常的な所得があると見込まれる者は含まれないとし、判断の時期及び収入基準が異なっています。

3　留意すべき事項

家族手当等については、支給対象となる扶養親族等の所得を一定以下のものと定めていることが一般的であると考えられますので、受給者の勤務先における家族手当の要件を事前に把握し、その要件を満たす働き方を扶養親族と話し合い、適期にその者の所得状況を把握しておくことが必要です。

仮に、支給要件を満たさないことが明らかとなった場合には、支給停止等の手続きを速やかに行う必要があります。手続きが遅れた場合には、遡及して認定が取り消され、多額の返還を求められることも考えられますので注意してください。

また、社会保険の被扶養者の認定要件についても、被扶養者の年収が130万円未満となっていますので、この点にも注意してください。

■【主な関係法令通達】　一般職の職員の給与に関する法律11、人事院規則９−80

7－20　配偶者の給与収入と手取り額は

Q

妻にパートタイマーとして働いてもらいたいと思っていますが、給与収入と手取り額との関係について教えてください。

Answer

配偶者がパートタイマーとして働いて得た収入は、給与所得となります。

給与の収入額によって、所得税や個人住民税、更に働き方によっては社会保険等に加入して保険料を支払う義務が発生します。

したがって、給与の収入額がそのまま手取り額となるのではなく、所得税や個人住民税、社会保険料を支払った後の額が手取り収入となり、給与の収入額とその手取り額との割合は収入階層等により異なります。

1　所得税、個人住民税

給与収入から給与収入を基準とした一定額（最低55万円から最高195万円まで）の給与所得控除を差し引いた後の金額が給与所得金額となり、他に所得がない場合は所得税の合計所得金額にまた、個人住民税では課税標準額となります。

そして、合計所得金額又は課税標準額から48万円（個人住民税にあっては43万円（令和２年度にあっては33万円））の基礎控除や社会保険料控除等を差引した後の課税所得金額に適用される税率を乗じて計算した金額が納めるべき税額（所得税については復興特別所得税を加えた額）となります。

2　給与所得控除後の給与等の金額の計算

給与所得の金額は、給与等の収入金額から給与所得控除額を差し引いて算出しますが、この給与所得控除額は、給与等の収入金額に応じて、次のようになります。したがって、給与所得の金額は(A)の金額から(B)の金額を差し引いた金額となります。

給与等の収入金額(A)		給与所得控除額(B)
	162万5,000円以下	55万円
162万5,000円超	180万円以下	(A) × 40% − 10万円
180万円超	360万円以下	(A) × 30% ＋ 8万円
360万円超	660万円以下	(A) × 20% ＋ 44万円
660万円超	850万円以下	(A) × 10% ＋ 110万円
850万円超		195万円（上限）

(注) 給与等の収入金額が660万円未満の場合には、所得税法別表第五（年末調整等のための給与所得控除後の給与等の金額の表）により給与所得の金額を求めます。

3　所得税、個人住民税の税率

①　所得税

課税される所得金額に適用される税率は、課税所得金額が195万円まで最低税率の５％が適用され、最高45％までの累進税率が採用されています。

例えば、年額給与が420万円であっても給与所得控除後の給与等の金額は292万円で、基礎控除額48万円、社会保険料控除額を59.7万円と仮定して控除した金額は1,843,000円となり、適用される税率は５％に止まります。

なお、そこで計算された所得税額には2.1％の復興特別所得税が加算されます。

②　個人住民税

個人住民税の均等割額の標準税率は、5,000円（市民税3,500円、県民税1,500円）と、所得割額の標準税率10％（市民税６％、県民税４％）の単一税率となっています。

4　社会保険、保険料率

社会保険の加入については、適用事業所に使用されている者で、適用除外とされる者を除いて被保険者となり、標準報酬月額の枠に当てはめた本人負担分保険料を支払います。

全国健康保険協会管掌の健康保険料の保険料率は、介護保険第２号被保険者に該当しない場合は、標準報酬月額に9.81％、同保険者に該当する場合は、同11.6％（いずれも埼玉県（令和２年３月分から）の場合）を乗じた額を雇用者と折半した額となります。

また、厚生年金保険料は、標準報酬月額に18.3％（令和２年９月分から、厚生年金基金に加入している方は免除保険料率が控除されるほか、加入する基金により異なる場合があります。）を雇用者と折半した額となります。

5　給与収入と所得税、市県民税、社会保険料、手取り額

モデルを給与収入103万円から200万円までの６段階に区分しシミュレーションしますと、所得税は、年額給与1,059,999円で1,400円の所得税が発生し、年額給与2,000,000円で28,200円となります。

また、市県民税は、年額給与1,000,001円から7,500円が課税され、年額給与2,000,000円で62,700円となります。

社会保険料は、年額給与1,299,999円で185,532円が発生し、年額給与2,000,000円で286,728円となります。

6　手取り額

パートタイマーにより働いて得られる給与収入の額により、年額給与が1,030,000円で給与収入額に対する手取り額の割合は99％、同1,299,999円で社会保険加入により健康保険料と厚生年金保険料の合計で概ね給与収入の14％の保険料負担が発生し、手取り額の割合は84％、年額給与2,000,000円で81％となりますが、適用される所得税の税率が

５％（社会保険料を負担している者は年額給与500万円弱）までは給与収入は概ね80％程度の手取り額を確保することができます。

7－20表　配偶者の給与収入と手取り額（介護２号に該当しない）（単位：円）

	給与所得の計算				所得控除額		
	月額平均	年　額	給与所得控除額	給与所得額	保険料控除	基礎控除	計
A	85,800	1,030,000	550,000	480,000	0	480,000	480,000
B	88,300	1,059,999	550,000	509,999	0	480,000	480,000
C	108,300	1,299,999	550,000	749,999	185,532	480,000	665,532
D	125,000	1,500,000	550,000	950,000	212,508	480,000	692,508
E	145,000	1,740,000	596,000	1,144,000	239,496	480,000	719,496
F	166,600	2,000,000	680,000	1,320,000	286,728	480,000	766,728

	所得税等		個人住民税（令和３年）			手　取　り	
	課税所得金　額	所得税額　等	課税標準額	市民税額	県民税額	金　　額	割合
A	0	0	50,000	5,000	2,500	1,022,500	99.3％
B	29,000	1,400	79,000	6,700	3,600	1,048,299	98.9％
C	84,000	4,200	134,000	10,000	5,800	1,094,467	84.2％
D	257,000	13,100	307,000	20,400	12,700	1,241,292	82.8％
E	424,000	21,600	474,000	30,400	19,400	1,429,104	82.1％
F	553,000	28,200	603,000	38,100	24,600	1,622,372	81.1％

7　社会保険の加入

社会保険に加入することにより社会保険料の負担が発生し手取り額は減少しますが、社会保険料の半分を事業者が負担しますし、在職中の給与の額に基づいて計算される「報酬比例」の厚生年金を受け取ることができるなどのメリットもあり、働き方については長期的視点に立って考えていただくことも大切と考えます。

7－21　配偶者と長男がアルバイト等で働いている場合は

Q

妻がパートタイマーで働いて得た１年間の給与収入は103万円ですが、大学生である長男がアルバイトをしており年間60万円の給与収入を得ています。

妻を控除対象配偶者、長男を扶養親族としていますが、私の所得税等には影響しませんか。

Answer

パートタイマーやアルバイトをしている者が、家庭内で複数人いる場合であっても、控除対象配偶者や控除対象扶養親族に該当するかは、各人別に判定されますので、それぞれの得た給与収入が年間で103万円以下であれば、扶養者の所得税に影響することはありません。

1　所得税、個人住民税

所得税及び個人住民税の配偶者控除や扶養控除は、生計を一にする親族で、かつ、年間合計所得金額が48万円以下である者と定められていますので、その扶養親族等の年間給与収入がそれぞれ103万円以下であれば、扶養親族等一人ひとりの所得控除が認められていますので、扶養している主たる所得者の所得税、個人住民税に影響することはありません。

2　配偶者の税金

配偶者の税金についても、１年間の給与収入が103万円の場合は、給与所得控除後の給与所得金額が48万円となり、所得税では48万円の基礎控除がありますので、他に所得がない限り所得税は課税されません。

しかし、個人住民税は、前年の課税標準額を基準として課税され、扶養親族等を有しない者の均等割の非課税限度額は、課税所得が35万円＋10万円（35万円は、住所地の条例により31.5万円、28万円と異なる定めがあります。）と、また、所得割の非課税限度額も同35万円＋10万円と定められています。また、基礎控除額は43万円で所得税の同控除額48万円と５万円の差がありそのため所得税が課税されない場合であっても、個人住民税が課税（一部の未成年者等を除きます。）されます（７－13参照）。

3　社会保険・国民健康保険

社会保険における扶養の要件は、被保険者でない扶養者の年収が130万円未満であることとされており、おたずねの場合は奥さまや長男の年間給与収入が103万円以下であることから、ご主人の社会保険の被扶養者の認定に影響することはありません。

なお、ご主人が国民健康保険の被保険者である場合は、世帯を単位として所得割が算定されるため、配偶者等の給与収入が少なくても同保険料に影響を与える場合があります。

7－22　配偶者の給与収入が年103万円を超え200万円までの場合の主たる納税者への影響は

Q

子供が少し大きくなりましたので、妻にパートタイマーとして働いていただこうと思っていますが、１年間に働いて得た給与収入により、夫である私の所得税等にどのような影響があるか教えてください。

Answer

配偶者が働いて得た１年間の給与収入の額により、本人が納めるべき所得税や個人住民税のほか社会保険料等も異なってきます。また、配偶者の扶養者である主たる納税者の配偶者控除等の所得控除にも影響を与え、結果として、ご主人の所得税等の納付額にも影響を与えます。

1　配偶者控除、配偶者特別控除

所得税及び個人住民税の配偶者控除の適用要件は、扶養者と生計を一にする親族で、かつ、年間の合計所得金額が48万円以下である者と定められていますので、その配偶者の１年間の給与収入が103万円を超える場合には所得税38万円（最高）、個人住民税33万円（最高）（令和２年度は一律33万円）の配偶者控除を受けることができません（１－20参照）。

しかし、給与収入が103万円を超えた場合であっても、配偶者控除と同額の38万円（最高）の配偶者特別控除が給与収入150万円まで適用され、その額を更に超えた場合でも控除額は減額されますが201.6万円未満まで適用できます（１－21参照）。

2　配偶者の給与モデルと家族モデル

配偶者の１年間の給与収入について103万円から200万円までの６モデルと、主たる納税者の家族モデルを、７－23表の「家族モデル」の欄の「給与収入360万円　25歳夫婦子供年少」を「モデル１（25歳360)」とし、以下同様に４モデルを準備し、配偶者の給与収入と主たる納税者の所得税等への影響額を計算しました。

3　主たる納税者への影響額

主たる納税者において、配偶者の給与収入が103万円では、配偶者控除38万円が、同収入が103万円を超えても150万円までは、配偶者控除と同額の配偶者特別控除38万円を受けることができ、その結果、配偶者の給与収入150万円で少額（1,000円ないし2,000円）の課税が発生するものの概ね配偶者の給与収入150万円までは、配偶者がパートタイマー等で働くことによる追加の所得税等が発生しないと計算されます。

配偶者の給与収入が174万円では、配偶者特別控除額が17万円減少するため、モデル１からモデル３で8,600円又は8,700円、モデル４では34,700円の所得税等が、また、個人住民税では、配偶者特別控除額が22万円減少するため、モデル１及び２で19,500円、モデル３で25,100円、モデル４で22,000円が、所得税等及び個人住民税の合計では、モデル１から３で30,600円ないし30,700円が、モデル４で56,700円の負担が発生しています。

更に、配偶者の給与収入が200万円では、所得税で35万円、個人住民税で33万円の配偶者特別控除額が減少するため、モデル１から３で17,800円から20,700円の所得税等が、また、個人住民税では、調整控除額を除き、すべてのモデルで33,000円が、所得税等及び個人住民税の合計では、モデル１から３で50,800円ないし53,700円が、モデル４で104,500円の負担が発生しています。

4　壁の解消

配偶者の給与収入が150万円までは主たる納税者の所得税等の負担がほぼ発生しないほか、その額を超えても急激な所得税等の負担は発生しない計算となっており、103万円の壁といわれた、配偶者の給与収入が103万円を超えることにより、主たる納税者の所得税等の負担額が急激に増加し、家族全体の手取り額が少なくなってしまうという現象は解消されています。

5　影響額の概算計算

配偶者の給与収入等が増加することによる主たる納税者の所得税等への影響額については、その減少する控除額に、その主たる納税者の課税される所得金額に適用される税率（195万円以下は５％、195万円超330万円以下10％、330万円超695万円以下は20％）を乗じた金額で概算値が計算できます。例えば、配偶者の給与収入174万円-モデル１では所得控除影響額170,000円に適用される税率５％を乗じますと8,500円となり、７－22表の8,600円と近似値となります。

また、個人住民税では減額となる控除額に10％を乗じていただければ、概算値が計算できます。例えば、配偶者の給与収入174万円-モデル１では所得控除影響額220,000円に適用される税率10％を乗じますと22,000円となり、７－22表の22,000円と同額となります。

7 −22表　配偶者の給与収入と所得税等及び手取り額と主たる納税者への影響

単位：円

			A	B	C	D	E	F
配偶者に関する事項		月額平均給与	85,800	88,300	108,300	125,000	145,000	166,600
		1年間の給与収入	1,030,000	1,059,999	1,299,999	1,500,000	1,740,000	2,000,000
		給与所得控除	550,000	550,000	550,000	550,000	596,000	680,000
		給与所得	480,000	509,999	749,999	950,000	1,144,000	1,320,000
		社会保険料控除	0	0	185,532	212,508	239,496	286,728
		基礎控除	480,000	480,000	480,000	480,000	480,000	480,000
		所得控除計	480,000	480,000	665,532	692,508	719,496	766,728
		課税所得金額	0	29,999	84,467	257,492	424,504	553,272
		所得税額等	0	1,400	4,200	13,100	21,600	28,200
		市民税額	5,000	6,700	10,000	20,400	30,400	38,100
		県民税額	2,500	3,600	5,800	12,700	19,400	24,600
		手取り額	1,022,500	1,048,299	1,094,467	1,241,292	1,429,104	1,622,372
		手取り額の割合	99%	99%	84%	83%	82%	81%
主たる納税者に関する事項	所得税	配偶者控除	380,000	0	0	0	0	0
		配偶者特別控除	−	380,000	380,000	380,000	210,000	30,000
		所得控除影響額	0	0	0	0	170,000	350,000
		モデル1（25歳360）	0	0	0	0	5.05% 8,600	5.08% 17,800
		モデル2（35歳450）	0	0	0	0	5.11% 8,700	5.91% 20,700
		モデル3（45歳600）	0	0	0	0	5.11% 8,700	5.11% 17,900
		モデル4（55歳840）	0	0	0	0	20.41% 34,700	20.42% 71,500
	個人住民税	配偶者控除	330,000	0	0	0	0	0
		配偶者特別控除	−	330,000	330,000	310,000	110,000	0
		所得控除影響額	0	0	0	20,000	220,000	330,000
		モデル1（25歳360）	0	0	0	5％ 1,000	10% 外−2500 22,000	10% 外1000 33,000
		モデル2（35歳450）	0	0	0	5％ 1,000	10% 外−2500 22,000	10% 外2500 33,000
		モデル3（45歳600）	0	0	0	5％ 1,000	9.98% 外＋3150 21,950	9.98% 外1210 33,000
		モデル4（55歳840）	0	0	0	10% 2,000	10% 22,000	10% 33,000

凡例：モデル１（25歳360）は、主たる納税者の年令25歳、１年間の給与収入360万円を示します。

(注)　・モデル１からモデル４の欄の数値は、主たる納税者が配偶者控除の適用を受けたときとの税額と、配偶者の給与収入により配偶者控除等の一部ないし全額を受けられなくなったときの増加する税額を示します。

・各モデル欄の左上数値は、各所得控除影響額に対する主たる納税者の増加する税額の割合を示します。

・個人住民税の欄のモデル１～３のＥ・Ｆ欄の外書き数値は、調整控除の差額を示します。

7－23　配偶者の給与収入が増加した場合の主たる納税者への影響（家族手当・所得税等）は

Q

私は、妻を控除対象配偶者として申告するとともに勤務先から国家公務員の扶養手当の支給要件のもとで月10,000円の家族手当を受けていますが、妻が１年間に働いて得た給与収入により、夫である私が受ける家族手当や所得税等にどのような影響があるか教えてください。

Answer

家族手当の支給においては、被支給対象者の収入による制限を設けている会社が多く、そのため配偶者が働いて得た１年間の給与収入の額により、配偶者の扶養者である主たる納税者の家族手当の支給要件を満たさなくなるほか、配偶者控除等の所得控除にも影響を与え、結果として、ご主人の給与収入や所得税等の納付額にも影響を与えます。

1　家族手当

家庭を持つ社員は、ひとり世帯と比べて生活や養育などに多くの金銭的負担がかかるため、そういった社員の負担を軽減し、安心して働き続けてもらうために家族手当を支給している会社は、人事院が最近行った民間給与の実態調査でも78％に上り、そのうち81.2％が配偶者を対象として支給し、更にその85.5％が配偶者の収入制限を設けているとされています。

公務員における家族手当の支給要件は、「年額130万円以上の恒常的な所得（収入）があると見込まれる者は含まない」とされています。

そのため、配偶者が働いて得た１年間の給与収入が130万円以上となった場合は、その者の家族手当が支給されないことになり、家族手当に相当する額の給与収入が少なくなります。

2　主たる納税者の家族モデルと配偶者の給与モデル

7－23表の「家族モデル」及び「配偶者モデル」欄のとおり、主たる納税者の家族4モデルと配偶者の1年間の給与収入の3モデルを準備し、配偶者の給与収入の増加による主たる納税者の給与収入や所得税等への影響額を計算しました。

3　主たる納税者の所得税計算への影響

主たる納税者の所得税等への影響額については、配偶者の給与収入の増加に伴い配偶者控除又は配偶者特別控除不適用により所得税等や個人住民税が増加することと、家族手当不受給による給与収入の減少という二つの影響を受けます。

家族手当の減少等による給与収入の減少では、家族手当相当額の給与収入そのものの減少と、その減少に伴う社会保険料と所得税や個人住民税が減少するという家族手当の減少額を縮減する二つの影響があります。

4　主たる納税者への影響額

配偶者の給与収入が家族手当の支給要件を満たさなくなることに伴い家族手当12万円の給与収入が減少しますが、給与収入が減少することにより、給与所得控除も減少（給与収入360万円モデルで36,000円、給与収入450万円と同600万円で24,000円、給与収入840万円で12,000円）します。また、社会保険料控除が概ね15％と配偶者控除又は配偶者特別控除が減少することにより、課税所得増加額は、配偶者の年間給与収入174万円では、給与収入360万円モデルで102,000円、以下7－23表のとおり、給与収入400万円モデル及び600万円モデルでは90,000円、給与収入840万円モデルでは78,000円となり、所得税等と個人住民税の所得控除の減少額を計算した後の手取り額と配偶者控除適用及び家族手当受給時の手取り額との差額は、給与収入360万円モデルで121,100円、以下119,300円、120,900円、131,900円となります。

5　影響額の概算計算

配偶者の給与収入が103万円を超えることにより家族手当の支給要件を満たさなくなった場合の、主たる納税者の手取り額への影響は７－23表のとおり、配偶者の給与収入174万円での手取り額の減少額と家族手当（12万円）の額との割合は、給与収入360万円モデルで100.9％となり、給与収入840万円モデルでは109.9％にその割合は増加するものの、概算値の計算においては、ほぼ同額とすることができると考えます。

配偶者の給与収入200万円での手取り額の減少額と家族手当の額との割合は、給与収入360万円モデルで120.6％となり、給与収入840万円モデルでは149.7％に増加しますが、この手取り額の減少は、主に配偶者控除38万円と配偶者特別控除３万円との差額35万円の所得控除が減少することによるものであり、同120.6％と145.9％との開差は主たる納税者の課税される所得金額に適用する税率が高くなる（給与収入360万円モデルでは５％であるものの、給与収入840万円モデルでは20％と15％の開差があります。）ことによるものです。

この点については７－22を参照してください。

7 −23表 「配偶者控除等適用及び家族手当受給時」と「配偶者控除等一部不適用及び家族手当の返還時」の扶養者の手取り額への影響

単位：円

家族モデル	給与収入360万円 25歳夫婦子供年少 適用税率５％			給与収入450万円 35歳夫婦子供年少 適用税率５％		
配偶者モデル	配偶者控除適用と家族手当受給	配偶者特別控除21万円適用、家族手当なし	配偶者特別控除３万円適用、家族手当なし	配偶者控除適用と家族手当受給	配偶者特別控除21万円適用、家族手当なし	配偶者特別控除３万円適用、家族手当なし
配偶者の給与収入	1,030,000	1,740,000	2,000,000	1,030,000	1,740,000	2,000,000
扶養者の給与収入	3,600,000	3,480,000	3,480,000	4,500,000	4,380,000	4,380,000
うち家族手当	120,000	0	0	120,000	0	0
給与所得控除	1,160,000	1,124,000	1,124,000	1,340,000	1,316,000	1,316,000
給与所得	2,440,000	2,356,000	2,356,000	3,160,000	3,064,000	3,064,000
社会保険料控除	516,000	499,200	499,200	645,000	628,200	628,200
配偶者控除	380,000	0	0	380,000	0	0
配偶者特別控除	0	210,000	30,000	0	210,000	30,000
扶養控除	0	0	0	0	0	0
基礎控除	480,000	480,000	480,000	480,000	480,000	480,000
所得控除額	1,376,000	1,189,200	1,009,200	1,505,000	1,318,200	1,138,200
課税所得金額	1,064,000	1,166,000	1,346,000	1,655,000	1,745,000	1,925,000
課税所得増加額	0	102,000	282,000	0	90,000	270,000
（適用税率）	５％	５％	５％	５％	５％	５％
所得税額等	54,300	59,500	68,700	84,400	89,000	98,200
個人住民税額	116,300	129,000	143,500	175,500	187,000	201,700
手取り額	2,913,400	2,792,300	2,768,600	3,595,100	3,475,800	3,451,900
配偶者控除適用、家族手当受給時手取り額との差額	0	−121,100	−144,800	0	−119,300	−143,200
家族手当の額との割合	—	100.9％	120.6％	—	99.4％	119.3％

㈱ 「個人住民税額」の欄は令和３年度の税額を示しています。

給与収入600万円 45歳夫婦扶養２人（うち１人特別扶養） 適用税率５％			給与収入840万円 55歳夫婦扶養２人（うち１人特別扶養） 適用税率20％		
配偶者控除適用と家族手当受給	配偶者特別控除21万円適用、家族手当なし	配偶者特別控除３万円適用、家族手当なし	配偶者控除適用と家族手当受給	配偶者特別控除21万円適用、家族手当なし	配偶者特別控除３万円適用、家族手当なし
1,030,000	1,740,000	2,000,000	1,030,000	1,740,000	2,000,000
6,000,000	5,880,000	5,880,000	8,400,000	8,280,000	8,280,000
120,000	0	0	120,000	0	0
1,640,000	1,616,000	1,616,000	1,940,000	1,928,000	1,928,000
4,360,000	4,264,000	4,264,000	6,460,000	6,352,000	6,352,000
927,000	910,200	910,200	1,274,000	1,257,200	1,257,200
380,000	0	0	380,000	0	0
0	210,000	30,000	0	210,000	30,000
1,010,000	1,010,000	1,010,000	1,010,000	1,010,000	1,010,000
480,000	480,000	480,000	480,000	480,000	480,000
2,797,000	2,610,200	2,430,200	3,144,000	2,957,200	2,777,200
1,563,000	1,653,000	1,833,000	3,316,000	3,394,000	3,574,000
0	90,000	280,000	0	280,000	258,000
５％	５％	５％	20％	20％	20％
79,700	84,300	93,500	240,600	256,500	293,300
177,700	190,800	210,800	367,000	379,800	390,800
4,815,600	4,694,700	4,665,500	6,518,400	6,386,500	6,338,700
0	－120,900	－150,100	0	－131,900	－179,700
—	100.7％	125.0％	—	109.9％	149.7％

7－24　配偶者のパート収入と家庭全体の収入は

Q

妻にパートタイマーとして働いてもらった場合、私と妻の収入を合せた家庭全体の手取り額はどのようになるかを教えてください。

Answer

配偶者が給与収入を得た場合には、家庭において主たる納税者に加え配偶者の収入が加わることから収入は増加しますが、配偶者の給与収入がそのまま増加するわけではありません。

配偶者については、給与支給額から所得税の源泉徴収税額や社会保険料等が控除された残りの金額が支給されることとなります。また、主たる納税者においても配偶者の給与収入額により配偶者控除等の控除額に変動を与え、納付すべき所得税や個人住民税が増加することで手取り額が少なくなることが考えられます。

また、家族手当の支給には、その対象となる被扶養者の収入要件が設けられている場合が多く、その要件を満たさない場合は主たる納税者の給与収入そのものに影響することになります。

したがって、家庭全体の手取り額は、配偶者の給与収入や働き方、主たる納税者の給与収入や家族構成によって異なります。

1　主たる納税者の家族モデルと配偶者の給与モデル

7－24表の「家族モデル」及び「配偶者モデル」欄のとおり、主たる納税者の家族4モデルと配偶者の1年間の給与収入の3モデルを準備し、配偶者の給与収入の増加が家族全体の手取り額にどのように影響するかを計算しました。

2　配偶者の手取り額とその割合

配偶者がパートタイマーとして働いて得られる給与収入103万円では7,500円の個人住民税が発生し、手取り額は1,022,500円で、その給与収入に対する割合は99.2％、給与収入1,299,999円では、社会保険料と所得税、個人住民税が発生し、手取り額は1,094,467円で同割合は84.2％となり、以下給与収入174万円で同割合は82.1％、給与収入200万円で同割合は81.1％となっています（７－20表参照）。

3　主たる納税者の手取り額とその割合

一方、主たる納税者の手取り額は、当人の給与収入や家族手当の額、配偶者控除や扶養家族の人数等により異なりますが、給与収入360万円モデル－配偶者の給与収入103万円時の手取り額は2,913,400円で、その給与収入額に対する割合は80.9％となり、同モデル内の配偶者の給与収入174万円で同割合は80.2％、同200万円で同割合は79.5％に、また、配偶者の給与収入103万円をベースに同450万円モデルで同割合は79.8％、同600万円モデルで同割合は80.2％、同840万円モデルで同割合は77.6％となっています。

家族モデル内では、配偶者の給与収入が増加するにしたがって主たる納税者の手取り額の割合もやや減少しますが、各家族モデル間では、主たる納税者の所得税の課税される所得金額に適用する税率が高くなるにつれてその割合も減少します（７－23参照）。

4　家庭全体の手取り額とその割合

家庭全体の給与収入（主たる納税者と配偶者の給与収入の合計額）に対する家庭全体の手取り額の割合は、配偶者の給与収入103万円-給与収入360万円モデルでは85.0％と、同主たる納税者の給与収入に係る手取り額の割合80.9％よりその割合はやや高まり、他の家族モデルでも同様となっています。しかし、配偶者の給与収入174万円-給与収入

360万円では家庭全体の手取り額の割合が80.8%と同主たる納税者の手取り額の割合80.2%とほぼ同じ割合となっており、他の家庭モデルでも、また、配偶者の給与収入200万円の各家庭モデルもほぼ同じ割合となっています。

5　影響額の概算計算

家庭全体の給与収入に対する家庭全体の手取り額の割合は、配偶者の給与収入103万円までは、主たる納税者の給与収入の階層により80%から85%、配偶者の給与収入174万円又は200万円では、主たる納税者の給与収入の階層により78%から80%となっています。

したがって、家庭全体の手取り額は、主たる納税者の給与収入と配偶者の給与収入の額により７－24表に当てはめ、家庭全体の給与収入に「家庭全体の給与収入に係る手取り額」の該当する数値を乗じていただければ、概算数値が計算できます。

第７章　パートタイマーなどで働く前に知っておきたい基礎知識

7－24表　配偶者のパート収入と家庭全体の手取り額（家族手当の受給に影響）

単位：円

家族モデル		給与収入360万円 25歳夫婦子供年少 適用税率５％			給与収入450万円 35歳夫婦子供年少 適用税率５％		
配偶者モデル		配偶者控除適用と家族手当受給	配偶者特別控除21万円適用、家族手当なし	配偶者特別控除３万円適用、家族手当なし	配偶者控除適用と家族手当受給	配偶者特別控除21万円適用、家族手当なし	配偶者特別控除３万円適用、家族手当なし
配偶者に関する事項	配偶者に給与収入	1,030,000	1,740,000	2,000,000	1,030,000	1,740,000	2,000,000
	給与所得	480,000	1,144,000	1,320,000	480,000	1,144,000	1,320,000
	社会保険料控除	0	239,496	286,728	0	239,496	286,728
	課税所得額	0	424,000	553,000	0	424,000	553,000
	所得税額等	0	21,600	28,200	0	21,600	28,200
	個人住民税額	7,500	49,800	62,700	7,500	49,800	62,700
	手取り額	1,022,500	1,429,104	1,622,372	1,022,500	1,429,104	1,622,372
	給与収入に係る手取り額の割合	99.2%	82.1%	81.1%	99.2%	82.1%	81.1%
主たる納税者に関する事項	給与収入	3,600,000	3,480,000	3,480,000	4,500,000	4,380,000	4,380,000
	うち家族手当	120,000	0	0	120,000	0	0
	給与所得	2,440,000	2,356,000	2,356,000	3,160,000	3,064,000	3,064,000
	社会保険料控除	516,000	499,200	499,200	645,000	628,200	628,200
	配偶者控除	380,000	0	0	380,000	0	0
	配偶者特別控除	0	210,000	30,000	0	210,000	30,000
	課税所得金額	1,064,000	1,166,000	1,346,000	1,655,000	1,745,000	1,925,000
	所得税額等	54,300	59,500	68,700	84,400	89,000	98,200
	個人住民税額	116,300	129,000	143,500	175,500	187,000	201,700
	手取り額	2,913,400	2,792,300	2,768,600	3,595,100	3,475,800	3,451,900
	給与収入に係る手取り額の割合	80.9%	80.2%	79.5%	79.8%	79.3%	78.8%
家族全体の手取り額		3,935,900	4,221,404	4,390,972	4,617,600	4,904,904	5,074,272
家庭全体の給与収入に係る手取り額の割合		85.0%	80.8%	80.1%	83.5%	80.1%	79.5%
配偶者103万円収入時と家族全体の手取り額の増加額		—	285,504	455,072	—	287,304	456,672
配偶者の負担額と主たる納税者の家族手当減少額等及び負担増加額の合計（注１）		—	424,496	514,928	—	422,696	513,328

(注)１　負担額とは社会保険料、所得税等、個人住民税の合計額を、また、増加額とは、配偶者

２「配偶者に関する事項」の各欄の数値は表形式を整えるため各家族モデルとも同じ数値を

３「個人住民税額」の欄は令和３年度の税額を示しています。

給与収入600万円 45歳夫婦扶養２人うち１人特別扶養 適用税率５％と10％			給与収入840万円 55歳夫婦扶養２人うち１人特別扶養 適用税率20％		
配偶者控除適用と家族手当受給	配偶者特別控除21万円適用、家族手当なし	配偶者特別控除３万円適用、家族手当なし	配偶者控除適用と家族手当受給	配偶者特別控除21万円適用、家族手当なし	配偶者特別控除３万円適用、家族手当なし
1,030,000	1,740,000	2,000,000	1,030,000	1,740,000	2,000,000
480,000	1,144,000	1,320,000	480,000	1,144,000	1,320,000
0	239,496	286,728	0	239,496	286,728
0	424,000	553,000	0	424,000	553,000
0	21,600	28,200	0	21,600	28,200
7,500	49,800	62,700	7,500	49,800	62,700
1,022,500	1,429,104	1,622,372	1,022,500	1,429,104	1,622,372
99.2%	82.1%	81.1%	99.2%	82.1%	81.1%
6,000,000	5,880,000	5,880,000	8,400,000	8,280,000	8,280,000
120,000	0	0	120,000	0	0
4,360,000	4,264,000	4,264,000	6,460,000	6,352,000	6,352,000
927,000	910,200	910,200	1,274,000	1,257,200	1,257,200
380,000	0	0	380,000	0	0
0	210,000	30,000	0	210,000	30,000
1,563,000	1,653,000	1,833,000	3,316,000	3,394,000	3,574,000
79,700	84,300	93,500	240,600	256,500	293,300
177,700	190,800	210,800	367,000	379,800	390,800
4,815,600	4,694,700	4,665,500	6,518,400	6,386,500	6,338,700
80.2%	79.8%	79.3%	77.6%	77.1%	76.5%
5,838,100	6,123,804	6,287,872	7,540,900	7,815,604	7,961,072
83.0%	80.3%	79.8%	79.9%	78.0%	77.4%
—	285,704	449,772	—	274,704	420,172
—	424,296	520,228	—	435,296	549,828

が働くことにより増加する所得税等及び個人住民税の額をいう。
掲げています。

7－25　大学生の長男の給与収入が年103万円を超えた場合の扶養者への影響は（その1：家族手当に影響しない場合）

Q

私は、大学生の長男を特定扶養親族として扶養控除等申告書を提出し、年末調整を受けていましたが、長男がアルバイトで働いて得た1年間の給与収入が108万円となってしまいました。

扶養者である私の所得税等には、どのような影響があるか教えてください。

なお、長男についても家族手当を受けていますが、その支給要件は、国家公務員の扶養手当の支給要件に準じています。

Answer

長男の給与収入が扶養控除の「年間合計所得金額が48万円以下である者」の要件を満たしませんので特定扶養控除63万円の控除を受けることができません。年末調整の再調整をし、不足する源泉徴収税額を支払っていただく必要があり、同様に個人住民税も増加します。

したがって、特定扶養控除が不適用となることに伴う所得税等や個人住民税の増加により手取り額も減少しますが、その計算は以下のとおりです。

1　特定扶養控除

所得税、個人住民税の扶養控除は、生計を一にする親族で、かつ、年間の合計所得金額が48万円以下である者と定められていますので、特定扶養親族となっている長男の1年間の給与収入が103万円を超える場合には、所得税で63万円、個人住民税で45万円の特定扶養控除を受けることができません。

2　主たる納税者の家族モデル

主たる納税者の家族モデルを、７－25表のとおり、給与収入600万円モデル　45歳夫婦・扶養２人（うち特定扶養１人）（以下、「モデル１」という。）と、給与収入840万円モデル　55歳夫婦・扶養２人（うち特定扶養１人）（以下、「モデル２」という。）の二つのモデルを準備し、特定扶養控除の適用がある場合と同控除不適用の場合の主たる納税者の所得税等への影響額を計算しました。

3　主たる納税者への影響額

その結果、所得税等の負担額の差額は、７－25表のとおりモデル１で44,600円（減額となる所得控除との比率7.0％）が、モデル２で128,600円（同20.4％）と計算されます。

また、同様に個人住民税では、モデル１で59,000円となりますが調整控除額の差14,000円を引きますと45,000円（減額となる特定扶養控除45万円との比率10％）が、モデル２でも45,000円（同10％）と計算されます。

所得税等と個人住民税の合計では、モデル１が103,600円（減額となる特定扶養控除（63万円）との比率は16.4％）で、モデル２では173,600円（同27.5％）と計算されます。

4　影響額の概算計算

７－25－２表のとおり７－25－２表の⑨44,566円の所得税等においては、その減額となる控除額に、その扶養者の課税される所得金額に適用される税率を乗じた金額、モデル１では63万円の内、税率５％に相当する387,000円と税率10％に相当する243,000円に各税率を乗じた19,350円と24,300円の合計額43,650円と計算され、モデル１の44,600円と、また、モデル２では63万円に20％の税率を乗じた126,000円と計算され、モデル２の128,600円とほぼ同額となります。

したがって、所得税においては、減額となる控除額に、その扶養者の課税される所得金額に適用される税率（195万円以下は５％、195万円超330万円以下10％、330万円超695万円以下は20％）を乗じていただければ、概算値が計算できます。

個人住民税については、一定税率であり、減額となる控除額45万円に10％の税率を乗じた45,000円と計算され、モデル１では調整控除額の差を除くと45,000円、モデル２でも45,000円と同額となります。したがって、個人住民税では減額となる控除額に10％を乗じていただければ、概算値が計算できます。

5　家族手当

国家公務員の扶養手当の支給対象となる扶養親族の範囲は、年額130万円以上の恒常的な所得があると見込まれる者を含まないとしていますので、家族手当には影響しません。

７－25表　勤労学生の給与収入と主たる納税者への影響

単位：円

区分	税目	モデル 勤労学生の給与収入	A 給与収入96万円	B 給与収入108万円
勤労学生に関する事項	所得税	月額平均給与	85,000	90,000
勤労学生に関する事項	所得税	１年間の給与収入	960,000	1,080,000
勤労学生に関する事項	所得税	給与所得控除額	550,000	550,000
勤労学生に関する事項	所得税	給与所得額	410,000	530,000
勤労学生に関する事項	所得税	勤労学生控除	270,000	270,000
勤労学生に関する事項	所得税	基礎控除	480,000	480,000
勤労学生に関する事項	所得税	課税所得金額	0	0
勤労学生に関する事項	所得税	所得税額等	0	0
勤労学生に関する事項	個人住民税	勤労学生控除	260,000	260,000
勤労学生に関する事項	個人住民税	基礎控除	330,000	330,000
勤労学生に関する事項	個人住民税	市民税額・県民税	0	0
勤労学生に関する事項	個人住民税	手取り額	960,000	1,080,000

区分	税目	家族モデル	45歳夫婦扶養２人うち１人特定扶養給与収入600万円適用税率５％と10％	55歳夫婦扶養２人うち１人特定扶養給与収入840万円適用税率20％	モデル１ 45歳夫婦扶養２人が１人に給与収入600万円適用税率５％と10％	モデル２ 55歳夫婦扶養２人が１人に給与収入840万円適用税率20％
主たる納税者に関する事項	所得税等	勤労学生分扶養控除	630,000	630,000	0	0
主たる納税者に関する事項	所得税等	勤労学生の特定扶養控除が不適用となったときの増加する所得税等	0	0	（7.0％） 44,600	（20.4％） 128,600
主たる納税者に関する事項	個人住民税	勤労学生分扶養控除	450,000	450,000	0	0
主たる納税者に関する事項	個人住民税	勤労学生の特定扶養控除が不適用となったときの増加する県市民税	0	0	（10％） 外14,000 45,000	（10％） 45,000
主たる納税者に関する事項	所得税等増加額		0	0	103,600	173,600

㈱１　勤労学生の給与収入が103万円を超えたために扶養控除が適用できなくなった場合に、主たる納税者の納付すべき税額の増加額は、勤労学生の給与収入が増えても変動しません。

２　個人住民税の欄は令和３年度の税額を示しています。

7 −25− 2表　影響額の概算計算参考計表

単位：円

<table>
<tr><td colspan="3">家族モデル</td><td>モデル１
45歳夫婦扶養
２人が１人に
収 入600万 円
適用税率５％
と10％</td><td>モデル２
55歳夫婦扶養
２人が１人に
収 入840万 円
適用税率20％</td></tr>
<tr><td rowspan="11">所得税等</td><td>特定扶養控除不適用による課税所得増加額</td><td>①</td><td>630,000</td><td>630,000</td></tr>
<tr><td>特定扶養控除不適用時の課税される所得金額</td><td>②</td><td>2,193,000</td><td>3,946,000</td></tr>
<tr><td>①のうち５％の税率が適用される金額（①−④）</td><td>③</td><td>387,000</td><td></td></tr>
<tr><td>①のうち10％の税率が適用される金額（②−1,950,000）</td><td>④</td><td>243,000</td><td></td></tr>
<tr><td>①のうち20％の税率が適用される金額</td><td>⑤</td><td></td><td>630,000</td></tr>
<tr><td>③に対する所得税（③×５％）</td><td>⑤</td><td>19,350</td><td></td></tr>
<tr><td>④に対する所得税（④×10％）</td><td>⑥</td><td>24,300</td><td></td></tr>
<tr><td>⑤に対する所得税（⑤×20％）</td><td>⑦</td><td></td><td>126,000</td></tr>
<tr><td>復興特別税（(⑤+⑥）×0.021又は⑦×0.021）</td><td>⑧</td><td>916</td><td>2,646</td></tr>
<tr><td>所得税等（⑤＋⑥+⑦+⑧）</td><td>⑨</td><td>44,566</td><td>128,646</td></tr>
<tr><td>課税所得金額に対する所得税等の割合（⑨/①）</td><td>⑩</td><td>7.1％</td><td>20.4％</td></tr>
<tr><td rowspan="2">個人住民税</td><td>課税標準増加額</td><td>⑪</td><td>450,000</td><td>450,000</td></tr>
<tr><td>⑪に対する県市民税（⑪×10％）</td><td>⑫</td><td>外14,000
45,000</td><td>45,000</td></tr>
<tr><td colspan="2">主たる納税者の手取り減少額（０−⑨−⑫）</td><td>⑬</td><td>−103,566</td><td>−173,646</td></tr>
</table>

㈲　個人住民税の欄は令和３年度の税額を示しています。

7 −26　大学生の長男の給与収入が年103万円を超えた場合の扶養者への影響は（その２：家族手当に影響する場合等）

Q

大学生の長男を特定扶養親族とし、また、家族手当月額15,000円を受けていましたが、長男が１年間のアルバイトで働いて得た給与収入が108万円となってしまいました。

既に年末調整が済んでおり、家族手当の支給要件は、所得税法上の扶養親族に限られています。

扶養者である私の給与の手取り額にどのような影響があるか教えてください。

Answer

長男の給与収入が扶養控除の「年間合計所得金額が48万円以下である者」の要件を満たしませんので特定扶養控除63万円の控除を受けることができません。また、支給を受けている家族手当の支給要件である所得税法上の扶養親族となりませんので返還を求められた場合は、給与収入も減少しますので、年末調整の再調整をし、不足する源泉徴収税額を支払っていただく必要があり、同様に個人住民税も増加します。

したがって、不受給となる家族手当の減少に加え、特定扶養控除が不適用となることに伴う所得税等や個人住民税の増加により手取り額も減少しますが、その計算は以下のとおりです。

1　特定扶養控除

所得税、個人住民税の扶養控除は、生計を一にする親族で、かつ、年間合計所得金額が48万円以下である者と定められていますので、その特定扶養親族となっている長男の１年間の給与収入が103万円を超える場合には、所得税で63万円、個人住民税で45万円の特定扶養控除を受けることができません。

2　家族手当

長男のアルバイト収入が108万円の場合は、１のとおり所得税法上の扶養親族とはなりません。そのため、所得税法の扶養親族を要件として支給されている18万円の家族手当については返還を求められると考えます。

3　主たる納税者の家族モデル

主たる納税者の家族モデルを、７－26表のとおり、給与収入600万円モデル　45歳夫婦・扶養２人（うち特定扶養１人）と、給与収入840万円モデル　55歳夫婦・扶養２人（うち特定扶養１人）の二つのモデルを準備し、特定扶養控除の適用・家族手当の支給がある場合と同控除不適用・同手当不受給の場合の主たる納税者の所得税等への影響額を計算しました。

4　主たる納税者の所得税計算等への影響

主たる納税者の所得税等への影響額については、特定扶養親族の給与収入の増加に伴い特定扶養控除不適用により所得税や個人住民税が増加することと、家族手当の不受給による給与収入の減少という二つの影響を受けます。

家族手当の不受給による給与収入の減少では、家族手当相当額の給与収入そのものの減少と、その減少に伴う社会保険料と所得税や個人住民税が減少するという家族手当の減少額を縮減する二つの影響があります。

5　主たる納税者への影響額

７－26表のとおり（以下６において同じ）特定扶養親族のアルバイト収入が、扶養親族要件である年間合計所得金額の48万円を超えることに伴い、家族手当18万円の不受給により給与収入が減少し課税所得が減少します。

また、給与収入が減少することにより社会保険料の支払が27,000円減少します。一方で、所得から差し引かれる社会保険料控除も同額が減少し、加えて、特定扶養控除が所得税で63万円、個人住民税で45万円が適用できなくなることに伴い所得控除額が減少し、所得税の課税所得金額は、給与収入600万円モデルで51.3万円、同840万円モデルで49.5万円が、個人住民税の課税標準金額は給与収入600万円モデルで33.3万円（７－26－２表⑯)、同840万円モデルで31.5万円（同）が増加します。

この増加する課税所得金額に対する所得税等は、給与収入600万円モデルで32,700円、同840万円モデルで101,100円、個人住民税は、給与収入600万円モデルで47,300円、同840万円モデルで31,500円が増加します。

主たる納税者の手取り額は、給与収入600万円モデルで233,000円(特別扶養控除のみが不適用となった場合は103,600円)、同840万円モデルで285,600円（同173,600円）が減少します。

6　主たる納税者への影響額の概算計算

１）特定扶養控除が不適用の場合

給与収入600万円モデルにおいては、主たる納税者の手取り額の減少は103,600円となっていますが、個人住民税における調整控除の変動額14,000円（７－25表参照）を差し引いた金額は89,600円で、特定扶養控除額63万円との割合は14.2％、給与収入840万円モデルにおいては173,600円で同割合は27.5％となっています。

給与収入600万円モデルの14.2%は、所得税等7.1%に個人住民税7.1%（7－26表では13.1%となっていますが個人住民税における調整控除の変動額を除いた数値は10.0%となり、更に、個人住民税における特定扶養控除額45万円を所得税の特定扶養控除額63万円の割合に引き直した場合の割合）を加えた数値14.2%と一致します。

その結果、特定扶養控除が不適用となった場合の主たる納税者の手取り額への影響額は、特定扶養控除63万円に、主たる納税者の所得税等を計算する際に用いる適用税率に個人住民税に相当する7.2%を加えて数値を乗じて得た金額として概算額が計算できます。

給与収入840万円モデルでも同様の結果となります。

2）家族手当が不受給となった場合

主たる納税者の給与収入は、家族手当18万円の減少に伴いその金額の概ね15%の社会保険料27,000円の負担が減少しますので、差し引きますと手取り額の減少額は153,000円で、その割合は85%となります。

一方、家族手当18万円の減少に伴う課税所得金額は、給与収入600万円モデルでの給与所得控除額が36,000円減少し、給与所得額の減少が144,000円（180,000円－36,000円）となり、加えて、社会保険料控除額が27,000円減少しますので課税所得の減少額は117,000円となります。

この課税所得の減少に伴い所得税等の11,900円（特定扶養控除不適用時44,600円と特定扶養控除不適用・家族手当不受給時32,700円との差額、家族手当18万円との割合6.6%）の減少と、個人住民税で11,700円（同59,000円と同47,300円との差額、同割合6.5%）となり、その合計23,600円（同割合13.1%）が減少します。

その結果、給与収入600万円モデルにおいては、手取り額が129,400円（特定扶養控除不適用・家族手当不受給時の手取り額233,000

円から特定扶養控除不適用時の手取り額103,600円との差額）が減少し、家族手当18万円との割合は71.9％となります。また、給与収入840万円モデルでは、手取り額の減少は112,000円となり、家族手当18万円との割合は62.2％となります。

したがって、家族手当が不受給となった場合の主たる納税者の手取り減少額は、同納税者の給与収入の階層が高くなるにつれて、減少する所得税等が多くなり、手取り減少額も少なくなります。

家族手当が不受給となることによる手取り減少額は、不受給となる家族手当の額に主たる納税者の課税所得に適用される税率が５％から10％の階層では70％を、税率20％では60％を乗じていただければ概算値が計算できます。

３）特定扶養控除不適用と家族手当不受給の場合

家族手当18万円が不受給となった場合の減少する給与所得額は、給与収入600万円モデルで144,000円（家族手当との割合は80％）、給与収入840万円モデルで162,000円（同90％）となります。

家族手当不受給に加えて特定扶養控除不適用時の課税所得金額の増加額は、特定扶養控除63万円から、不受給となる家族手当18万円のうち同金額に係る給与所得控除や社会保険料控除を除いた金額を減じた金額となり、給与収入600万円モデルで513,000円（不適用となる特定扶養控除63万円と家族手当18万円との差額45万円との割合は114％）、給与収入840万円モデルで495,000円（同110％）と計算されます。

この増加する課税所得金額に対する所得税等は、給与収入600万円モデルで７－26－２表の⑭の32,620円（同45万円との割合は7.2％）となり、給与収入840万円モデルで同表の⑭の101,079円（同割合は22.5％）となります。

また、個人住民税は、給与収入600万円モデルで７－26－２表の

⑰の33,300円（同45万円との割合は7.4％）となり、給与収入840万円モデルで同表の⑰の31,500円（同割合は7.0％）となります。

主たる納税者の減少する手取り額は、不受給の家族手当18万円から減少する社会保険料を減じ、増加する所得税等や個人住民税（特定扶養控除63万円の不適用による所得税等や個人住民税の増加額と家族手当の不受給による所得税等や個人住民税の減少額との差額）を加えた金額となります。

例えば、主たる納税者の減少する手取り額は、給与収入600万円モデルでは、不受給の家族手当18万円から減少する社会保険料27,000円（家族手当18万円との割合は15％）を減じ、増加する所得税32,700円（同割合は18.2％）と調整控除額を除く個人住民税33,300円（同割合は18.5％）を加えた、233,000円（同割合は129.4％、特定扶養控除63万円と不受給となる家族手当18万円の差額45万円との割合は51.8％）となります。

給与収入840万円モデルでは、その額は285,600円となり、家族手当18万円との割合は158.7％、特定扶養控除63万円と不受給となる家族手当18万円の差額45万円との割合は63.5％となります。

この減少する手取り額の給与収入600万円モデルと給与収入840万円モデルの差52,600円（285,600円－233,000円）は、特定扶養控除が不適用となることにより所得税等の増加額の差54,479円（７－26－２表の⑭欄101,079円と32,600円との差額から個人住民税の調整控除14,000円の減少額を減じた額）とほぼ同額となり、課税所得に適用される税率の差約10％となります。

したがって、特定扶養控除不適用と家族手当の不受給時となった場合の主たる納税者の給与収入によって減少する手取り額も異なりますが、主に同納税者の課税所得に適用される税率が10％では不受給となる家族手当の1.3倍、同20％では1.6倍することにより概算数値が計算できます。

7－26表　特定扶養控除の不適用と家族手当の不受給時の主たる納税者の手取り額への影響

単位：円

主たる納税者の家族モデル	主たる納税者					
	給与収入600万円 45歳夫婦扶養２人うち１人が特定扶養 適用税率５％と10％			給与収入840万円 55歳夫婦扶養２人うち１人が特定扶養 適用税率20％		
	特定扶養適用 家族手当受給	特定扶養不適用 家族手当不受給	差　額	特定扶養適用 家族手当受給	特定扶養不適用 家族手当不受給	差　額
給与収入	6,000,000	5,820,000	－180,000	8,400,000	8,220,000	－180,000
うち家族手当	180,000	0	0	180,000	0	0
給与所得控除	1,640,000	1,604,000	－36,000	1,940,000	1,922,000	－18,000
給与所得	4,360,000	4,216,000	－144,000	6,460,000	6,298,000	－162,000
社会保険料控除	927,000	900,000	－27,000	1,274,000	1,247,000	－27,000
配偶者控除	380,000	380,000	0	380,000	380,000	0
扶養控除	1,010,000	380,000	－630,000	1,010,000	380,000	－630,000
基礎控除	480,000	480,000	0	480,000	480,000	0
所得控除額	2,797,000	2,140,000	－657,000	3,144,000	2,487,000	－657,000
課税所得金額	1,563,000	2,076,000	513,000	3,316,000	3,811,000	495,000
(適用税率)	５％	10％	—	20％	20％	—
所得税額等	(124,300) 79,700	112,400	(44,600：7.1％) 32,700	(369,200) 240,600	341,700	(128,600：20.4％) 101,100
個人住民税額	(236,700) 177,700	225,000	(59,000：13.1％) 47,300	(412,000) 367,000	398,500	(45,000：10％) 31,500
手取り額	(4,712,000) 4,815,600	4,582,600	(－103,600：16.4％) －233,000	(6,344,800) 6,518,400	6,232,800	(－173,600：27,5％) －285,600
家族手当不受給時の手取り額	—	—	(71.9％) －129,400	—	—	(62.2％) －112,000

注１　「特定扶養適用家族手当受給」の「所得税額等」及び「住民税額」欄の括弧書き数値は、特定扶養不適用時の所得税等額又は住民税額を示します。また、「差額」の「所得税額等」及び「個人住民税額」欄の括弧書き数値は、特定扶養適用時と同不適用時の所得税等額又は個人住民税額の差額を示します。

２　個人住民税は令和３年度の税額を指しています。

7－26－2表　影響額の概算計算参考計表

単位：円

家族モデル			45歳夫婦扶養2人が1人に収入600万円適用税率5%と10%	55歳夫婦扶養2人が1人に収入840万円適用税率20%
所得税等	家族手当不受給による給与収入の減額	①	－180,000	－180,000
	給与所得控除の減額	②	36,000	18,000
	社会保険料控除の減額	③	27,000	27,000
	特定扶養控除不適用による控除額の減額	④	630,000	630,000
	課税所得金額の増加額（①＋②+③+④）	⑤	513,000	495,000
	特定扶養控除不適用・家族手当不受給時の課税される所得金額	⑥	2,076,000	3,819,000
	⑤のうち5%の税率が適用される金額（⑤－⑧）	⑦	387,000	—
	⑤のうち10%の税率が適用される金額（⑥－1,950,000）	⑧	126,000	—
	⑤のうち20%の税率が適用される金額	⑨	—	495,000
	⑦に対する所得税（⑦×5%）	⑩	19,350	—
	⑧に対する所得税（⑧×10%）	⑪	12,600	—
	⑨に対する所得税（⑨×20%）	⑫	—	99,000
	復興特別税（(⑩+⑪）×0.021又は⑫×0.021）	⑬	670	2,079
	所得税等（⑩+⑪+⑫+⑬）	⑭	32,620	101,079
	45万円（④＋①）に対する所得税の割合	⑮	7.2%	22.5%
個人住民税	課税標準増加額	⑯	333,000	315,000
	⑯に対する県市民税（⑯×10%）	⑰	外14,000 33,300	31,500
主たる納税者の手取り減少額（①－⑭－⑰+③）		⑱	－232,900	－285,579

㈱1　個人住民税は令和3年度の税額を示しています。

2　⑰欄の外書は、調整控除の差額を示します。

関連　裁判例・裁決例

関連裁判例・裁決例目次

関連　裁判例・裁決例

番号	設問	争　点　項　目	判決・裁決内容	ページ
11	1－26	給与所得と事業所得の区分（非常勤講師）	②　大学非常勤講師：労務の提供が自己の危険と計算によらず他人の指揮監督に服してなされる場合にその対価として支給されるものが給与所得であるということができ、継続的であると一時的であるとを問わず、また、その支給名目の如何を問わないとした事例	432
12	1－26	給与所得と事業所得の区分（講師）	③　××講師謝金は、①請求人によって場所的、時間的な拘束を受け、役務の提供に継続性があり、②請求人と直接支配従属の関係にあり請求人の指揮命令に服していると認められ給与等に該当するとした事例	432
13	1－26	給与所得と事業所得の区分（医師）	④　医師等の報酬は医療行為が主体性を持ってなされているとしても、医療行為の経済的側面を評価すれば、拘束を受ける非独立的な行為であると認められ、給与所得に係る収入金額に該当するとした事例	433
14	1－26	給与所得と事業所得の区分（非常勤講師）	⑤　大学非常勤講師の報酬：大学の指揮命令に服し、空間的、時間的な拘束を受け、継続的ないし断続的に行われたものであり、当該非常勤講師料は給与所得に該当するとした事例	434
15	1－26	給与所得と事業所得の区分（家庭教師）	⑥　家庭教師は空間的・時間的な拘束を受けて継続的ないし断続的に労務の提供をし、その指揮命令に服して提供した労務の対価として支払を受けていたと認められ給与等に該当するとした事例。	435
16	1－27	給与所得と事業所得の区分（一人親方等）	○　一人親方に対する報酬は、請求人の指揮監督の下に提供された労務の対価としての性質を有するものであれば、給与等に当たるとした事例	435
17	1－27	給与所得と事業所得の区分（紹介理容師）	○　紹介理容師の対価は、決められた時間帯に請求人の指示命令に服し、従事した時間数に応じて対価が支払われており、給与等の支給に当たるとした事例	436

番号	設問	争 点 項 目	判決・裁決内容	ページ
18	1－27	給与所得と事業所得の区分（運転代行）	○ 運転代行の報酬は、勤務時間はタイムカードで管理され、燃料費等の費用は、請求人が負担することとされており、請求人の指揮命令に服して提供した労務の対価と認められ、給与等に該当するとした事例	436
19	1－27	給与所得と事業所得の区分（構内下請）	○ 構内下請けは、自己の計算と危険において独立して業務を遂行していたものと認められるから、当該業務に係る収入は事業所得に該当するとした事例	437
20	3－1	国内源泉所得の判定	① 代表取締役の国外における勤務に係る報酬は、国内源泉所得に該当するとした事例	438
21	3－1	国内源泉所得の判定	② 請求人の親会社である米国法人が支払った金員は、実質的には請求人の給与の支払を委託したものであり、日本国内における事務所で支払われたものと認められ源泉徴収義務があるとした事例	438
22	3－1	国内源泉所得の判定	③ 休暇帰国のための旅費は請求人の業務上必要な旅費に当たるとした事例	439
23	3－1	国内源泉所得の判定	④ 海外勤務者の帰国後に請求人が負担した外国所得税について、支払事務が国外において行われていたとして所得税の源泉徴収を要しないとした事例	440
24	3－2	居住者・非居住者の判定	① 家族を外国に居住させ、自らは国内に住民票を置き、出入国を繰り返している請求人代表者は「居住者」に該当すると判断した事例	440
25	3－2	居住者・非居住者の判定	② 妻らが日本国内に居住していたことや日本国内の資産の所在をもって、直ちに請求人の生活の本拠があったとまでは認められないとした事例。	441
26	3－2	居住者・非居住者の判定	③ 在留期間は、在外研究規定に基づき在外研究申請書、決定通知書、変更申請書及び出発届等の在外研究に係る一連の書類を総合的に検討し、非居住者と認定した事例	442

番号	設問	争　点　項　目	判決・裁決内容	ページ
27	3－9	租税条約の免税規定の適用	○　外国人研修生等が在留資格の基準に適合する活動を行っていないことを理由に日中租税条約第21条の免税規定の適用がないとした事例	443
28	4－1	非課税所得となる通勤手当	①　通勤定期券または購入代金の支給は所得税法上の給与であるとした事例	444
29	4－1	非課税所得となる通勤手当	②　年俸契約による給与等を得ている請求人の単身赴任費相当額又は通勤費相当額が非課税所得に当たらないとした事例	445
30	4－1	非課税所得となる通勤手当	③　通勤手当の非課税規定は、通常の給与に加算して受けるものとした事例	446
31	4－2	非課税となる通勤手当	○　人材派遣会社から支払われた給与のうちの通勤費相当額は非課税所得に該当しないとした事例	446
32	4－4	非課税となる旅費	①　単身赴任者に支給した帰郷交通費は、職務を遂行するための旅行でなく、帰郷に要する交通費の負担を軽減するために支給されたもので、給与所得に該当するとした事例	447
33	4－4	非課税となる旅費	②　定額の旅費支給について非課税所得であるとして課税を行わないとする合理的理由が認められないとした事例	447
34	4－10	非課税となる奨学金・学費	①　大学の神職課程を履修する学生を実習生として受け入れ、神社の日常的業務を行うことにより支給した奨学金の全額が給与等と認めるのが相当であるとした事例	448
35	4－10	非課税となる奨学金・学費	②　従業員を産業能率短期大学に入学させその費用を負担したのは、従業員の一般的資質の向上を直接の目的とするにすぎないから従業員の給与所得を構成するとした事例。	449
36	4－10	非課税となる奨学金・学費	③　被扶養者の入学金及び授業料等を減額免除されたことによる学費減免相当額は給与所得の収入金額に該当するとした事例	449

番号	設問	争点項目	判決・裁決内容	ページ
37	4－13	経済的利益（食事の支給）	○　使用人等に対する食事の支給による経済的利益の供与について、請求人が給食委託業者に支払った委託料等を加算したところにより評価するのが相当であるとした事例	450
38	4－20	経済的利益（誕生日祝金）	①　すべての使用人に対して、雇用されている限り毎年誕生月に支給している誕生日祝金について、その支給形態等が、広く一般に社会的な慣習として行われているとは認められないとして給与等に当たるとした事例	451
39	4－20	経済的利益（忘年会・慰安旅行）	②　従業員及び従業員の家族が参加した忘年会兼慰安旅行の費用のうち家族分各費用に係る経済的利益は、給与等となるとした事例	452
40	4－20	経済的利益（会食等）	③　大型のリゾートホテルを会場として協力会社等の従業員及び役員等約1000人が出席し、食事特別注文のコース料理（12000円）及びプロの歌手、クラッシック音楽の演奏家や歌手等によるコンサートが行われた「感謝の集い」行事について福利厚生事業（従業員に対する給与課税、法人税法上の交際費課税が行われていない。）と認めた事例（法人税）	453
41	4－22	経済的利益（カフェテリアプラン）	○　人間ドック等の補助に係る経済的利益について、本件におけるカフェテリアプランは換金性のあるプランとは認められないから、源泉徴収義務はないとした事例	454
42	4－23	経済的利益（慰安旅行）	①　ハワイ旅行について、日程、費用等を考えると、それが企業の福利厚生事業たる慰安旅行として、社会通念上一般的に行なわれている性質・程度のものとは到底認めることができないとした事例	455
43	4－23	経済的利益（慰安旅行）	②　参加従業員の受ける経済的利益、すなわち本件旅行における使用者の負担額が重視されるべきであるとした事例	457

番号	設問	争　点　項　目	判決・裁決内容	ページ
44	4－23	経済的利益（慰安旅行）	③　海外慰安旅行の参加者の一人当たりの費用の額は平成3年5月分341,000円、平成4年5月分454,411円及び平成5年5月分520,000円であり、多額であると認められ社会通念上一般に行われている福利厚生行事と同程度のものとは認められないとした事例	458
45	4－23	経済的利益（慰安旅行）	④　請求人が負担した慰安旅行の参加従事員1人当たりの費用の額は、平成5年分192,003円、平成6年分449,918円及び平成7年分260,332円と、社会通念上一般的に行われている福利厚生行事としてはあまりにも多額であるから、当該従事員が受ける経済的利益は、給与所得として課税するのが相当とした事例	459
46	4－23	経済的利益（慰安旅行）	⑤　請求人が実施した社員旅行は、社会通念上一般的に行われているレクリエーション行事として行われる旅行とは認められないとした事例	460
47	4－23	経済的利益（慰安旅行）	⑥　社会通念上一般的に行われているものと認められるか否かは、旅行に参加した従業員等が受ける経済的利益の額、すなわち使用者の負担額を中心として、当該旅行の目的や内容、従業員の参加状況などの諸事情を考慮することにより判断することが可能であるとした事例	461
48	4－24	経済的利益（社宅の貸与）	○　建物を無償で使用することによって、通常支払うべき使用料の免除という経済的利益が発生していることは明らかであるから、経済的利益の供与に当たるとした事例	463
49	4－26	経済的利益（保険料の負担）	①　損金に算入した養老保険の保険料相当額が、保険金受取人である従業員に対する給与（経済的利益の共与）に当たるとした事例	463

番号	設問	争　点　項　目	判決・裁決内容	ページ
50	4－26	経済的利益（保険料の負担）	②　特定の者のみを被保険者とし、また、被保険者ごとの受取保険金額に格差があることから「合理的な基準による格差」とは認められないとした事例	464
51	4－26	経済的利益（保険料の負担）	③　被保険者を主任以上とする保険契約については、全従業員がその恩恵に浴する機会が与えられているとは認められず、支払った保険料は、被保険者に対する給与に該当するとした事例	464

1－2　源泉徴収の義務

①　確定申告をしたことにより支払者の源泉徴収義務が消滅することはないとした事例

（平成19年１月12日裁決　裁決事例集　No.73－312頁　国税不服審判所ホームページ）

（裁決要旨）

請求人は、源泉徴収義務者が源泉所得税を徴収しなかったとしても、受給者がその所得を確定申告し、納税すれば源泉所得税相当額が国庫に歳入される以上、その時点で源泉徴収義務は消滅する旨主張する。

しかしながら、源泉所得税の納税義務を負う者は、源泉徴収の対象となるべき所得の支払者であって（所得税法第183条第１項、第204条第１項）、その納税義務は、その所得の受給者に係る所得税の納税義務とは別個のものとして成立、確定し、これと並存するものであり（国税通則法第15条）、所得税法第221条、第222条及び国税通則法第36条の各規定からしても、源泉所得税の納税に関し、国と法律関係を有するのは徴収義務者のみで、その所得の受給者との間には直接の法律関係を生じない。

また、「源泉徴収をされた又はされるべき所得税額」がある場合には、所定の税率を適用して算出された所得税の額からこれを控除した金額が所得税の確定申告書の記載事項（所得税法第120条第１項）とされているところ、この「源泉徴収された又はされるべき所得税額」については、所得税法の源泉徴収の規定に基づき正当に徴収された又はされるべき所得税の額を意味するものであって、確定申告の際に、源泉所得税自体の過不足額の精算を行うことを予定しておらず、その所得の受給者が徴収されるべき源泉所得税を確定申告により納税することはできない。

したがって、受給者の確定申告によって請求人の源泉徴収義務が消滅することはない。

---

②　受給者が既に確定申告を行っているからといって、所得税を徴収

し、納付する義務に影響を与えるものではないとした事例

（熊本裁平成13年７月25日　一部取消し　国税不服審判所ホームページ）

（裁決要旨）

請求人は、原処分（納税告知処分）が役員賞与と認定した金員については、受給者が既に確定申告を行っているから、原処分は取り消すべきであると主張するが、所得税法第183条に規定するとおり、請求人には、当該役員賞与の支払いの際所得税を徴収し、納付する義務があり、このことは、受給者が確定申告しているか否かによって影響を受けるものではないため、原処分は相当である。

１－６　非課税となる宿日直手当

○　救急病院等に勤務する医師等に対する宿直料は、本来の職務に従事したことに対する対価であるから、所得税基本通達28－１ただし書は適用できないとした事例

（平成21年３月19日裁決　裁決事例集No.77－222頁　国税不服審判所ホームページ）

（裁決要旨）

請求人は、所得税基本通達28－１に定める宿直料又は日直料の一部非課税の取扱いについて、宿直料が実費支弁の性格を有するので、宿直における仕事の内容及びその責任の軽重などにかかわらず一律4,000円までを非課税とするものであり、宿直とは夜間勤務のことをいうのであるから、請求人が設置する救急病院等に勤務する医師等に対する宿直料は4,000円まで非課税とすべきである旨主張する。

しかしながら、所得税基本通達28－１が、ただし書において、課税しない宿日直料の対象となる宿日直勤務から１ 本来の職務として行ったもの、２ 通常の勤務時間に行ったもの、３ 代日休暇が与えられるもの及び４ 給与比例額により支給されるものを除いていることからすると、同通達の取扱いの適用対象とされる宿日直勤務とは、所定労働時間外または休日において、本

来の業務に従事しないで行う構内巡視、文書等の収受又は非常事態に備えての待機などをいうものと解され、夜間行われる勤務であるからといって直ちに同通達の適用対象とされる宿日直勤務に該当するということはできず、また、同通達が夜間の勤務１回について一律4,000円までを非課税とする旨を定めたものであると解することはできない。よって、請求人の主張は採用できない。

1－20　控除対象配偶者と扶養控除の判定

①　配偶者は法律上の婚姻関係のある者に限られるとした事例

（最判平成９年９月９日　Z228－7978　タインズ）

（判決要旨）

所得税法83条及び83条の２にいう「配偶者」は、納税義務者と法律上の婚姻関係にある者に限られると解するのが相当である。

---

②　内縁の夫は控除対象配偶者に該当しないとした事例

（平成21年４月３日裁決　裁決事例集　No.77－150頁　国税不服審判所ホームページ）

（裁決要旨）

請求人は、10年以上にわたり内縁の夫と同居し生計を一にしていること、請求人が加入している健康保険組合において内縁の夫が請求人の扶養配偶者と認定されていること、遺族年金が内縁の配偶者にも支給されること、所得税法の配偶者控除に係る条文に内縁関係の者は除外するとは記されていないことから、内縁の夫を控除対象配偶者と認め、配偶者控除を認めるべきである旨主張する。

しかしながら、所得税法第83条第１項は、居住者が控除対象配偶者を有する場合、配偶者控除を適用する旨規定している一方で、同法は上記配偶者についての定義規定を置いていないが、身分関係の基本法は民法であるから、所得税法上の配偶者については、民法の規定に従って解するのが相当であるところ、民法は、婚姻の届出をすることによって婚姻の効力が生ずる旨を規定し（民法第739条第１項）、そのような法律上の婚姻をした者を配偶者としている（民法第725条、第751条等）から、所得税法上の配偶者についても婚姻の届出をした者を意味すると解するのが相当であり、所得税法上の配偶者の意義については、民法上使用されている配偶者の意義と同様に、戸籍法の定めるところにより市区町村長等に届出をした夫又は妻を指し、内縁の夫はこれに含まれないことになる。

---

③　年の中途で死亡した者の控除対象配偶者に該当するかどうかは、死亡時の現況により見積もったその年の１月１日から12月31日までの配偶者の合計所得金額により判定するとした事例

（平成21年12月７日裁決　裁決事例集No.78－193頁　国税不服審判所ホームページ）

（裁決要旨）

請求人らは、所得税法第85条第３項において、年の中途において死亡した居住者の配偶者がその居住者の控除対象配偶者に該当するかどうかの判定は、死亡の時の現況による旨規定しており、居住者が死亡の時まで配偶者を扶養していたか否かによって判断されるから、当該判定に係る配偶者の合計所得金額の計算期間はその年の１月１日からその居住者の死亡の日までとなる旨主張する。

しかしながら、合計所得金額を構成する所得税法第23条から第35条までの各種所得金額は、いずれも「その年中の」、すなわち、１月１日から12月31日までの収入金額又は総収入金額を基礎に計算されることから、それらの合計である合計所得金額についても１月１日から12月31日までの期間で計算されることとなる。そして、このことは、配偶者控除を受けようとする居住者が年中に死亡していたかどうかによって異なるものではない。

---

④　婚姻の届出をしていない事実上婚姻関係と同様の事情にある者との間の未認知の子又はその者の連れ子は、扶養控除の対象となる親

族には該当しないとした事例

（最判平成３年10月17日　Z186－6787　タインズ）

（判決要旨）

⑴　所得税法（本件昭和57年分及び同58年分の各更正に関しては同59年法律第５号による改正前のもの、同59年分の更正に関しては同61年法律第109号による改正前のものをいう。以下同じ。）２条１項34号に規定する親族は、民法上の親族をいうものと解すべきであり、したがつて、婚姻の届出をしていないが事実上婚姻関係と同様の事情にある者との間の未認知の子又はその者の連れ子は、同法84条に規定する扶養控除の対象となる親族には該当しないというべきである

---

⑤　請求人と請求人の夫がいずれもその扶養親族として申告している場合には、いずれの扶養親族に該当するかを判断すべきであるとした事例

（平成元年１月12日裁決　裁決事例集　No.37－95頁　国税不服審判所ホームページ）

（裁決要旨）

請求人と請求人の夫がいずれも長男を扶養親族として申告している本件において、請求人の夫は、請求人及び長男と別居し、生活費の一部にすぎない月額20,000円を長男の養育費として送金しているのみであるのに対し、請求人は、長男と起居を共にし、生活費の大部分を負担しているのであるから、長男に係る請求人の扶養控除を認めるべきであると主張するが、［１］請求人と夫は離婚していないこと、［２］住民登録、国民健康保険の加入状況、国民健康保険料の負担及び当該保険証の利用状況などが別居以前と変わったところはないこと、［３］経済的にも、夫は、別居後も毎月定額の婚姻費用のほか、引き続き国民健康保険料を負担していることなどを総合すると、夫と長男は別居中とはいえ、同一の生活共同体に属して日常生活の資を共通にする、生計を一にする親族であると認めるのが相当であり、長男は、所得税法上、夫及び請求人のいずれの扶養親族にも該当するというべきであるから、

請求人の夫が給与所得者の扶養控除等申告書において長男を扶養親族として申告し、請求人が確定申告書において長男を扶養親族として申告している本件の場合は、所得税法施行令第219条“二以上の居住者がある場合の扶養親族の所属”第２項第１号に規定するところにより、長男は請求人の夫の扶養親族とされ、請求人の扶養親族として扶養控除の適用を受けることはできない。

---

⑥　特別障害者である扶養親族は、介護施設に入居しており当該請求人と「同居を常況としている者」に当たらないとした事例

（平成15年５月15日裁決　裁決事例集No.65－274頁　国税不服審判所ホームページ）

（裁決要旨）

請求人は、本件特例の適用に関し、毎年、数日間とはいえ、妹（特別障害者）の介護を行い、生活を共にしているのであるから、年に５日以上の同居の実態があれば、それは本件特例に定める「同居を常況にしている」に該当する旨主張する。

しかしながら、本件特例は、特別障害者が家庭において家族と一緒に生活できるように配慮し、在宅において特別障害者が介護されることを税制面でも促進し、福祉対策にも資する等の趣旨で設けられたものであり、その意味で、本件特例に定める「同居を常況としている」とは、特別障害者が介護施設などに入居せず、在宅により介護等を受けている場合をいうものと解されることから、請求人の妹が、本件施設に入居後、そのほとんどの期間を本件施設で過ごしており、その間の同人に対する介護は、本件施設の職員が行っていると認められ、仮に、平成13年中において請求人が主張する期間、請求人の妹と起居を共にしていたとしても、それは一時的なものというべきであって、そのことをもって請求人の妹が請求人と「同居を常況としている者」に該当するとは認められない。

したがって、請求人の主張に理由がなく、原処分は相当である。

1－26　給与所得と事業所得の区分（弁護士）

① 弁護士顧問報酬が給与所得となるかどうかは、給与支給者との関係において何らかの空間的、時間的な拘束を受け、継続的ないし断続的に労務又は役務の提供があり、その対価として支給されるものであるかどうかが重視されるとした事例

（最判昭和56年４月24日第二小法廷判決　Z117－4788　タインズ）

（判決要旨）

⑴ およそ業務の遂行ないし労務の提供から生ずる所得が所得税法上の事業所得（同法27条１項、同法施行令63条12号）と給与所得（同法28条１項）のいずれに該当するかを判断するにあたっては、租税負担の公平を図るため、所得を事業所得、給与所得等に分類し、その種類に応じた課税を定めている所得税法の趣旨、目的に照らし、当該業務ないし労務及び所得の態様等を考察しなければならない。したがって、弁護士の顧問料についても、これを一般的抽象的に事業所得又は給与所得のいずれかに分類すべきものではなく、その顧問業務の具体的態様に応じて、その法的性格を判断しなければならないが、その場合、判断の一応の基準として、両者を次のように区別するのが相当である。すなわち、事業所得とは、自己の計算と危険において独立して営まれ、営利性、有償性を有し、かつ反覆継続して遂行する意思と社会的地位とが客観的に認められる業務から生ずる所得をいい、これに対し、給与所得とは雇傭契約又はこれに類する原因に基づき使用者の指揮命令に服して提供した労務の対価として使用者から受ける給付をいう。なお、給与所得については、とりわけ、給与支給者との関係において何らかの空間的、時間的な拘束を受け、継続的ないし断続的に労務又は役務の提供があり、その対価として支給されるものであるかどうかが重視されなければならない。

1－26　給与所得と事業所得の区分（非常勤講師）

② 大学非常勤講師：労務の提供が自己の危険と計算によらず他人の指揮監督に服してなされる場合にその対価として支給されるものが給与所得であるということができ、継続的であると一時的であるとを問わず、また、その支給名目の如何を問わないとした事例。

（大阪高判昭和57年11月18日　Z128－5101　タインズ）

（判決要旨）

(1) 所得税法28条1項にいう「これらの性質を有する給与」とは、単に雇傭関係に基づき労務の対価として支給される報酬というよりは広く、雇傭またはこれに類する原因（例えば、法人の理事、取締役等にみられる委任または準委任等）に基づいて、非独立的に提供される労務の対価として、他人から受ける報酬及び実質的にこれに準ずべき給付（例えば、各種の経済的利益等）をいうと解すべきである。換言すれば、労務の提供が自己の危険と計算によらず他人の指揮監督に服してなされる場合にその対価として支給されるものが給与所得であるということができる。したがつて、その雇傭関係等が継続的であると一時的であるとを問わず、また、その支給名目の如何を問わないし、提供される労務の内容について高度の専門性が要求され、本人にある程度の自主性が認められる場合（国会議員の歳費や普通地方公共団体の議会の議員の報酬など可成り性質の異なるものも給与所得とされている。）であっても労務がその雇傭契約等に基づき他人の指揮監督の下に提供され、その対価として得られた報酬等である限り、給与所得に該当するといわなければならない。

1－26　給与所得と事業所得の区分（講師）

③ ××講師謝金は、①請求人によって場所的、時間的な拘束を受け、役務の提供に継続性があり、②請求人と直接支配従属の関係にあり請求人の指揮命令に服していると認められ給与等に該当するとした

事例

（東京裁平成21年12月15日　棄却　裁決要旨集　国税不服審判所ホームページ）

（裁決要旨）

請求人は、本件各講師に対する報酬は、請求人の指揮命令のもとで提供した労務の対価ではないから給与ではなく外注費であり、本件報酬について所得税の源泉徴収義務はない旨主張するが、本件各講師については、①請求人によって場所的、時間的な拘束を受け、②役務の提供に継続性があり、③請求人と直接支配従属の関係にあり請求人の指揮命令に服していると認められ、これらを総合勘案すれば、本件報酬は、自己の計算と危険において独立して営むことによって得られるものではなく、雇用契約又はこれに類する原因に基づき非独立的に提供された労務の対価として得られるものであり、所得税法第28条第１項に規定する給与等に該当するものと認められる。したがって、請求人は、所得税を徴収して納付しなければならない。

１－26　給与所得と事業所得の区分（医師）

④　医師等の報酬は医療行為が主体性を持ってなされているとしても、医療行為の経済的側面を評価すれば、拘束を受ける非独立的な行為であると認められ、給与所得に係る収入金額に該当するとした事例

（広島裁平成14年11月29日　国税不服審判所ホームページ）

（裁決要旨）

請求人は、請求人が医療法人Ｔで行った医療業務に係る収入金額は、事業所得に係る収入金額に該当する旨主張する。しかしながら、①請求人の医療行為は、Ｔの診療を受けることを期待する患者に対するものであり、その業務の遂行に当たっては、Ｔの理事長の管理下で、時間的、場所的な拘束を受けていること、②請求人は、Ｔに対し、毎週同じ曜日、時間に継続的に役務を提供していること、③患者との医療契約の当事者はＴとなっており、医療事故が起こった場合の責任はＴにあると認められること、④請求人の診療に必要な薬剤並びに人的及び物的設備は、Tが提供していること、⑤請求人の収入金額は定額であることからすれば、請求人の医療行為自体は、主体性を持ってなされているとしても、Tにおける医療行為の経済的側面を評価すれば、自己の計算と危険において独立性をもってなされていたとはいえず、Tの拘束を受ける、非独立的な行為であると認められる。そうすると、請求人は、Tにおいて、雇用関係又はこれに準ずべき関係に基づき役務を提供していたものと認められるから、Tからの収入金額は、給与所得に係る収入金額に該当すると認めるのが相当であり、請求人の主張には理由がない。

1－26　給与所得と事業所得の区分（非常勤講師）

⑤　大学非常勤講師の報酬：大学の指揮命令に服し、空間的、時間的な拘束を受け、継続的ないし断続的に行われたものであり、当該非常勤講師料は給与所得に該当するとした事例

（大阪裁平成20年10月22日　国税不服審判所ホームページ）

（裁決要旨）

請求人は、大学から受け取った非常勤講師料は、①請求人が営む事業の一環として、非常勤講師料を受け取ったもので、②非常勤講師契約は委任契約によるものであるので事業所得に該当する旨主張する。しかしながら、当該契約により、請求人は、大学の規定及び規則に従い、特定の科目の講義を、週の特定の時間に、指定された特定の場所で、ある程度長期にわたり継続して講義する義務を負い、大学はその対価を講義の有無にかかわらず、毎月支払うことからすると、このような役務提供は、自己の計算と危険において独立して営まれるものではなく、大学の指揮命令に服し、何らかの空間的、時間的な拘束を受け、継続的ないし断続的に行われたものであると認めるのが相当であり、当該非常勤講師料は給与所得に該当するから、請求人の主張は採用できない。

1－26　給与所得と事業所得の区分（家庭教師）

⑥　家庭教師は空間的・時間的な拘束を受けて継続的ないし断続的に労務の提供をし、その指揮命令に服して提供した労務の対価として支払を受けていたと認められ給与等に該当するとした事例

（関東信越裁平成31年３月19日　国税不服審判所ホームページ）

（裁決要旨）

請求人は、家庭教師を一般家庭に派遣する事業（本件事業）において、家庭教師（本件家庭教師）と請求人とは指導委託の関係であるから、本件家庭教師に支払う金員（本件金員）は所得税法第28条《給与所得》第１項に規定する給与等（給与所得）ではなく、報酬（雑所得）である旨主張する。しかしながら、本件家庭教師は自己の計算と危険において独立して労務の提供等を行っているものではなく、請求人との関係において、空間的・時間的な拘束を受けて継続的ないし断続的に労務の提供をし、その指揮命令に服して提供した労務の対価として本件対価の支払を受けていたと認められることから、本件金員は、同項に規定する給与等に該当する。

1－27　給与所得と事業所得の区分（一人親方等）

①　一人親方に対する報酬は、請求人の指揮監督の下に提供された労務の対価としての性質を有するものであれば、給与等に当たるとした事例

（昭和58年３月23日裁決　裁決事例集　No.25－60頁　国税不服審判所ホームページ）

（裁決要旨）

請求人が支払った報酬は一人親方に対するものであって、外注費として取り扱うべき旨請求人は主張するが、本件報酬について、各職人の労務の提供は、職人個々の独立した事業として行われたものとは認められず、かつ、その労務の提供の対価は基本賃金のほか時間外勤務手当等の支払基準により支

払われていることからして、請求人と職人との間の雇用契約書の作成はないものの、その実質は請求人がこれら職人を雇用の上、その就労の対価、すなわち給与等として支払ったものと解するのが相当である。また、仮にこれら職人が請求人主張の一人親方に当たるとしても、その支払う報酬が当該親方の危険と計算によらず、請求人の指揮監督の下に提供された労務の対価としての性質を有するものであれば、所得税法第28条第1項に規定する給与等に当たるとみるのが相当である。

1－27　給与所得と事業所得の区分（紹介理容師）

② 紹介理容師の対価は、決められた時間帯に請求人の指示命令に服し、従事した時間数に応じて対価が支払われており、給与等の支給に当たるとした事例

（東京裁平成13年7月24日　国税不服審判所ホームページ）

（裁決要旨）

請求人は、理容師紹介所からあっ旋された理容師（以下「本件紹介理容師」という。）に対して請求人の経営する理容院の業務に従事した対価として支払った金員は、請負契約に基づく支払であるから、給与等に当たらない旨主張する。しかしながら、本件紹介理容師は、当該理容院内において請求人との間で決められた時間帯に請求人の指示命令に服しながら理容の業務に従事しており、その従事した時間数（残業の時間を含む。）に応じて対価が支払われていることからすると、請求人に対する役務の提供は、請負契約に基づくものではなく、雇用契約に基づく労務の提供であって、その支払は、給与等の支給に当たるものであるから、請求人には、その支給時に源泉所得税を徴収する義務があると判断するのが相当である。

1－27　給与所得と事業所得の区分（運転代行）

③ 運転代行の報酬は、勤務時間はタイムカードで管理され、燃料費

等の費用は、請求人が負担することとされており、請求人の指揮命令に服して提供した労務の対価と認められ、給与等に該当するとした事例

（関東信越裁　平成15年２月19日　国税不服審判所ホームページ）

（裁決要旨）

請求人は、代行運転手との間には雇用契約はなく、本件代行料は関係会社に支払った借上車両代金の一部であるから、源泉徴収すべき給与等に該当しない旨主張するが、請求人と代行運転手との間には確固たる雇用契約が存するか否かは明らかではないものの、代行運転手の勤務時間はタイムカードで管理され、運転代行業務の遂行に必要な燃料費、保険料及び保守修繕費その他の費用は、いずれも請求人が負担することとされており、代行運転手がこれらの費用を負担している事実はないから、本件代行料は、代行運転手が、請求人との雇用契約に準ずる関係に基づき、請求人の指揮命令に服して提供した労務の対価と認められ、給与等に該当することとなる。

１－27　給与所得と事業所得の区分（構内下請け）

○　構内下請けは、自己の計算と危険において独立して業務を遂行していたものと認められるから、当該業務に係る収入は事業所得に該当するとした事例

（平成22年４月21日裁決　裁決事例集　No.79　国税不服審判所ホームページ）

（裁決要旨）

請求人は、Ｆ社に雇用されているにすぎず、Ｆ社からの収入は給与所得に該当する旨主張する。

しかしながら、請求人とＦ社の間の請負基本契約及び当事者間の取決めによれば、１ 請求人は、業務の遂行に関して、自己の責任において代替者を手配でき、その者が代替して業務を遂行できること、２ 請求人は、不可抗力により損害が生じた目的物に係る報酬をＦ社に請求できないこと、３ 請

求人は、作業の方法や進行の段取りに関して、F社の指揮監督下にないこと、4 請求人は、業務の遂行に関して、F社から時間的な拘束を受けていないことが認められ、5 F社が請求人に無償で材料を支給し、用具等を貸与していることについては、合理的な理由が存することが認められる。以上の諸要素を考慮すれば、請求人の業務は請負契約に基づくものであり、請求人は、自己の計算と危険において独立して業務を遂行していたものと認められるから、当該業務に係るF社からの収入は事業所得に該当する。

3－1　国内源泉所得の判定

①　代表取締役の国外における勤務に係る報酬は、国内源泉所得に該当するとした事例

（平成6年5月25日裁決　裁決事例集No.47－353頁　国税不服審判所ホームページ）

（裁決要旨）

請求人は、請求人の代表者が海外のプラント工事に従事した期間は、同人は非居住者に該当し、かつ、同人は、元請会社の現地支店の支配人下に入り使用人として常時勤務しているから、同人に支払った報酬は国内源泉所得に該当しないと主張するが、［1］請求人の代表者が、使用人と同様の勤務をしていたとしても、それ自体は、代表者としての業務執行に従事しているものというべきであり、これを使用人としての労働とみることはできず、また、［2］代表取締役の地位にあっては、国外勤務の期間中もその勤務は、所得税法施行令第285条第1項第1号かっこ書に規定する使用人として常務する役員としての勤務には該当しないから、請求人の代表者に支給した報酬は、国内源泉所得に該当する。

---

②　請求人の親会社である米国法人が支払った金員は、実質的には請求人の給与の支払を委託したものであり、日本国内における事務所で支払われたものと認められ源泉徴収義務があるとした事例

（東京裁平成16年11月29日　国税不服審判所ホームページ）

（裁決要旨）

請求人は、請求人の代表者に対し、請求人の親会社である米国法人が支払った金員（本件金員）は、親会社と代表者の雇用関係に基づき国外で支払われたものであるから、国内払には当たらないこと、また、請求人は、代表者の出向の対価として、親会社に負担金を支払ってはいるものの、親会社に対し給与の支払を依頼した事実はないことから、本件金員について、請求人に源泉徴収義務はない旨を主張する。しかしながら、①親会社と代表者との雇用関係を証する事実はないこと、②代表者は請求人に雇用され代表取締役に就任しており、請求人は、親会社の給与等の規程に基づいて、代表者に対し給与を支払う旨を約していること、③請求人は、親会社に対して、親会社が代表者に支払った金員のすべてを補填すると約していることからすると、親会社には代表者に本件金員を支払う義務はなく、請求人は、A国の親会社に対して、代表者へ支払うべき給与の支払を委託したとみるのが相当であり、本件金員は実質的には、請求人の日本国内における事務所で支払われたものと認められるから、請求人には、本件金員について源泉徴収義務がある。

---

③　休暇帰国のための旅費は請求人の業務上必要な旅費に当たるとした事例

（関東信越裁　平成31年３月19日　裁決事例集No.８－１頁　国税不服審判所ホームページ）

（裁決要旨）

請求人がその役員及び使用人に対して与えた休暇帰国のための旅行は、一定期間（約３年）を超える勤務の後に従来からの慣例に従い、請求人の業務を兼ねて行われたものであり、本人の業績によって休暇帰国の認否及び旅費の支給額が左右されるような報償的性格を持つものではなく、また、その支給内容は、直行往復の航空券の現物交付であること等の事実が認められるもので、休暇帰国のための旅費については、役員等の分はもとより、その家族分をも含め、請求人の業務上の支出として認めるのが相当である。

④　海外勤務者の帰国後に請求人が負担した外国所得税について、支払事務が国外において行われていたとして、所得税の源泉徴収を要しないとした事例

（平成23年６月28日　国税不服審判所ホームページ）

（裁決要旨）

原処分庁は、請求人の海外事業所に勤務していた海外勤務者本人が納付すべき外国所得税について、請求人が当該海外勤務者の帰国後に同人らに代わり納付したことは、当該海外勤務者に経済的利益の供与（給与等の支払）をしたものであり、当該海外勤務者の海外事業所勤務期間中の所属先が請求人のａ本社であったことからすれば、ａ本社において外国所得税の納付（給与等の支払）事務を行っていたことになるから、支払が国内において行われたこととなり、請求人には源泉徴収義務がある旨主張する。

しかしながら、当該外国所得税の納付に関しては、①当該海外事業所あるいは当該海外事業所からその事務を委託された現地の会計事務所が、当該海外勤務者の所得税額の計算及び申告・納税の手続を行っていたこと、②当該海外事業所の所長が納付すべき税額の確認及び支出の決定を行っていたこと、③当該海外事業所が当該外国所得税の納税の資金手当を行っていたことからすると、当該外国所得税に係る支払事務は当該海外事業所で行われていたと認めるのが相当である。そうすると、当該外国所得税の納付（給与等の支払）事務は国外において行われていたと認められるから、請求人に源泉徴収義務はないというべきである。

《参考判決・裁決》　東京地裁平成18年１月24日判決（訟月54巻２号531頁）
東京地裁昭和59年10月16日判決（訟月31巻６号1448頁、行集35巻10号1636頁

３－２　居住者・非居住者の判定

①　家族を外国に居住させ、自らは国内に住民票を置き、出入国を繰り返している請求人代表者は「居住者」に該当すると判断した事例

（平成20年12月25日　裁決事例集　No.76－228頁　国税不服審判所ホームページ）

（裁決要旨）

請求人は、請求人代表者が、家族をＤ国に居住させ、自らも同国での住所を有したまま、同国での勤務に加え日本での勤務も行い、Ｄ国と日本を行き来する生活を送っていることから、その住所地は、所得税基本通達３－１に定める船舶又は航空機の乗組員の住所の判定と同様に、「その者の配偶者その他生計を一にする親族の居住している地」、すなわちＤ国にあり、代表者は、所得税法第２条第１項第５号に規定する「非居住者」に当たると主張する。

しかしながら、請求人代表者は、出入国を繰り返しているものの、日本国内における居住地以外に、生活の本拠としての実態がある場所もなく、請求人の代表者として活動していることからも、請求人を中心とするグループ企業の実権を掌握し、その地位に照らしても相当期間にわたり国内に存在することを必要としていたもので、その住所は国内にあり、所得税法第２条第１項第３号に規定する「居住者」に当たる。

---

②　妻らが日本国内に居住していたことや日本国内の資産の所在をもって、直ちに請求人の生活の本拠があったとまでは認められないとした事例

（平成21年９月10日　裁決事例集78集63頁、国税不服審判所ホームページ）

（裁決要旨）

平成16年９月13日から平成18年６月８日までの期間における請求人の日本への滞在は、月に１回程度の頻度、主として週末を含む１日間から５日間にすぎないものであり、Ｐ市Ｓ町（日本）に所在する家屋は、請求人の妻が勤務先から社宅として賃借していたものであって、生活用動産が運搬されていなかったのも、妻及び子らが同所での生活に必要であったためと推認されることなどを考慮すると、当該家屋の所在地が請求人の日本滞在中の生活拠点であったことは認められるものの、請求人の生活の本拠が当該所在地にあっ

たものと直ちに判断することまではできない。

また、各コンサルティング契約はコンサルティング業務を国外に所在する事務所内で常勤で提供することを内容とするものであったこと、請求人は契約期間の大部分を国外で過ごしていることからすると、請求人は、主として国外において当該コンサルティング契約に係る業務を提供していたものと認めるのが相当であり、請求人が対外的に上記家屋内に事業所を置くコンサルタントであり事業主であるとしていたことをもって直ちに、請求人の職業的基盤が日本にあったとまで認めることはできない。

さらに、請求人と生計を一にする妻は勤務先を休業し、一定期間子らとともに国外に滞在し請求人と起居を共にしたが、妻らの国外滞在は一時的なものであったと認めるのが相当であるから、請求人は国内に生計を一にする親族を有していたというべきであるところ、妻が休業中においても上記家屋の貸与を受けそこに居住を続けたのは、飽くまで妻の従業員としての選択・判断であると認められ、その選択・判断が、上記期間における請求人の生活の本拠を確保することを目的としてなされたものと認められないから、妻らが日本国内に居住していたことが請求人の生活の本拠が当該家屋にあったことを裏付ける重要な事実であるとまでは認め難い。

また、請求人は現金及び銀行口座の預金を除き、日本国内に資産を保有していなかったところ、通常、預金口座を管理するために日本国内に生活の本拠を置く必要性はないことから、日本国内の資産の所在をもって、直ちに請求人の生活の本拠が上記所在地にあったとまでは認められない。

上記の各点を総合勘案すれば、上記期間において請求人の生活の本拠が上記家屋にあった、又は、当該家屋に相当期間継続して居住していたと認定するのは困難であり、請求人は、非居住者に該当するといわざるを得ない。

---

③　在留期間は、在外研究規定に基づき在外研究申請書、決定通知書、変更申請書及び出発届等の在外研究に係る一連の書類を総合的に検討し、非居住者と認定した事例

(関東信越裁平成20年４月２日　一部取消し　国税不服審判所ホームページ)

（裁決要旨）

原処分庁は、請求人に勤務する教授A、B、C三名について、その在外研究期間は、請求人が定める在外研究規定によれば、国外の大学で行う学術研究（以下「在外研究」という。）が最長1年間とされており、出発日を除くと、所得税基本通達3－3に定める「その地における在留期間が契約等によりあらかじめ1年未満となることが明らかである場合」に該当することから、当該教授らは所得税法施行令第15条第1項第1号の規定が適用される非居住者ではなく、居住者に該当する旨主張する。しかしながら、同通達に定める「契約等」とは、契約や職務命令のみならず、契約書等の体裁を有していない文書であっても、それが契約又は職務命令等と同等の拘束力を生じさせるものであれば、同通達に定める「契約等」に該当するというべきであり、本件においては、在外研究規定に基づき在外研究申請書、決定通知書、変更申請書及び出発届等の在外研究に係る一連の書類が、職務命令等と同等の拘束力を有していたと認めるに足る文書と認められ、これら一連の書類を総合的に判断すると、A及びBの在外研究期間は予め1年を超えることが予定されていたと認められることから、原処分庁の主張は認められず、非居住者に該当する。なお、Cの在外研究期間は予め1年を超えることが予定されていたとは認められないことから居住者に該当する。

3－9　租税条約の免税規定の適用

○　外国人研修生等が在留資格の基準に適合する活動を行っていないことを理由に日中租税条約第21条の免税規定の適用がないとした事例

（平成21年3月24日裁決　裁決事例集No.77－232頁　国税不服審判所ホームページ）

（裁決要旨）

請求人は、外国人研修生等に支払った研修手当等について、研修生等は、現に「研修」又は「特定活動」の在留資格を有しており、中華人民共和国政府及び日本国政府が認めた研修生又は実習生であり、また、実際に水産加工における包丁の技術、日本語などの研修を行っているから、本件研修生が受領した研修手当等は、日中租税条約第21条に規定する所得税の免税の適用がある旨主張する。

しかしながら、日中租税条約第21条の事業修習者等は、在留資格をもって日本に滞在している者であり、許可された在留資格に応じたそれぞれの活動を行うことができるのであるから、技術等の修得をする活動を行う「研修」などの資格をもった者はその在留資格の基準に適合する活動を行わなければならず、たとえ、在留を許可され滞在している者であっても、在留資格の基準に適合しないような活動を行っている者にあっては、日中租税条約第21条に規定する事業修習者等には該当しないと解されるところ、請求人は、水産加工品梱包方法など研修計画書に記載された研修を行っていないことなどからすれば、本件研修生は、「研修」等の在留資格の基準に適合するような活動を行っている者とはいえず、日中租税条約第21条に規定する事業修習者等には該当しないので、研修手当等について、日中租税条約に規定する租税の免除の適用はない。

4－1　非課税所得となる通勤手当

①　通勤定期券または購入代金の支給は所得税法上の給与であるとした事例

（最裁昭和37年８月10日第二小法廷判決　Z036－1138　タインズ）

（判決要旨）

通勤定期券または購入代金の支給は所得税法上の給与である。

理由　所得税法９条５号は「俸給、給料、賃金……並びにこれらの性質を有する給与」をすべて給与所得の収入としており、同法10条１項は「第９条……第５号……に規定する収入金額（金銭以外の物又は権利を以て収入すべき場合においては、当該物又は権判の価額以下同じ。）により」計算すべき旨を規定しており、勤労者が勤労者たる地位にもとづいて使用者から受ける給付は、すべて右９条５号にいう給与所得を構成する収入と解すべく、通勤定期券またはその購入代金の支給をもって給与でないと解すべき根拠はない。

---

②　年俸契約による給与等を得ている請求人の単身赴任費相当額又は通勤費相当額が非課税所得に当たらないとした事例

(平成11年９月27日裁決　裁決事例集No.58－23頁　国税不服審判所ホームページ)

（裁決要旨）

請求人と請求人が雇用されている会社との給与に関する契約は年俸契約であり、単身赴任手当や通勤手当等は一切支給されていないところ、請求人は、単身赴任費相当額又は通勤費相当額は所得税法第９条第１項第５号の課税されない通勤手当に類するものであるから、給与所得の金額は、これらの金額を給与等の金額から控除した後の金額を基礎として算出すべきである旨主張する。

しかしながら、所得税法第９条第１項第５号は、給与所得を有する者で通勤するものがその通勤に必要な交通機関の利用又は交通用具の使用のために支出する費用に充てるものとして通常の給与に加算して受ける通勤手当（これに類するものを含む。）のうち、一般の通勤者につき通常必要であると認められる一定の部分を非課税所得とする旨規定しており、この規定の「これに類するもの」とは、現金支給に代えて支給される通勤用定期乗車券の現物等がこれに当たるものと解されているところ、請求人にあっては、給与等のほかに通常の給与に加算して受けるものは一切なく、本件非課税規定による通勤手当は存在しないのであるから、請求人の主張には理由がない。

なお、給与所得の金額の計算上収入金額から控除すべき金額は、所得税法第28条の規定による給与所得控除額及び所得税法第57条の２の規定による特定支出の額の合計額が給与所得控除額を超えたときの超えた部分の金額とされているところ、本件単身赴任費相当額は、特定支出の控除の対象となる特定支出とは認められず、本件において給与所得の収入金額から控除できる金額は、給与所得控除額のみである。

③ 通勤手当の非課税規定は、通常の給与に加算して受けるものとした事例

（東京裁平成11年9月27日　裁決事例集№58・23頁、国税不服審判所ホームページ）

（裁決要旨）

請求人は、会社から単身赴任手当や通勤手当等の受給がない請求人の俸給額のうち、単身赴任に要する費用に相当する金額又は自宅から勤務先まで実際に通勤した場合に必要となる費用に相当する金額を所法第9条第1項第5号に規定する通勤手当に類するものに該当する旨主張する。しかしながら、給与等のほかに通常の給与に加算して受けるものは一切なく、本件非課税規定による通勤手当は存在しないのであるから、請求人の主張には理由がない。

4－2　非課税となる通勤費

○　人材派遣会社から支払われた給与のうちの通勤費相当額は非課税所得に該当しないとした事例

（平成20年6月19日裁決　裁決事例集No.75－176頁　国税不服審判所ホームページ）

（裁決要旨）

人材派遣業を営むA社の派遣社員である請求人は、同社から支払われた給与のうち、請求人が負担した自宅から派遣先までの通勤費相当額は、非課税とすべき旨主張する。

しかしながら、A社は、請求人に対して通勤手当を給与に加算して別途支給しておらず、請求人に所得税法第9条第1項第5号にいう「通常の給与に加算して受ける通勤手当」に該当するものがあるとは認められない。この他、請求人が負担した通勤費相当額を非課税所得とする規定はないから、これを非課税所得として、各年分の給与所得の金額の計算上、給与等の収入金額から除外することはできないとした本件各更正処分はいずれも適法である。

4－4　非課税となる旅費

①　単身赴任者に支給した帰郷交通費は、職務を遂行するための旅行でなく、帰郷に要する交通費の負担を軽減するために支給されたもので、給与所得に該当するとした事例

（平成10年1月29日裁決　裁決事例集No.55－273頁　国税不服審判所ホームページ）

（裁決要旨）

請求人は、単身赴任者に支給した帰郷交通費は、所得税法第9条第1項第4号に規定されている非課税とされる旅費である旨主張するが、当該帰郷交通費は、請求人が受給者の帰郷に要する交通費の負担を軽減するため、その費用の一部を補助する目的で給与関係内規の別居手当の一部として支給したものと認められることから、職務を遂行するための旅費には当たらず、同号に規定する非課税とされる旅費には当たらない。

---

②　定額の旅費支給について非課税所得であるとして課税を行わないとする合理的理由が認められないとした事例

（大阪裁平成15年9月12日　国税不服審判所ホームページ）

（裁決要旨）

請求人は、本店勤務に係る旅費（以下「本件宿泊費」という。）として、代表者、同人の妻である監査役及び取締役（以下「代表者等」という。）の3名に対して支給している金品は、請求人の出張旅費規程の範囲内であり、かつ、当該出張旅費規程も社会通念上相当であるから、所得税法第9条第1項第4号の非課税とされる金品に該当する旨主張する。しかしながら、本件のような定額の旅費支給については、本来の実費弁償に代えて社会通念上妥当な合理的基準に基づき算定されているならば、①旅費の支給を受けても、それは本来、旅行により消費されるものであると認められること、また、②その定額と旅行実費との間に若干の差額があっても、それは僅少の差に止まると認められることから、その差額相当額も含み、課税を行わないとしてい

るところ、本件宿泊費は、当該①及び②に加え、③請求人の出張規程が実費精算を認めていること、④代表者等は、宿泊にそれぞれの自宅等を利用しており、宿泊に要する費用を支出していないこと、⑤④を請求人が客観的に判定でき了知していること、⑥④のような自宅に宿泊する本店勤務が年間の半分に至る程度に常態であること、⑦結果として、代表者等に多額の利得が生じること、及び⑧同業種、同規模の他の使用者等が、①ないし⑦を前提とした上で、その使用人に本件宿泊費に相当する金品を支給することが通常一般的かどうかの点を勘案すると、非課税所得であるとして課税を行わないとする合理的理由があるものとは認められず、所得税法第９条及び所得税基本通達９－３が射程としている範囲を超えているというべきである。

4－10　非課税となる奨学金・学費

①　大学の神職課程を履修する学生を実習生として受け入れ、神社の日常的業務を行うことにより支給した奨学金の全額が給与等と認めるのが相当であるとした事例

（東京裁平成24年11月30日　国税不服審判所ホームページ）

（裁決要旨）

宗教法人である請求人は、大学の神職課程を履修する学生を実習生として受け入れ、当該実習生に対して支給した奨学金のうち、大学の授業料相当額については学資に充てられるため給付される金品であり、労務の対価としての性質を持たないものであるから、所得税法第９条《非課税所得》第１項第15号に規定する非課税所得に該当し、給与等に該当しない旨主張する。しかしながら、請求人は、当該実習生を自己の敷地に隣接する共同住宅に起居させ、毎月20日間以上、原則、請求人の敷地内において、請求人が神社として通常行う業務全般を請求人が定めた開始時間から終了時間まで、さらには宿直業務も行わせていたのであるから、当該実習生は、請求人から空間的・時間的に拘束を受け、継続的ないし断続的な役務を提供していたと認められ、また、当該実習生が返還義務を負わずに奨学金や宿直に係る手当の給付を受

けていることは、実習生という身分を有していることが前提となっており、当該身分を有しているということは、神社の日常的な業務を行うこととなるから、当該実習生は、雇用に類する原因に基づき請求人の代表役員等の指揮命令に服して労務又は役務を提供し、その対価として奨学金等の給付を受けていたというべきである。そうすると、請求人が当該実習生に支給した奨学金の全額が所得税法第28条《給与所得》第１項に規定する給与等と認めるのが相当であり、その中に大学の授業料相当額の奨学金があったとしても、同法第９条第１項第15号かっこ書の「給与その他対価の性質を有するもの」に該当し、非課税所得とされるものから除かれるから、請求人の主張は採用できない。

---

②　従業員を産業能率短期大学に入学させその費用を負担したのは、従業員の一般的資質の向上を直接の目的とするにすぎないから従業員の給与所得を構成するとした事例

（東京地判裁昭和44年12月25日　Z057－2503　タインズ）

（判決要旨）

⑴　所得税法９条１項19号にいう「学資に充てるため給付される金品（給与その他対価の性質を有するものを除く。）」とは、勤務の対価ではなくして、会社が購入した新規機械設備を操作する技術を習得させるための授業科のごとく客観的にみて使用者の事業の遂行に直接必要があるものであり、かつ、その事業遂行の過程において費消されるべき給付を指すものと解するのが相当である。

⑵　会社が従業員を産業能率短期大学に入学させその費用を負担したのは、従業員の一般的資質の向上を直接の目的とするにすぎないことが認められるから、その支出は、窮極的には会社事業の生産性と事務能力の向上に寄与することがあるとはいえ、所得税法９条１項19号所定の非課税所得に該当せず、従業員の給与所得を構成する。

---

③　被扶養者の入学金及び授業料等を減額免除されたことによる学費

減免相当額は給与所得の収入金額に該当するとした事例

(昭和57年1月14日裁決　裁決事例集No.23－37頁　国税不服審判所ホームページ)

(裁決要旨)

請求人(大学教員)の長男の入学金及び授業料等につき、大学に設けられている学費減免規定に基づき、減額免除されたことによる利益は、使用者である同大学から勤労者の地位にある請求人が受けた経済的利益であるから、当該経済的利益に係る所得は、所得税法第28条第1項にいう給与所得に該当する。

4－13　経済的利益(食事の支給)

○　使用人等に対する食事の支給による経済的利益の供与について、請求人が給食委託業者に支払った委託料等を加算したところにより評価するのが相当であるとした事例

(平成26年5月13日裁決　国税不服審判所ホームページ)

(裁決要旨)

請求人は、請求人が給食業者(本件受託業者)に委託して調理させ従業員等に対して支給した食事は、所得税基本通達36－38《食事の評価》(1)に定める「使用者が調理して支給する食事」として食事の材料費相当額により評価すべきである旨主張する。

しかしながら、当該食事の材料は本件受託業者が調達しており、請求人はこれらの材料の明細及び内容を関知しておらず、その在庫を請求人の帳簿書類にも記載していなかったことに鑑みれば、自己の計算に基づき材料の調達及び管理を行っていたのは本件受託業者であるということができるから、請求人が材料を提供し当該食事の調理のみを委託していたとみることはできない。また、請求人は従業員等から徴収した食券代金を集計し本件受託業者に支払っていたところ、当該金額は、あらかじめ本件受託業者との間で定めたメニューごとの材料費相当額に基づき計算されてはいたものの、食事の材料

費そのものとはいえないから、請求人が材料費を負担していたとみることもできない。そして、請求人は、従業員等が購入した食券代金を従業員等の給与から差し引いて預り金として経理し、本件受託業者に支払う際には預り金勘定から減額処理をしていたことからすると、請求人は本件受託業者が従業員等から直接受領すべき食事代金を本件受託業者に代わって徴収していたと認められ、請求人が本件受託業者に対して毎月一定額の給食業務委託料及び副食費を支払っていた事実を併せ考慮すると、請求人は、従業員等が本件受託業者から食事を安価で購入できるよう、給食業務委託料等を負担し、食事の購入代金の補助をしていたとみるのが相当である。したがって、当該食事は所得税基本通達36－38⑵に定める「使用者が購入して支給する食事」と同様に、食券代金、副食費及び給食業務委託料の合計額をもって評価するのが相当である。

4－20　経済的利益（誕生日祝金）

①　すべての使用人に対して、雇用されている限り毎年誕生月に支給している誕生日祝金について、その支給形態等が、広く一般に社会的な慣習として行われているとは認められないとして給与等に当たるとした事例

（平成15年９月25日裁決　裁決事例集No.66－212頁　国税不服審判所ホームページ）

（裁決要旨）

請求人は、本件誕生日祝金を請求人の誕生祝実施要領に基づき、各使用人の誕生月に独身者は10,000円、既婚者は15,000円を現金で支給しており、誕生日祝金の支給は、使用者と使用人との間に限らず広く一般に社会的な慣習として行われているので、本件誕生日祝金は、所得税基本通達28－５のただし書きに定める給与等として課税しなくて差し支えない結婚祝金品等に該当する旨主張する。

しかしながら、ある金品の交付が、所得税基本通達28－５による例外的取

扱いが認められるためには、少なくとも、その金品の交付が広く一般に社会的な慣習として行われていることを要するところ、本件誕生日祝金は、すべての使用人が、請求人に雇用されている限り、毎年誕生月に支給されるものであって、その支給形態等において、広く一般に社会的な慣習として行われているとは認められない。

したがって、請求人の主張は採用できない。

4－20　経済的利益（忘年会・慰安旅行）

○　従業員及び従業員の家族が参加した忘年会兼慰安旅行の費用のうち家族分各費用に係る経済的利益は、給与等となるとした事例

（名古屋裁平成23年４月14日　国税不服審判所ホームページ）

（裁決要旨）

請求人は、福利厚生費に計上した役員、従業員及び従業員の家族が参加した忘年会兼慰安旅行（本件行事）の費用のうち従業員の家族分の費用（本件家族分各費用）に係る経済的利益について、所得税基本通達36－30《課税しない経済的利益・・使用者が負担するレクリエーションの費用》（本件通達）に定める使用人にはその家族も含まれるため、本件家族分各費用は、本件通達の適用により給与課税の対象とはならない旨主張する。この点に関し、使用者が負担した従業員等の家族のレクリエーション参加費用に係る経済的利益が課税対象となるか否かについては、当該家族参加のレクリエーション行事が会社の行うレクリエーション行事であるか否か、また、その内容が社会通念上一般的に行われていると認められるか否かという２つの観点から検討した上で、本件通達の趣旨に照らして判断するのが相当であると解されるところ、本件行事は、会社が行うレクリエーション行事に該当すると認めるのが相当であり、また、社会通念上一般的に行われていると認められるレクリエーション行事にも該当すると認めるのが相当である。しかしながら、本件通達の趣旨に照らしてみると、①家族が参加した各従業員の家族が本件行事に希望しないまま参加したとまでは言い難く、②本件家族分各費用は、宿泊

を伴う忘年会としてみても少額とはいえず、③忘年会を行う趣旨又は目的は、従業員等に対する慰労であり、一般的には、従業員等の家族が参加することは予定されていないと認めるのが相当であることからすれば、請求人が別途負担した本件家族分各費用に係る経済的利益が、本件通達の趣旨にかなうものとは認められない。したがって、本件行事が、会社の行う社会通念上一般的に行われていると認められるレクリエーション行事に該当するといえたとしても、本件家族分各費用に係る経済的利益には、本件通達の適用がないことから、請求人の主張には理由がない。

4－20　経済的利益（会食等）

○　大型のリゾートホテルを会場として協力会社等の従業員及び役員等約1000人が出席し、食事特別注文のコース料理（12000円）及びプロの歌手、クラッシック音楽の演奏家や歌手等によるコンサートが行われた「感謝の集い」行事について福利厚生事業と認めた（従業員に対する給与課税、法人税法上の交際費課税が行われていない。）事例（法人税）

（福岡地裁 平成29年４月25日判決　（確定）Ｚ267－13015　タインズ）

（判決要旨）

3　本件行事の目的は、原告が原告代表者のリーダーシップの下、生産及び販売体制の整備によって債務超過による倒産の危機を乗り越え、グループ会社を含めて黒字経営となったという経営再建の歴史的経緯を踏まえて、原告代表者が、その原動力となった従業員に感謝の気持ちを伝えて労苦に報いるとともに、従業員の労働意欲をさらに向上させ、従業員同士の一体感や会社に対する忠誠心を醸成することにあった。そして、このように従業員の一体感や会社に対する忠誠心を醸成して、更なる労働意欲の向上を図るためには、従業員全員において非日常的な体験を共有してもらうことが、有効、必要であると考えられる。

4　本件調査の際、旅行会社からも、慰安旅行において従業員に対して「目玉として食事内容をグレードアップ」し、「日ごろ口に出来ない食材を提供」することの意義等が指摘されているところであって、このような旅行会社の指摘内容等に照らせば、旅行先それ自体に非日常性が乏しい場合（例えば、旅行先が勤務先事業所の所在する県内である場合等）には、慰安旅行の形態を採るとしても、従業員の慰安目的を達成するために、旅行先において従業員に提供される料理や食事の場所及び娯楽等の質ないし等級を上げるという形態を選択することも、社会通念上一般的に行われていることであるものと認められる。

5　本件行事への従業員の参加率は、本件各事業年度とも70%を超えており、原告の業績の推移及び本件行事に対する従業員の受け止め方等によれば、本件行事は、従業員の更なる労働意欲の向上、一体感や忠誠心の醸成等の目的を十分に達成しており、その成果が原告の業績にも反映されているものと認められる。

6　上記の検討結果によれば、本件行事について、福利厚生事業（慰安行事）として社会通念上一般的に行われている範囲を超えており、当該行事に係る費用が社会通念上福利厚生費として認められる程度を超えているものと認めることは困難であるというべきである。

7　本件行事に係る費用について、「日帰り慰安旅行」に係る費用額との比較を行うことも十分な合理性を有するというべきであり、本件行事に係る費用は、「日帰り慰安旅行」に係る費用額と比較すれば、通常要する程度であるといえる。

8　以上のとおりであるから、本件各福利厚生費は、措置法61条の4第1項の「交際費等」に該当するということは困難である。

4－22　経済的利益（カフェテリアプラン）

○　人間ドック等の補助に係る経済的利益について、本件におけるカフェテリアプランは換金性のあるプランとは認められないから、源泉徴収義務はないとした事例

（令和２年１月20日裁決　裁決事例集No.118　国税不服審判所ホームページ）
（裁決要旨）

原処分庁は、本件におけるカフェテリアプラン（本件プラン）には財形貯蓄補助金メニューが含まれており、本件プランは換金性のあるプランと認められ、本件プランにおける各経済的利益（本件各経済的利益）の全てが源泉所得税等の課税対象になるから、請求人の被合併法人であるＡ社には人間ドック等の補助に係る経済的利益について源泉徴収義務がある旨主張する。しかしながら、本件プランにおいて、①各使用人が本件各経済的利益として受ける額は、各使用人の職務上の地位や報酬額に比例して異なるものではなく、福利厚生費として社会通念上著しく多額であるとは認められず、②当該財形貯蓄補助金メニューは、各使用人のうち一定の期間内に財形貯蓄をした使用人に対してその補助として金銭が支給されるものであり、何ら要件なく各使用人に付与されたポイントを金銭に換えることを内容とするものとは認められず、③当該財形貯蓄補助金メニュー以外の各メニューについても、一定の要件を充足しなければ補助等を受けられないものであり、自由に品物を選択できるとか、何ら要件なく金銭や商品券等の支給を受けることを選択できることを内容とするものではなく、残ポイントがある場合に当該残ポイントに相当する金銭が支給されるものでもない。以上のことからすると、本件プランは、ポイントを現金に換えられるなど換金性のあるプランとは認められず、本件各経済的利益については、各使用人が選択した現に受ける補助等の内容に応じて、課税対象となるか判断することになる。したがって、Ａ社には当該人間ドック等の補助に係る経済的利益について源泉徴収義務はないと認められる。

４－23　経済的利益（慰安旅行）

①　ハワイ旅行について、日程、費用等を考えると、それが企業の福利厚生事業たる慰安旅行として、社会通念上一般的に行なわれている性質・程度のものとは到底認めることができないとした事例

（岡山地判昭和54年７月18日（確定）Ｚ106－4439　タインズ）

（判決要旨）

⑸　今日、企業がその従業員の親睦や労働意欲の向上を目的として、慰安旅行・運動会等のレクリエーション行事を行なうことは広く一般化しているが、その参加費用の全部または一部を企業が負担、支出する場合、従業員はこれによって経済的利益を受けることとなるから、所得税法36条は、右利益の価額を収入として課税の対象とする趣旨と解される。もつとも、これらレクリエーション行事が社会通念上一般的に行なわれているものと認められる場合には、例外的に課税しなくて差支えないとするのが徴税事務の取扱いである（所得税基本通達36－30）。

右のような取扱いは、課税対象が一般に少額とみられることや、正確な捕捉の困難、徴税事務の繁雑等の理由から、是認され得るであろう。

⑹　本件ハワイ旅行は、原告会社の創立25周年を記念して、従業員らの多年の労苦に報いる趣旨で計画され、日程５泊６日、費用は１人当り18万6,500円にのぼるものである。

今日の国民生活水準の一般的向上や、いわゆるレジヤーについての意識の変化、航空機の発達による旅行日程の短縮、観光目的の海外渡航条件の緩和等の諸事情のもとで、海外旅行者の数が大幅に増加し、国外への旅行も一般にさして珍らしいことではなくなっていると言って差支えないであろう。しかし、それでもなお、簡易な国内旅行に比べれば、相当多額の費用負担や渡航のための手続を要し、その行先は言語・風俗等も著しく異なるのであるから、大多数の国民にとっては、いまなお特別の旅行であって、誰もが容易に実行し得る性質のものとは受取られていないと理解される。少くとも、本件ハワイ旅行について、前記のような日程、費用等を考えると、それが企業の福利厚生事業たる慰安旅行として、社会通念上一般的に行なわれている性質・程度のものとは到底認めることができない。

したがつて、原告会社が負担した本件ハワイ旅行の費用は、その福利厚生費とみなすことは出来ず、当該旅行に参加した従業員に対する臨時的な給与（賞与）として、課税の対象となると言うべきである。

---

②　参加従業員の受ける経済的利益、すなわち本件旅行における使用者の負担額が重視されるべきであるとした事例

（大阪高裁昭和63年３月31日（一部取消し）（確定）　Z163－6088　タインズ）

（判決要旨）

⑿　所得税基本通達36－30（課税しない経済的利益……使用者が負担するレクリエーション費用）は１）使用人らは、雇用されている関係上、必ずしも希望しないレクリエーション行事に参加せざるを得ない面があり、その経済的利益を自由に処分できるわけでもないこと、２）レクリエーション行事に参加することによって使用人らが受ける経済的利益の価額は少額であるのが通常であるうえ、その評価が困難な場合も少なくないこと、３）使用人らの慰安を図るため使用者が費用を負担してレクリエーション行事を行うことは一般化しており、右のレクリエーション行事が社会通念上一般的に行われていると認められるようなものであれば、あえてこれに課税するのは国民感情からしても妥当ではないこと等を考慮したものと解され、合理性を有するものである。

⒀　本件旅行が所得税基本通達36－30（課税しない経済的利益……使用者が負担するレクリエーション費用）にいう社会通念上一般的に行われていると認められるレクリエーション行事にあたるか否かの判断にあたっては、本件旅行の企画立案・主催者、旅行の目的・規模・行程・従業員の参加割合、使用者及び参加従業員の負担額、両者の負担割合等を総合的に考慮すべきであるが、右通達は、１）使用人らは、希望しないままレクリエーション行事に参加せざるを得ない面があり、その経済的利益を自由に処分できないこと、２）使用人らが受ける経済的利益の価額は通常少額であり、評価が困難な場合も少なくないこと、３）社会通念上一般的に行われているレクリエーション行事であれば、あえてこれに課税するのは国民感情からしても妥当ではないこと等を考慮したものであ

ることからすれば、従業員の参加割合、参加従業員の費用負担額ないし使用者と参加従業員の負担割合よりも、参加従業員の受ける経済的利益、すなわち本件旅行における使用者の負担額が重視されるべきである。けだし、右の経済的利益が多額であれば非課税とする根拠を失うのに対し、従業員の参加割合、参加従業員の負担額、使用者と参加従業員の負担割合は、本件旅行がレクリエーション行事といえるかどうかの判断について考慮すべき事項であるとはいえても、自ら、どの程度の費用を負担してレクリエーション行事に参加するか否かは最終的には従業員が決定すべき事柄であって、参加しない者も予定されるからである。

---

③　海外慰安旅行の参加者の一人当たりの費用の額は平成３年５月分341,000円、平成４年５月分454,411円及び平成５年５月分520,000円であり、多額であると認められ社会通念上一般に行われている福利厚生行事と同程度のものとは認められないとした事例

（平成８年１月26日裁決　裁決事例集　No.51－346頁　国税不服審判所ホームページ）

（裁決要旨）

1　使用者が負担するレクリエーション等の福利厚生行事において、経済的利益の供与を受けた場合、従業員は雇用されている関係上、必ずしも希望しないレクリエーション行事に参加せざるをえない面があり、その経済的利益を自由に処分できるわけでもないこと、当該行事に参加することによって従業員等が受ける経済的利益の額は少額であるのが通常である上、その評価も困難な場合が少なくないこと及び従業員等の慰安を図るため使用者が費用を負担してレクリエーション行事を行うことは一般化しており、当該レクリエーション行事が、社会通念上一般に行われていると認められる場合にはあえて課税しないこととするのが相当である。

従業員等の慰安旅行が社会通念上一般に行われていると認められるか否かの判断に当たっては、当該旅行の企画立案、主催者、旅行の目的・規模・行程、従業員の参加割合、使用者及び従業員の負担額、両者の負担割合等を総合的に考慮すべきであるが、経済的な利益の額が多額であれば、課税しない根拠を失うこととなる。

2　本件海外慰安旅行において請求人が負担した参加者１人当たりの費用の額は、それぞれ、平成３年５月分341,000円、平成４年５月分454,411円及び平成５年５月分520,000円であるが、当該金額は、上記のあえて課税しない趣旨からすれば、多額であると認められることから、社会通念上一般に行われている福利厚生行事と同程度のものとは認められない。

そうすると、請求人が負担した本件各旅行の費用のうち、従事員（その代理で参加した妹、友人を含む。）に係る金額については、当該従事員に対し臨時的な給与等を支給したことになる。そのうち、請求人の代表取締役に係る部分の金額（平成３年５月分341,000円、平成４年５月分454,411円及び平成５年５月分520,000円）は、同人に対し役員賞与を支給したこととなるから、本件各事業年度の損金の額に算入することはできない。また、取引先の役員及び従業員に係る部分の金額（平成４年５月分454,111円及び平成５年５月分1,040,000円）は、交際費の額と認められる。

---

④　請求人が負担した慰安旅行の参加従事員１人当たりの費用の額は、平成５年分192,003円、平成６年分449,918円及び平成７年分260,332円と、社会通念上一般的に行われている福利厚生行事としてはあまりにも多額であるから、当該従事員が受ける経済的利益は、給与所得として課税するのが相当とした事例

（平成10年６月30日裁決　裁決事例集　No.55－248頁　国税不服審判所ホームページ）

（裁決要旨）

福利厚生行事が社会通念上一般的に行われているものと認められる範囲内のものである場合には、当該福利厚生行事の経済的利益については課税しないこととするのが相当と解されるところ、請求人の負担した本件慰安旅行に参加した役員及び従業員各人の１人当たりの費用（各人の家族等分を含む。）の平均額は、平成５年５月分が192,003円、平成６年５月分が449,918円及び平成7年5月分が260,332円であることから、社会通念上一般的に行われていると認められる範囲内の福利厚生行事としては、あまりにも多額であり、また、従業員等の家族等が参加し、その旅行費用までほとんど全額負担していることを考慮すると、本件慰安旅行が社会通念上一般的に行われていると認められる範囲内の福利厚生行事と同程度のものとは認められない。

したがって、請求人は本件慰安旅行の実施によって、本件旅行参加者に対して経済的利益を供与したものと認められるので、本件旅行費用は、本件旅行参加者に支給した所得税法第28条に規定する給与等と認めるのが相当である。

---

⑤ 請求人が実施した社員旅行は、社会通念上一般的に行われているレクリエーション行事として行われる旅行とは認められないとした事例

（平成22年12月17日裁決　裁決事例集No.81　国税不服審判所ホームページ）

（裁決要旨）

請求人は、請求人が従業員等を参加者として実施した海外への社員旅行（本件旅行）は、1 実施日程が2泊3日であること、2 従業員のほぼ全員が参加していること及び3 従業員には経済的利益を受けることについての選択性が認められないものであること等から、所得税基本通達36－30《課税しない経済的利益……使用者が負担するレクリエーションの費用》（本件基本通達）にいう社会通念上一般的に認められる範囲内のレクリエーション行事であるから、請求人が負担した本件旅行の費用は、従業員に対する経済的利益（給与）として課税されるべきではない旨主張する。

しかしながら、レクリエーション行事として行われる旅行が本件基本通達にいう社会通念上一般的に行われていると認められるものに当たるか否かの判断に当たっては、当該旅行の企画立案、主催者、旅行の目的・規模・行程、従業員の参加割合、使用者及び参加従業員の負担額、両者の負担割合等を総合的に考慮すべきであるが、少額の現物給与は強いて課税しない（少額不追求）という本件基本通達の趣旨からすれば、従業員の参加割合、参加従業員

の費用負担額ないし両者の負担割合よりも、参加従業員の受ける経済的利益、すなわちレクリエーション行事における使用者の負担額が重視されるべきであるところ、請求人が負担した従業員一人当たりの本件旅行の費用の額は、海外への社員旅行を実施した企業の一人当たりの会社負担金額を大きく上回る多額なものであるから、少額不追求の観点から、強いて課税しないとして取り扱うべき根拠はないものといわざるを得ない。

したがって、本件旅行については、社会通念上一般的に行われているレクリエーション行事の範囲内と認めることはできない。

筆者補足

裁決書本文判断で「(3)　本件への当てはめ　レクリエーション行事として行われる役員又は従業員を対象とした慰安旅行が社会通念上一般的に行われていると認められる範囲内か否かの判断に当たっては、・・・のとおり、当該旅行の参加者が受ける経済的利益の額（使用者の負担額）が少額不追求の範囲内となるか否かを判断すべきであるところ、これを本件旅行についてみると、請求人が負担した従業員一人当たりの旅行費用の額241,300円は、・・・のとおり、ランドマーク的なホテルを１人１部屋使用したこと、現地の有名レストランで食事をしたこと等の事情もあって、上記(2)のロの会社負担金額と比較すると、当該負担金額を大きく上回る多額なものであるから、少額不追求の観点から、強いて課税しないとして取り扱うべき根拠はないものといわざるを得ない。」としています。

---

⑥　社会通念上一般的に行われているものと認められるか否かは、旅行に参加した従業員等が受ける経済的利益の額、すなわち使用者の負担額を中心として、当該旅行の目的や内容、従業員の参加状況などの諸事情を考慮することにより判断することが可能であるとした事例

（東京高判平成25年５月30日　Z263－12222　タインズ）

（判決要旨）

2　当裁判所も、本件各従業員分旅行費用の負担は所得税法28条１項の「給与等」の支払に該当するものと判断する。その理由は、下記当審における控訴人の主張に対する判断を付加するほかは、原判決の「事実及び理由」欄の「第３　当裁判所の判断」に記載のとおりであるから、これを引用する。

3　控訴人代表者自身、本件旅行の目的が、定年制を前提に、熟練技能者等の長年の労に対して盛大に報い、きちんと勤め上げると全社を挙げて盛大に送り出してもらえると社員に感じさせるために本件旅行を企画したとしているのであり、そのことによって会社に対する忠誠心がかん養され、ひいては指揮命令系統が強まることがあり得るとしても、付随的派生的効果にすぎず、従業員等の慰安や親睦を目的とする一般の慰安旅行と異なるところはないと考えられる。

4　本件旅行の目的は、上記のとおり、控訴人従業員などの慰安と親睦にあったものであり、控訴人の業務上の必要に基づいて本件各従業員に参加を強制して行われたものと認めることはできず、控訴人の業務上の必要に基づいて経済的な利益の供与を受けたものということができないことは原判決説示のとおりであり、控訴人の主張は前提を欠く。

5　控訴人は、所得税基本通達36－30に関し「上記通達の運用は、事後的に課税要件を示されて課税されるのと等価であり、事前予測が困難な社会通念上一般的に行われているという要件は、納税者に有利に解釈されるべきであって、これを厳しく解釈するのは違憲の疑いがある。」旨主張する。

しかし、社会通念上一般的に行われているものと認められるか否かは、旅行に参加した従業員等が受ける経済的利益の額、すなわち使用者の負担額を中心として、当該旅行の目的や内容、従業員の参加状況などの諸事情を考慮することにより判断することが可能であり、事前予測が困難ということはできないし、本件においてこれが控訴人の主張するように厳しく解釈されたものということもできない。控訴人の上記主張は理由がない。

4－24　経済的利益（社宅の貸与）

○　建物を無償で使用することによって、通常支払うべき使用料の免除という経済的利益が発生していることは明らかであるから、経済的利益の供与に当たるとした事例

（東京裁平成12年３月21日　国税不服審判所ホームページ）

（裁決要旨）

請求人は、請求人が所有する社宅を代表者に無償貸与したことについて、所法第36条第１項の経済的利益に当たるとして行われた源泉所得税の納税告知処分に対して、①請求人と代表者を同じくする他の法人が代表者の自宅を取り壊して、新たに建築する建物の工事期間中の代表者の自宅として無償貸与が行われたこと、②貸与する期間は当該建物の建築工事期間中という短期間であること、③請求人が当該建物の一部を使用する予定になっていること等を理由として、当該建物の無償貸与には経済的合理性があるから、経済的利益には当たらない旨主張する。しかしながら、代表者が請求人の所有する建物を無償で使用することによって、代表者には通常支払うべき使用料の免除という経済的利益が発生していることは明らかであるから、経済的利益の供与に当たるとした納税告知処分は適法である。

4－26　経済的利益（保険料の負担）

①　損金に算入した養老保険の保険料相当額が、保険金受取人である従業員に対する給与（経済的利益の供与）に当たるとした事例

（昭和61年11月28日裁決　裁決事例集　No.32－110頁　国税不服審判所ホームページ）

（裁決要旨）

本件保険契約は、万一の場合の保障と貯蓄との二面性のある養老保険契約であって、保険金受取人である従業員は、保険事故の発生又は保険期間の満了の際には当然に保険契約上の利益、すなわち保険金請求権を自己固有の権

利として原始的に取得するものであり、請求人はその報酬として保険者に対し本件保険料を支払い損金に算入していることから、当該従業員は本件保険料相当額の経済的利益を享受していると認めるのが相当であり、本件保険料の額を給与所得の収入金額と認定し、源泉所得税の納税告知をした原処分は違法とはいえない。

---

② 特定の者のみを被保険者とし、また、被保険者ごとの受取保険金額に格差があることから「合理的な基準による格差」とは認められないとした事例

（東京裁平成13年３月９日　一部取消し　国税不服審判所ホームページ）

（裁決要旨）

自己を契約者、自己の役員及び使用人を被保険者とし、死亡保険金の受取人を被保険者の遺族等とする定期保険契約に加入した請求人は、当該保険契約に基づき支払った保険料相当額については、福利厚生費の性格を有し、原処分庁が給与等に当たるとした告知処分は取り消されるべきである旨主張する。しかし、本件保険契約は、特定の者のみを被保険者としていること及び被保険者ごとの受取保険金額に格差があることについて、「合理的な基準による格差」とは認められず、福利厚生費が役員及び使用人の全体の福利厚生のために使用されることを前提としていることからすると、本件保険契約に基づく支払保険料相当額は、福利厚生費とは認められず、被保険者である役員又は使用人に対する経済的利益の供与に当たり、同人に対する給与等に該当する。

---

③ 被保険者を主任以上とする保険契約については、全従業員がその恩恵に浴する機会が与えられているとは認められず、支払った保険料は、被保険者に対する給与に該当するとした事例

（平成５年８月24日裁決　裁決事例集No.46－177頁　国税不服審判所ホームページ）

（裁決要旨）

請求人は、本件養老保険契約に係る被保険者について、［1］勤続年数15年以上、［2］年齢40歳以上、［3］定年までの定着度の各要件を総合勘案して、各職種より選定した旨主張するが、1名のやむを得ない例外を除いては主任以上の全従事員が被保険者となっており、保険加入の対象者として主任以上の基準を設けていたことが推認される。

ところで、請求人においては、主任とは役職名の一つであって、役職の任免は請求人の業務運営上の必要に応じて行われるものとされており、必ずしもすべての従事員が主任以上の役付者になれるとは限らず、また、課長又は主任に任命されていない者で勤続年数15年以上かつ年齢40歳以上の者が3人認められることからみると、全従事員がその恩恵に浴する機会を与えられているとは認められない。

したがって、本件保険契約については、全従業員がその恩恵に浴する機会が与えられているとは認められず、支払った保険料は、被保険者に対する給与とすることが相当である。

資　料

資　料

課個５－５
平成21年12月17日

国税局長　殿
沖縄国税事務所長　殿

国税庁長官

大工、左官、とび職等の受ける報酬に係る所得税の取扱いについて（法令解釈通達）

標題のことについては、下記のとおり定めたから、これによられたい。

なお、昭和28年８月17日付直所５－20「大工、左官、とび等に対する所得税の取扱について」（法令解釈通達）、昭和29年５月18日付直所５－22「大工、左官、とび等に対する所得税の取扱について」（法令解釈通達）、昭和30年２月22日付直所５－８「大工、左官、とび等に対する所得税の取扱について」（法令解釈通達）及び昭和31年３月12日付直所５－４「大工、左官、とび等に対する従来の取扱通達にいう『大工、左官、とび等』の意義等について」（法令解釈通達）は、廃止する。

（趣旨）

大工、左官、とび職等の受ける報酬に係る所得が所得税法第27条に規定する事業所得に該当するか同法第28条に規定する給与所得に該当するかについては、これまで、昭和28年８月17日付直所５－20「大工、左官、とび等に対する所得税の取扱について」（法令解釈通達）ほかにより取り扱ってきたところであるが、大工、左官、とび職等の就労形態が多様化したことなどから所要の整備を図るものである。

記

1　定義

この通達において、「大工、左官、とび職等」とは、日本標準職業分類（総務省）の「大工」、「左官」、「とび職」、「窯業・土石製品製造従事者」、「板金従事者」、「屋根ふき従事者」、「生産関連作業従事者」、「植木職、造園師」、「畳職」に分類する者その他これらに類する者をいう。

2　大工、左官、とび職等の受ける報酬に係る所得区分

事業所得とは、自己の計算において独立して行われる事業から生ずる所得をいい、例えば、請負契約又はこれに準ずる契約に基づく業務の遂行ないし役務の提供の対価は事業所得に該当する。また、雇用契約又はこれに準ずる契約に基づく役務の提供の対価は、事業所得に該当せず、給与所得に該当する。

したがって、大工、左官、とび職等が、建設、据付け、組立てその他これらに類する作業において、業務を遂行し又は役務を提供したことの対価として支払を受けた報酬に係る所得区分は、当該報酬が、請負契約若しくはこれに準ずる契約に基づく対価であるのか、又は、雇用契約若しくはこれに準ずる契約に基づく対価であるのかにより判定するのであるから留意する。

この場合において、その区分が明らかでないときは、例えば、次の事項を総合勘案して判定するものとする。

(1)　他人が代替して業務を遂行すること又は役務を提供することが認められるかどうか。

(2)　報酬の支払者から作業時間を指定される、報酬が時間を単位として計算されるなど時間的な拘束（業務の性質上当然に存在する拘束を除く。）を受けるかどうか。

(3)　作業の具体的な内容や方法について報酬の支払者から指揮監督

（業務の性質上当然に存在する指揮監督を除く。）を受けるかどうか。

(4)　まだ引渡しを了しない完成品が不可抗力のため滅失するなどした場合において、自らの権利として既に遂行した業務又は提供した役務に係る報酬の支払を請求できるかどうか。

(5)　材料又は用具等（くぎ材等の軽微な材料や電動の手持ち工具程度の用具等を除く。）を報酬の支払者から供与されているかどうか。

大工、左官、とび職等の受ける報酬に係る所得税の取扱いに関する留意点について（情報）

平成21年12月17日

大工、左官、とび職等の受ける報酬に係る所得税の取扱いについては、平成21年12月17日付課個５－５「大工、左官、とび職等の受ける報酬に係る所得税の取扱いについて」（法令解釈通達）を定めたことから、その留意点を質疑応答形式により別冊のとおり取りまとめたので、執務の参考とされたい。

資　料

別冊

目　次

（大工、左官、とび職等の受ける報酬に係る所得税の取扱い）

問１　所得税の確定申告等に当たり、大工、左官、とび職等が建設、据付け、組立てその他これらに類する作業において、業務を遂行し又は役務を提供したことの対価として支払を受けた報酬に係る所得区分はどのように判定するのでしょうか。

（答）

1　事業所得とは、自己の計算において独立して行われる事業から生ずる所得をいうこととされていますので、例えば、請負契約又はこれに準ずる契約に基づく業務の遂行ないし役務の提供の対価は事業所得に該当し、雇用契約又はこれに準ずる契約に基づく役務の提供の対価は、事業所得に該当せず、給与所得に該当します。

2　したがって、大工、左官、とび職等が、建設、据付け、組立てその他これらに類する作業（以下「建設作業等」という。）において、業務を遂行し又は役務を提供したことの対価として支払を受けた報酬（以下「本件報酬」という。）に係る所得区分は、本件報酬が、請負契約若しくはこれに準ずる契約に基づく対価であるのか、又は雇用契約若しくはこれに準ずる契約に基づく対価であるのかにより判定することになります。

3　なお、雇用契約若しくはこれに準ずる契約に基づく対価として給与所得に該当する場合は、その給与等の支払をする者は、その支払の際に、所得税の源泉徴収を行うことになります。

【参考】

○最判昭和56年4月24日（民集35巻3号672頁）

およそ業務の遂行ないし労務の提供から生ずる所得が所得税法上の事業所得（同法27条1項、同法施行令63条12号）と給与所得（同法28条1項）のいずれに該当するかを判断するにあたっては、租税負担の公平を図るため、所得を事業所得、給与所得等に分類し、その種類に応じた課税を定めている所得税法の趣旨、目的に照らし、当該業務ないし労務及び所得の態様等を考察しなければならない。したがって、弁護士の顧問料についても、これを一般的抽象的に事業所得又は給与所得のいずれかに分類すべきものではなく、その顧問業務の具体的態様に応じて、その法的性格を判断しなければならないが、その場合、判断の一応の基準として、両者を次のように区別するのが相当である。すなわち、事業所得とは、自己の計算と危険において独立して営まれ、営利性、有償性を有し、かつ反覆継続して遂行する意思と社会的地位とが客観的に認められる業務から生ずる所得をいい、これに対し、給与所得とは雇傭契約又はこれに類する原因に基づき使用者の指揮命令に服して提供した労務の対価として使用者から受ける給付をいう。なお、給与所得については、とりわけ、給与支給者との関係において何らかの空間的、時間的な拘束を受け、継続的ないし断続的に労務又は役務の提供があり、その対価として支給されるものであるかどうかが重視されなければならない。

資　料

（「大工、左官、とび職等」の意義）

問２　「大工、左官、とび職等」とは、具体的にどのような者をいうのでしょうか。

（答）

本通達でいう「大工、左官、とび職等」とは、日本標準職業分類（総務省）の「大工」、「左官」、「とび職」、「石工」、「板金作業者」、「屋根ふき作業者」、「塗装作業者」、「植木職、造園師」、「畳職」に分類する者その他これらに類する者をいいます（本通達１）。

【参考】

○日本標準職業分類（平成９年12月改定）（総務省）（抜粋）

大分類Ｇ　農林漁業作業者

中分類43　農業作業者

小分類433　植木職、造園師

植木の植込・手入、造園の造築の仕事に従事するものをいう。

大分類Ｉ　生産工程・労務作業者

Ｉ－１　製造・制作作業者

中分類54　土石製品製造作業者

小分類541　石工

石工用機械又は手道具を用いて、石材の切断・表面研磨・像刻み・碑文彫り、石塔・石材・うす（臼）などの加工製作の仕事に従事するものをいう。石積の仕事に従事するものも含まれる。

中分類55　金属加工作業者

小分類554　板金作業者

金切はさみ・つち（鎚）・簡単な切断機・曲げロール機などを用いて、金属薄板を切断・曲げ・絞り・成形する仕事、加工された金属薄板を組み合わせ、ハンダ・硬ろう（蝋）・ガス・電気で接着して仕上げる仕事に従事するものをいう。

中分類72　その他の製造・製作作業者

小分類723　塗装作業者

塗料の調整・き（素）地作り（パテ拾い・めどめ・さび（錆）落しなど）・下地塗り・水どき・中塗り・上塗り・文字書きなどの仕事に従事するものをいう。はけ塗り・へら塗り・たんぽ塗り・吹付け・刷り込み・転写・まき（蒔）絵は（貼）りの仕事に従事するものも含まれる。

Ｉ－３　採掘・建設・労務作業者

中分類76　建設躯体工事作業者

小分類762　とび職

くい（杭）打・建方・足場組み・ひき家・家屋の解体・取り壊し・

けた（桁）かけなどの仕事に従事するものをいう。

中分類 77　建設作業者（建設躯体工事作業者を除く）

小分類 771　大工

家屋などの築造・屋内造作などの木工事の仕事に従事するものをいう。

小分類 773　屋根ふき作業者

かわらふき・スレートかわらふき・土居ふきなどの屋根ふき又はふきかえの仕事に従事するものをいう。

小分類 774　左官

土・モルタル・プラスタ・漆くい（喰）・人造石等の壁材料を用いて、壁塗りなどの仕事に従事するものをいう。

小分類 775　畳職

畳の仕立て・はめ込み・畳表の裏返しの仕事に従事するものをいう。

資　料

（契約によって所得区分が判定できないときの判定基準）

問３　大工、左官、とび職等が建設、据付け、組立てその他これらに類する作業において業務を遂行し又は役務を提供したことの対価として支払を受けた報酬に係る所得区分が、契約によって判定できないときは、どのように判定するのでしょうか。

（答）

1　大工、左官、とび職等が、建設作業等において支払を受けた本件報酬に係る所得区分は、本件報酬が請負契約若しくはこれに準ずる契約に基づく対価であるのか、又は、雇用契約若しくはこれに準ずる契約に基づく対価であるのかにより判定することになります。

民法上、「雇用」とは、当事者の一方が相手方に対して労働に従事することを約し、相手方がこれに対してその報酬を与えることを約するもの、「請負」とは、当事者の一方がある仕事を完成することを約し、相手方がその仕事の結果に対してその報酬を支払うことを約するものとされています。

業務の遂行又は役務の提供には種々の形態が存するところ、大工、左官、とび職等が、建設作業等において支払を受けた本件報酬に係る所得区分が、契約によって判定できない場合には、例えば、次の事項を総合勘案して判定することになります。

①　他人が代替して業務を遂行すること又は役務を提供することが認められるかどうか。

②　報酬の支払者から作業時間を指定される、報酬が時間を単位として計算されるなど時間的な拘束（業務の性質上当然に存在する拘束を除く。）を受けるかどうか。

③　作業の具体的な内容や方法について報酬の支払者から指揮監督（業務の性質上当然に存在する指揮監督を除く。）を受けるかどうか。

④　まだ引渡しを了しない完成品が不可抗力のため滅失するなどした場合において、自らの権利として既に遂行した業務又は提供した役務に係る報酬の支払を請求できるかどうか。

⑤　材料又は用具等（くぎ材等の軽微な材料や電動の手持ち工具程度の用具等を除く。以下同じ。）を報酬の支払者から供与されているかどうか。

2　したがって、その個人の業務の遂行又は役務の提供について、例えば他人の代替が許容されること、報酬の支払者から時間的な拘束や指揮監督（業務の性質上当然に存在するものを除きます。）を受けないこと、引渡未了物件が不可抗力のために滅失した場合等に、既に遂行した業務又は提供した役務に係る報酬について請求することができないこと及び役務の提供に係る材料又は用具等を報酬の支払者から供与されていないこと等の事情がある場合には、事業所得と判定することとなります。

【参考】

○民法（抄）

623条　雇用は、当事者の一方が相手方に対して労働に従事することを約し、相手方がこれに対してその報酬を与えることを約することによって、その効力を生ずる。

632条　請負は、当事者の一方がある仕事を完成することを約し、相手方がその仕事の結果に対してその報酬を支払うことを約することによって、その効力を生ずる。

（所得区分の判定基準（1））

問4　次に掲げるような場合は、「他人が代替して業務を遂行すること又は役務を提供することが認められる」場合に該当しますか。

①　急病等により作業に従事できない場合には、本人が他の作業員を手配し、作業に従事しなかった日数に係る本件報酬も本人に支払われる場合（作業に従事した者に対する報酬は、本人が支払う。）

②　急病等により作業に従事できない場合には、報酬の支払者が他の作業員を手配し、作業に従事しなかった日数に係る本件報酬は当該他の作業員に支払われる場合

（答）

1　他人が代替して業務を遂行すること又は役務を提供することが認められることは、当該業務の遂行又は役務の提供の対価として受ける報酬に係る所得が事業所得に該当すると判定するための要素の一つとなります。これに対し、他人が代替して業務を遂行すること又は役務を提供することが認められないことは、当該所得が給与所得に該当すると判定するための要素の一つとなります。

2　事例①の場合は、本人が自己の責任において他の者を手配し、当該他の者が行った役務提供に係る報酬が本人に支払われるものであり、役務の提供を行った者が誰であるかにかかわらず、支払者から本人に報酬が支払われるものであることから、他人が代替して業務を遂行すること又は役務を提供することが認められています。

一方、事例②の場合は、支払者の責任において、他の者を手配し、他の者が行った役務提供に係る報酬が支払者から直接当該他の者に支払われるものであり、役務の提供を行った者に対してのみ報酬が支払われています。

3　したがって、事例①の場合は、「他人が代替して業務を遂行すること又は役務を提供することが認められる」場合に該当し、事例②の場合は、「他人が代替して業務を遂行すること又は役務を提供することが認められる」場合に該当しないことになります。

【参考】

○民法（抄）

625条第2項　労働者は、使用者の承諾を得なければ、自己に代わって第三者を労働に従事させることができない。

（所得区分の判定基準（2））

問5　次に掲げるような場合は、「報酬の支払者から作業時間を指定される、報酬が時間を単位として計算されるなど時間的な拘束（業務の性質上当然に存在する拘束を除く、以下同じ。）を受ける」場合に該当しますか。

① 作業時間を午前9時から午後5時までとされている場合

イ　午後5時までに予定されている作業が終わった場合には予定されている作業以外の作業にも従事する。また、午後5時までに予定されている作業が終わらず午後5時以降も作業に従事した場合には午後5時以降の作業に対する報酬が加算されて支払われる。

ロ　作業時間の指定は近隣住民に対する騒音の配慮によるものであり、午後5時までに予定されている作業が終わった場合には、午後5時前に帰宅した場合でも所定の報酬の支払を受けることができる。

② 作業の進行状況等に応じて、その日の作業時間を自らが決定できる場合

（答）

1　報酬の支払者から作業時間を指定される、報酬が時間を単位として計算されるなど時間的な拘束を受けることは、本件報酬に係る所得が給与所得に該当すると判定するための要素の一つになります。

2　事例①のイの場合は、作業の内容にかかわらず、午前9時から午後5時までの間、作業に従事したことに対して報酬が支払われる、すなわち、指定された時間作業に従事したことに基づいて報酬が支払われるものであることから、時間的な拘束を受けるものに該当します。

一方、事例①のロ及び②の場合には、作業時間に関係なく、作業内容に応じて報酬が支払われるものであることから、時間的な拘束を受けるものではありません。

3　したがって、事例①のイの場合は、「報酬の支払者から作業時間を指定されるなど時間的な拘束を受ける」場合に該当し、事例①のロ及び②の場合は、「報酬の支払者から作業時間を指定されるなど時間的な拘束を受ける」場合に該当しません。

なお、事例①のロについては、騒音を発生する作業を行う場合に、近隣住民への配慮から作業時間が指定されているものであり、作業実施上の条件であることから、ここにいう時間的な拘束には当たりません。

【参考】

○最判昭和 56 年４月 24 日（民集 35 巻３号 672 頁）

給与所得とは雇傭契約又はこれに類する原因に基づき使用者の指揮命令に服して提供した労務の対価として使用者から受ける給付をいう。なお、給与所得については、とりわけ、給与支給者との関係において何らかの空間的、時間的な拘束を受け、継続的ないし断続的に労務又は役務の提供があり、その対価として支給されるものであるかどうかが重視されなければならない。

○平成 19 年 11 月 16 日東京地裁（平成 20 年４月 23 日東京高裁、平成 20 年 10 月 10 日最高裁同旨）

本件各支払先による労務の提供及びこれに対する原告による報酬の支払は、雇用契約又はこれに類する原因に基づき、原告との関係において空間的（各仕事先の指定等）又は時間的（基本的な作業時間が午前８時から午後５時までであること等）な拘束を受けつつ、継続的に労務の提供を受けていたことの対価として支給されていたものと認めるのが相当である。

したがって、…本件各支払先に対する本件支出金の支払は、所得税法 28 条１項に規定する給与等に該当するものと認めることができる。

資　料

（所得区分の判定基準（3））

問6　次に掲げるような場合は、「作業の具体的な内容や方法について報酬の支払者から指揮監督（業務の性質上当然に存在する指揮監督を除く、以下同じ。）を受ける」場合に該当しますか。

①　現場監督等から、作業の具体的内容・方法等の指示がなされている場合

②　指示書等の交付によって、通常注文者が行う程度の作業の指示がなされている場合

③　他職種との工程の調整や事故の発生防止のために、作業の方法等の指示がなされている場合

（答）

1　作業の具体的な内容や方法について報酬の支払者から指揮監督を受けることは、本件報酬に係る所得が給与所得に該当すると判定するための要素の一つになります。

2　事例①の場合、報酬の支払者（現場監督等）から具体的内容・方法等の指示を受け、作業に従事するものであることから、指揮監督を受けていると認められます。

事例②の場合には、具体的な内容や方法は本人に委ねられているものであることから、指揮監督を受けていないと認められます。

事例③の場合には、他職種との工程の調整や事故の発生防止のために作業の方法等を指示するものであり、業務の性質上当然に存在する指揮監督であることから、本通達にいう報酬の支払者からの指揮監督には当たりません。

3　したがって、事例①の場合は、「作業の具体的な内容や方法について報酬の支払者から指揮監督を受ける」場合に該当し、事例②及び③の場合は、「作業の具体的な内容や方法について報酬の支払者から指揮監督を受ける」場合に該当しません。

【参考】

○昭和56年3月6日京都地裁（昭和57年11月18日大阪高裁同旨）

給与所得に該当するか否かは、既にみたとおり、労務の提供が使用者の指揮監督に服してなされているか、労務提供における危険と計算は誰が負っているかを基準に判断すべきであり、多種多様な給与所得者について労務提供における処遇上の差異があるからといって、その処遇が充分でない者の所得を給与所得でないとする根拠とはなりえない。

［認定］

（一）健康保険、失業保険、厚生年金保険の加入資格、職員組合、共済組合等の組合員資格のいずれをも有しない、（二）就業規則が適用されない、（三）専任教員についての賃金規則、退職金規程も適用されない、…（七）夏季、冬季の一時金が支給されないとの勤務形態、処遇にあること…が認められる。

（所得区分の判定基準（4））

問7　次に掲げるような場合は、「まだ引渡しを了しない完成品が不可抗力のため滅失するなどした場合において、自らの権利として既に遂行した業務又は提供した役務に係る報酬の支払を請求できる」場合に該当しますか。

①　完成品が、引渡し前に台風により損壊した場合であっても、提供した役務に対する報酬の支払を請求できる場合

②　完成品が、引渡し前に台風により損壊した場合には、提供した役務に対する報酬の支払を請求できない場合

（答）

1　まだ引渡しを了しない完成品が不可抗力のため滅失するなどした場合において、自らの権利として既に遂行した業務又は提供した役務に係る報酬の支払を請求できることは、本件報酬に係る所得が給与所得に該当すると判定するための要素の一つになります。

2　事例①及び②の場合は、いずれも台風という不可抗力のため、完成品が損壊したものですが、事例①の場合には報酬の支払が請求でき、事例②の場合には請求できないことから、事例①の場合は、「まだ引渡しを了しない完成品が不可抗力のため滅失するなどした場合において、自らの権利として既に遂行した業務又は提供した役務に係る報酬の支払を請求できる」場合に該当し、事例②の場合は、「まだ引渡しを了しない完成品が不可抗力のため滅失するなどした場合において、自らの権利として既に遂行した業務又は提供した役務に係る報酬の支払を請求できる」場合に該当しません。

【参考】

○平成19年11月16日東京地裁（平成20年4月23日東京高裁、平成20年10月10日最高裁同旨）

本件各支払先としては、原告に対し、ある仕事を完成することを約して（民法632条参照）労務に従事していたと認めることはできず（原告は本件各支払先に対し作業時間に従って労務の対価を支払っており、達成すべき仕事量が完遂されない場合にも、それを減額したりはしていない。）、労働に従事することを約して（同法623条参照）労務に従事する意思があったものと認めるのが相当であり、…本件各支払先に対する本件支出金の支払は、所得税法28条1項に規定する給与等に該当するものと認めることができる。

（所得区分の判定基準（5））

問8　次に掲げるような場合は、「材料又は用具等（くぎ材等の軽微な材料や電動の手持ち工具程度の用具等を除く、以下同じ。）を報酬の支払者から供与されている」場合に該当しますか。

① 手持ちの大工道具以外は報酬の支払者が所有する用具を使用している場合

② 報酬の支払者が所有する用具を使用せず、本人が所有する据置式の用具を建設作業等に使用している場合

（答）

1　材料又は用具等を報酬の支払者から供与されていることは、本件報酬に係る所得が給与所得に該当すると判定するための要素の一つになります。

2　事例①の場合には、作業に当たり、報酬の支払者が所有する用具を使用していることから、材料・用具等を供与されていると認められます。

一方、事例②の場合には、報酬の支払者が所有する用具を使用せず、自己が所有する据置式の用具を使用して作業を行っていることから、材料・用具等を供与されているとは認められません。

3　したがって、事例①の場合は、「材料又は用具等を報酬の支払者から供与されている」場合に該当し、事例②の場合は、「材料又は用具等を報酬の支払者から供与されている」場合に該当しません。

なお、事例②については、たとえ本人が手持ち工具程度の用具に該当しない用具を所有している場合であっても、本件報酬に係る建設作業等においてこれを使用していないときは、本件報酬に係る所得が事業所得に該当すると判定するための要素とはなりません。

【参考】

○平成19年11月16日東京地裁（平成20年4月23日東京高裁、平成20年10月10日最高裁同旨）

本件各支払先は、原告から指定された各仕事先において原告代表者又はA社の職員である現場代理人の指示に従い、基本的に午前8時から午後5時までの間、電気配線工事等の作業に従事し、（中略）各仕事先で使用する材料を仕入れたことはなかったこと、ペンチ、ナイフ及びドライバー等のほかに本件各支払先において使用する工具及び器具等その他営業用の資産を所持したことはなかったことなどが認められるところ、（中略）総合的に考慮すると、その労務の実態は、いわゆる日給月給で雇用される労働者と変わりがないものと認めることができるから、このような本件各支払先について、自己の計算と危険において独立して電気配線工事業等を営んでいたものと認めることはできない。

（総合勘案して所得区分を判定する場合（1））

問9　次のような場合、左官ＡがＢ社から受けた報酬に係る所得区分の判定はどのように行うのでしょうか。

［例］

契約関係：　書面契約はないが、口頭により、マンションの壁塗り等の作業を、1日当たり2万円の報酬で行っている。報酬の支払日は月ごとに決められている。

代替性の有無：　左官Ａが自己の判断で補助者を使用することは認められておらず、作業の進ちょくが遅れている場合には、Ｂ社が新たに左官Ｃを手配する。
　左官Ｃに対する報酬は、Ｂ社が支払う。

拘束性の有無：　左官ＡはＢ社の指示により午前8時から午後5時まで労務を提供しており、予定していた作業が午後5時までに終了した場合には、Ｂ社の指示により壁塗り以外の作業にも従事することがある。
　なお、予定していた作業が午後5時までに終了せず、午後5時以降も作業に従事した場合は、1時間当たり3千円の報酬が加算して支払われる。

指揮監督の有無：　左官Ａが作業する箇所や順番はＢ社から毎日指定される。

危険負担の有無：　工事途中に天災等で作業後の壁が破損し、再度作業を行うことになった場合であっても、左官Ａに対する報酬金額が減額されることはなく、作業日数に応じた報酬が支払われる。

材料等の供与の有無：　こての購入に係る費用は左官Ａが負担し、モルタルや脚立はＢ社が供与する。

（答）

　左官が壁塗り等の作業において業務を遂行し又は役務を提供したことの対価として支払を受けた報酬の所得区分は、当該報酬が、請負契約若しくはこれに準ずる契約に基づく対価であるのか、又は雇用契約若しくはこれに準ずる契約に基づく対価であるのかにより判定します。

　しかしながら、左官ＡとＢ社との間に書面契約が存在せず、契約関係が明らかでないため、所得区分については、事実関係を総合勘案して判定することになります。

　今回のケースは、①他人が代替して業務を遂行することが認められていないこと、②Ｂ社から時間的な拘束を受けること、③作業の具体的な内容や方法についてＢ社から詳細な指示を受けており指揮監督を受けること、④まだ引渡しを了しない完成品が不可抗力のため滅失し、再度役務を提供する場合において、既に提供した役務に係る報酬の支払を請求できること、⑤手持ち工具を除き、材料や用具等を負担していないことが認められます。

　したがって、左官Ａがマンションの壁塗り等の作業を行った対価としてＢ社から受けた報酬は、原則として給与所得の収入金額になります。

※　この回答は、事例における事実関係を前提とした一般的なものであり、納税者の方々が行う具体的な取引等に適用する場合においては、個々の事実関係に応じて所得区分を判定する必要があります。

資　料

（総合勘案して所得区分を判定する場合（２））

問10　次のような場合、とび職ＤがＥ社から受けた報酬に係る所得区分の判定はどのように行うのでしょうか。

［例］

契約関係：　書面契約はないが、口頭により、ビル木造住宅の建設に係る足場の組立て作業を行っている。足場の組立作業が全て終了した後に、所定の報酬が一括して支払われる。

代替性の有無：　とび職Ｄは、自己の判断で補助者を使用することが認められている。
　とび職Ｄが補助者としてとび職Ｆを手配した場合、報酬はすべてとび職Ｄに対して支払われ、とび職Ｆに対する報酬は、とび職Ｄが支払う。

拘束の有無：　とび職Ｄは、午前８時から午後５時まで労務を提供しているが、作業の進ちょく状況に応じて自己の判断で午後５時までに作業を終えたり、午後５時以降も作業を行ったりすることがある。
　なお、午後５時までに作業を終えた場合や、午後５時以降も作業を行った場合であっても、とび職Ｄに対して支払われる報酬が減算ないし加算されることはない。

指揮監督の有無：　Ｅ社は仕様書や発注書により基本的な作業を指示し、具体的な作業工程やその方法は、とび職Ｄが状況を見ながら判断して決定する。

危険負担の有無：　作業の途中に組み立てた足場が台風により崩れ、再度作業を行うことになった場合であっても、足場の組立作業が全て終了するまでは報酬が支払われず、また、報酬の額が加算されることはない。

材料等の供与の有無：　ワイヤロープやクレーンなどの材料及び用具はＥ社が供与している。

（答）

とび職が建設作業等において業務を遂行し又は役務を提供したことの対価として支払を受けた報酬の所得区分は、当該報酬が、請負契約若しくはこれに準ずる契約に基づく対価であるのか、又は雇用契約若しくはこれに準ずる契約に基づく対価であるのかにより判定します。

しかしながら、とび職ＤとＥ社との間に書面契約が存在せず、契約関係が明らかでないため、所得区分については、事実関係を総合勘案して判定することになります。

今回のケースは、①他人が代替して役務を提供することが認められていること、②Ｅ社から時間的な拘束を受けないこと、③具体的な作業工程やその方法についてＥ社から指揮監督を受けないこと、④作業の途中で不可抗力のため足場が崩れた場合に、既に提供した役務に係る報酬の支払を請求できないといった事実関係が認められるため、とび職Ｄが、建設作業等を行った対価としてＥ社から受けた報酬は、原則として事業所得の収入金額になります。

なお、とび職Ｄがワイヤロープやクレーンなどの材料及び用具を負担していないことが認められますが、このことだけをもってこの報酬が給与所得に該当するということはできません。

※　この回答は、事例における事実関係を前提とした一般的なものであり、納税者の方々が行う具体的な取引等に適用する場合においては、個々の事実関係に応じて所得区分を判定する必要があります。

（報酬の支払者における所得税の源泉徴収と消費税の仕入税額控除）

問11　個人事業者若しくは法人が、建設作業等に係る業務の遂行又は役務の提供を受けたことの対価として大工等に報酬を支払う場合、①所得税の源泉徴収、②消費税の仕入税額控除はどのように取り扱われますか。

（答）

1　個人事業者若しくは法人が、建設作業等に係る業務の遂行又は役務の提供を受けたことの対価として大工等に報酬を支払う場合における所得税の源泉徴収及び消費税の仕入税額控除については、本通達の判定基準によって給与所得に該当する場合と事業所得に該当する場合とで取扱いが異なることとなります。

2　報酬の支払者における所得税の源泉徴収と消費税の仕入税額控除は、以下のように取り扱うこととなります。

①　報酬の支払者における所得税の源泉徴収

居住者に対し国内において所得税法第 28 条第１項《給与所得》に規定する給与等の支払をする者は、その支払の際、その給与等について所得税を徴収し、その徴収の日の属する月の翌月 10 日までに、これを国に納付しなければならないこととされています（所法 183①）。

したがって、当該報酬が給与所得に該当する場合には給与所得として源泉徴収が必要となり、事業所得に該当する場合には源泉徴収が必要ないこととなります。

②　報酬の支払者における消費税の仕入税額控除

個人事業者及び法人が、国内において行う課税仕入れについては、消費税の仕入税額控除の対象となりますが、所得税法第 28 条第１項《給与所得》に規定する給与等を対価とする役務の提供を受けることは課税仕入れの範囲から除かれています（消法２①十二、消法 30①一）。

したがって、当該報酬が給与所得に該当する場合には仕入税額控除の対象となりませんが、事業所得（請負）に該当する場合には仕入税額控除の対象となります。

資　料

課個２－10
課法11－２
課審５－５
令和２年５月15日

各国税局長
沖縄国税事務所長　殿

国税庁長官
（官印省略）

新型コロナウイルス感染症に関連して使用人等が使用者から支給を受ける見舞金の所得税の取扱いについて（法令解釈通達）

標題のことについては、下記のとおり定めたから、これによられたい。

なお、この通達による取扱いについては、個々の具体的事案に妥当する処理を図るよう努められたい。

（趣旨）

新型コロナウイルス感染症に関連して使用人等が使用者から支給を受ける見舞金について、所得税法施行令第30条《非課税とされる保険金、損害賠償金等》の規定により非課税所得とされる見舞金に該当するものの範囲を明らかにするものである。

記

（用語の意義）

1　この通達において、次に掲げる用語の意義は、それぞれ次に定めるところによる。

⑴　新型コロナウイルス感染症	新型インフルエンザ等対策特別措置法（平成24年法律第31号）附則第１条の２第１項《新型コロナウイルス感染症に関する特例》に規定する新型コロナウイルス感染症をいう。
⑵　使用人等	役員（法人税法第２条第15号《定義》に規定する役員をいう。）又は使用人をいう。
⑶　緊急事態宣言	新型インフルエンザ等対策特別措置法第32条第１項《新型インフルエンザ等緊急事態宣言等》に規定する新型インフルエンザ等緊急事態宣言をいう。
⑷　給与等	所得税法第28条第１項《給与所得》に規定する給与等をいう。

（非課税とされる見舞金の範囲）

2　新型コロナウイルス感染症に関連して使用人等が使用者から支給を受ける見舞金のうち次に掲げる要件のいずれも満たすものは、所得税法施行令第30条の規定により非課税所得に該当することに留意する。

⑴　その見舞金が心身又は資産に加えられた損害につき支払を受けるものであること

⑵　その見舞金の支給額が社会通念上相当であること

⑶　その見舞金が役務の対価たる性質を有していないこと

（注）　緊急事態宣言が解除されてから相当期間を経過して支給の決定がされたものについては、非課税所得とされる見舞金に該当しない場合があることに留意する。

（心身又は資産に加えられた損害につき支払を受けるもの）

3　上記２⑴の「心身又は資産に加えられた損害につき支払を受けるもの」とは、例えば次のような見舞金が含まれることに留意する。

⑴　使用人等又はこれらの親族が新型コロナウイルス感染症に感染したため支払を受けるもの

⑵　緊急事態宣言の下において事業の継続を求められる使用者の使用人等で次のイ及びロに該当する者が支払を受けるもの（当該緊急事態宣言がされた時から解除されるまでの間に業務に従事せざるを得なかったことに基因して支払を受けるものに限る。）

イ　多数の者との接触を余儀なくされる業務など新型コロナウイルス感染症に感染する可能性が高い業務に従事している者

ロ　緊急事態宣言がされる前と比較して、相当程度心身に負担がかかっていると認められる者

（注）　事業の継続が求められる使用者に該当するかどうかの判定に当たっては、新型コロナウイルス感染症対策の基本的対処方針（令和２年３月28日新型コロナウイルス感染症対策本部決定）参照

⑶　使用人等又はこれらの親族が新型コロナウイルス感染症に感染するなどしてその所有する資産を廃棄せざるを得なかった場合に支払を受けるもの

（社会通念上相当の見舞金）

4　上記２⑵の「社会通念上相当」であるかどうかについては、次に掲げる事項を勘案して判断することに留意する。

⑴　その見舞金の支給額が、使用人等ごとに新型コロナウイルス感染症に感染する可能性の程度や感染の事実（５において「感染の可能性の程度等」という。）に応じた金額となっており、そのことが使用者の慶弔規程等において明らかにされているかどうか。

⑵　その見舞金の支給額が、上記⑴の慶弔規程等や過去の取扱いに照らして相当と認められるものであるかどうか。

（役務の対価たる性質を有していないこと）

5　例えば次のような見舞金は、上記2(3)の「役務の対価たる性質を有していない」ものには該当しないことに留意する。

(1)　本来受けるべき給与等の額を減額した上で、それに相当する額を支給するもの

(2)　感染の可能性の程度等にかかわらず使用人等に一律に支給するもの

(3)　感染の可能性の程度等が同じと認められる使用人等のうち特定の者にのみ支給するもの

(4)　支給額が通常の給与等の額の多寡に応じて決定されるもの

資　料

直法６－４
昭和60年２月21日

国税局長　殿
沖縄国税事務所長　殿

国税庁長官

永年勤続記念旅行券の支給に伴う課税上の取扱いについて

標題のことについて、日本放送協会から別紙２のとおり照会があり、これに対して当庁直税部長名をもって別紙１により回答したから了知されたい。

別紙１

直法６－３
昭和60年２月21日

日本放送協会人事部長
○○○○　殿

国税庁直税部長
○○○○

永年勤続記念旅行券の支給に伴う課税上の取扱いについて（昭60.2.15付照会に対する回答）

標題のことについては、貴見のとおり取り扱うこととして差し支えありません。

別紙２

昭和60年２月15日

国税庁直税部長
○○○○　殿

日本放送協会人事部長

永年勤続記念旅行券の支給に伴う課税上の取扱いについて（照会）

標題の件について、この度、表彰（永年勤続表彰）規程を改正し、下記の内容により一定の永年勤続者を対象として永年勤続記念旅行券支給制度を実施することとなりました。

この制度は、永年勤続者の表彰に当たり、その記念として実施するものであり、これにより表彰対象者が受けることとなる旅行券の支給に伴う経済的利益については、所得税基本通達（昭45.7.1付直審（所）30）36－21を適用し、課税を要しないものとして取り扱って差し支えないかお伺いします。

なお、当協会における表彰（永年勤続表彰）規程では、勤続者の勤続年数が満15年到達時に初回表彰を行い、その後５年ごとの間隔をおいて２回目以後の表彰を行うこととしていますが、上記の永年勤続記念旅行券支給制度は、この表彰制度の一環として行うものであることを念のため申し添えます。

記

1　支給対象者及び支給額

旅行券の支給対象者及び支給額は次のとおりとします。

支給対象者	支給額
満25年勤続者	10万円相当の旅行券
満35年勤続者	20万円相当の旅行券

2　支給の時期

旅行券の支給の時期は、採用の月から起算して上記１に掲げる勤続年数に達した月の翌月とします。

3　旅行券の送付

旅行券は、上記２の支給月の前月中旬に当協会人事部より各部局庶務部あてに送付します。

4　支給の手続

旅行券の支給は、各部局庶務部において所定の支給調書に必要事項（支給対象者の所属・氏名・採用年月・勤続年数・旅行券額等）を記入した上、支給対象者がこれに受領印を押印することにより行うこととします。

5　旅行の実施

⑴　旅行の実施は、旅行券の支給後１年以内とします。

⑵　旅行の範囲は、支給した旅行券の額からみて相当なもの（海外旅行を含みます。）とします。

6　旅行実施報告書の提出等

資　料

(1)　旅行券の支給を受けた者が当該旅行券を使用して旅行を実施した場合には、所定の報告書に必要事項（旅行実施者の所属・氏名・旅行日・旅行先・旅行社等への支払額等）を記載し、これに旅行先等を確認できる資料を添付して所属各部局庶務部に提出することとします。

(2)　旅行券の支給を受けた者が当該旅行券の支給後１年以内に旅行券の全部又は一部を使用しなかった場合には、当該使用しなかった旅行券は所属各部局庶務部に返還することとします。

昭和63年５月25日直法６－９（例規）、直所３－13

平成元年３月10日直法６－２（例規）、直所３－３により改正

平成５年５月31日課法８－１（例規）、課所４－５により改正

国税局長　殿

沖縄国税事務所長　殿

国税庁長官

所得税基本通達36－30（課税しない経済的利益・・・・・使用者が負担するレクリエーションの費用）の運用について（法令解釈通達）

標記通達のうち使用者が、役員又は使用人（以下「従業員等」という。）のレクリエーションのために行う旅行の費用を負担することにより、これらの旅行に参加した従業員等が受ける経済的利益については、下記により取り扱うこととされたい。

なお、この取扱いは、今後処理するものから適用する。

おって、昭和61年12月24日付直法６－13、直所３－21「所得税基本通達36－30（課税しない経済的利益・・・・・使用者が負担するレクリエーション費用）の運用について」通達は廃止する。

（趣旨）

慰安旅行に参加したことにより受ける経済的利益の課税上の取扱いの明確化を図ったものである。

記

資　料

使用者が、従業員等のレクリエーションのために行う旅行の費用を負担することにより、これらの旅行に参加した従業員等が受ける経済的利益については、当該旅行の企画立案、主催者、旅行の目的・規模・行程、従業員等の参加割合・使用者及び参加従業員等の負担額及び負担割合などを総合的に勘案して実態に即した処理を行うこととするが、次のいずれの要件も満たしている場合には、原則として課税しなくて差し支えないものとする。

⑴　当該旅行に要する期間が４泊５日（目的地が海外の場合には、目的地における滞在日数による。）以内のものであること。

⑵　当該旅行に参加する従業員等の数が全従業員等（工場、支店等で行う場合には、当該工場、支店等の従業員等）の50％以上であること。

課法２－15
課所４－24
査調４－29
平成12年10月11日

国税局長　殿
沖縄国税事務所長　殿

国税庁長官

海外渡航費の取扱いについて（法令解釈通達）

標題のことについて、その取扱いを下記のとおり定めたから、今後処理するものから、これにより適切に処理されたい。

なお、昭和42年８月21日付直法１－242ほか２課共同「海外渡航費の取扱いの実施について」（事務運営指針）は、廃止する。

（趣旨）

海外渡航費の取扱いについては、法人税基本通達第９章第７節第２款《海外渡航費》及び所得税基本通達第２編第１章第１節第２款法第37条《必要経費》関係の［海外渡航費］において基本的な考え方を明らかにしているところであるが、同業者団体等が主催して実施する海外視察等の機会に併せて観光が行われる場合の海外渡航費の取扱いの処理基準を整備することにより、海外渡航費について統一的な取扱いを図ることとする。

記

(海外渡航費に係る損金算入額又は必要経費算入額の計算

1　海外渡航費に係る損金算入額又は必要経費算入額の算定に当たっては、次に掲げる事項を具体的に説明する書類その他参考となる資料に基づき、その法人又は個人の海外視察等の動機、参加者の役職、業務関連性等を十分検討する。

(1)　団体旅行の主催者、その名称、旅行目的、旅行日程、参加費用の額等その旅行の内容

(2)　参加者の氏名、役職、住所

(注)　上記(1)を説明する資料については、必要に応じ、団体旅行の主催者等の所在地を所轄する税務署又は国税局を通じて入手する等、事実関係の的確な把握に努める。

(損金算入額又は必要経費算入額の計算の方法)

2　同業者団体等が行う視察等のための団体による海外渡航については、課税上弊害のない限り、その旅行に通常要する費用(その旅行費用の総額のうちその旅行に通常必要であると認められる費用をいう。以下同じ。)の額に、旅行日程の区分による業務従事割合を基礎とした損金又は必要経費算入の割合(以下「損金等算入割合」という。)を乗じて計算した金額を旅費として損金の額又は必要経費の額に算入する。

ただし、次に揚げる場合には、それぞれ次による。

(1)　その団体旅行に係る損金等算入割合が90%以上となる場合　その旅行に通常要する費用の額の全額を旅費として損金の額又は必要経費の額に算入する。

(2)　その団体旅行に係る損金等算入割合が10%以下となる場合　その旅行に通常要する費用の額の全額を旅費として損金の額又は必要経費の額に算入しない。

(注)　海外渡航の参加者である使用人に対する給与と認められる費

用は、給与として損金の額又は必要経費の額に算入する。

ただし、個人の事業専従者に対して支給した給与とされるものの必要経費算入については、所得税法第57条第１項又は第３項の規定の適用がある。

(3) その海外渡航が業務遂行上直接必要であると認められる場合(「業務従事割合」が50％以上の場合に限る。) その旅行に通常要する費用の額を「往復の交通費の額（業務を遂行する場所までのものに限る。以下同じ。)」と「その他の費用の額」とに区分し、「その他の費用の額」に損金等算入割合を乗じて計算した金額と「往復の交通費の額」との合計額を旅費として損金の額又は必要経費の額に算入する。

(4) 参加者のうち別行動をとった者等個別事情のある者がいる場合 当該者については、個別事情を斟酌して業務従事割合の算定を行う。

(損金等算入割合)

3 上記２に定める「損金等算入割合」は、業務従事割合を10％単位で区分したものとするが、その区分に当たり業務従事割合の10％未満の端数については四捨五入する。

(業務従事割合)

4 上記２に定める「業務従事割合」は、旅行日程を「視察等（業務に従事したと認められる日数)」、「観光（観光を行ったと認められる日数)」、「旅行日」及び「その他」に区分し、次の算式により計算した割合とする。

(算式)

$$\frac{「視察等の業務に従事したと認められる日数」}{「視察等の業務に従事したと認められる日数」+「観光を行ったと認められる日数」}$$

（日数の区分）

5　業務従事割合の計算の基礎となる日数の区分は、おおむね次による。

⑴　日数区分の単位

日数の区分は、昼間の通常の業務時間（おおむね８時間）を1.0日としてその行動状況に応じ、おおむね0.25日を単位に算出する。ただし、夜間において業務に従事している場合には、これに係る日数を「視察等の業務に従事したと認められる日数」に加算する。

⑵　視察等の日数

視察等の日数は、次に掲げるような視察等でその参加法人又は個人の業種業態、事業内容、事業計画等からみてその法人又は個人の業務上必要と認められるものに係る日数とする。

イ　工場、店舗等の視察、見学又は訪問

ロ　展示会、見本市等への参加又は見学

ハ　市場、流通機構等の調査研究等

ニ　国際会議への出席

ホ　海外セミナーへの参加

ヘ　同業者団体又は関係官庁等の訪問、懇談

⑶　観光の日数

観光の日数には、次に掲げるようなものに係る日数が含まれる。

イ　自由行動時間での私的な外出

ロ　観光に附随して行った簡易な見学、儀礼的な訪問

ハ　ロータリークラブ等その他これに準ずる会議で、私的地位に基づいて出席したもの

⑷　旅行日の日数

旅行日の日数は、原則として目的地までの往復及び移動に要した日数とするが、現地における移動日等の日数でその内容からみて「視察等の日数」又は「観光の日数」に含めることが相当と認められる日数（観光の日数に含めることが相当と認められる当該移動日

等の日数で、土曜日又は日曜日等の休日の日数に含まれるものを除く。）は、それぞれの日数に含める。

(5) その他の日数

その他の日数は、次に掲げる日数とする。

イ　土曜日又は日曜日等の休日の日数（(4)の旅行日の日数を除く。）。

ただし、これらの日のうち業務に従事したと認められる日数は「視察等の日数」に含め、その旅行の日程からみて当該旅行のほとんどが観光と認められ、かつ、これらの日の前後の行動状況から一連の観光を行っていると認められるような場合には「観光の日数」に含める。

ロ　土曜日又は日曜日等の休日以外の日の日数のうち「視察等」、「観光」及び「旅行日」に区分されない休養、帰国準備等その他の部分の日数。

（所轄国税局長との協議）

6　税務署長は、その海外渡航費の額が多額であること、業務関連性の判断が困難であること等の事由により所轄国税局長（沖縄国税事務所長を含む。以下同じ。）と協議することが適当と認められる場合には、所轄国税局長と協議の上その事案に応じた処理を行うものとする。

在留資格一覧表（令和２年９月現在）出入国在留管理庁

在留資格	本邦において行うことができる活動		該当例	在留期間
外交	日本国政府が接受する外国政府の外交使節団若しくは領事機関の構成員，条約若しくは国際慣行により外交使節と同様の特権及び免除を受ける者又はこれらの者と同一の世帯に属する家族の構成員としての活動		外国政府の大使，公使，総領事，代表団構成員等及びその家族	外交活動の期間
公用	日本国政府の承認した外国政府若しくは国際機関の公務に従事する者又はその者と同一の世帯に属する家族の構成員としての活動（この表の外交の項に掲げる活動を除く。）		外国政府の大使館・領事館の職員，国際機関等から公の用務で派遣される者等及びその家族	５年，３年，１年，３月，30日又は15日
教授	本邦の大学若しくはこれに準ずる機関又は高等専門学校において研究，研究の指導又は教育をする活動		大学教授等	５年，３年，１年又は３月
芸術	収入を伴う音楽，美術，文学その他の芸術上の活動（この表の興行の項に掲げる活動を除く。）		作曲家，画家，著述家等	５年，３年，１年又は３月
宗教	外国の宗教団体により本邦に派遣された宗教家の行う布教その他の宗教上の活動		外国の宗教団体から派遣される宣教師等	５年，３年，１年又は３月
報道	外国の報道機関との契約に基づいて行う取材その他の報道上の活動		外国の報道機関の記者、カメラマン	５年、３年、１年又は３月
高度専門職	１号 高度の専門的な能力を有する人材として法務省令で定める基準に適合する者が行う次のイからハまでのいずれかに該当する活動であって，我が国の学術研究又は経済の発展に寄与	イ　法務大臣が指定する本邦の公私の機関との契約に基づいて研究，研究の指導若しくは教育をする活動又は当該活動と併せて当該活動と関連する事業を自ら経営し若しくは当該機関以外の本邦の公私の機関との契約に基づいて研究，研究の指導若しくは教育をする活動	ポイント制による高度人材	５年

<table>
<tr><th>在留資格</th><th colspan="2">本邦において行うことができる活動</th><th>該当例</th><th>在留期間</th></tr>
<tr><td rowspan="3"></td><td rowspan="2">することが見込まれるもの</td><td>ロ　法務大臣が指定する本邦の公私の機関との契約に基づいて自然科学若しくは人文科学の分野に属する知識若しくは技術を要する業務に従事する活動又は当該活動と併せて当該活動と関連する事業を自ら経営する活動</td><td rowspan="3"></td><td rowspan="2"></td></tr>
<tr><td>ハ　法務大臣が指定する本邦の公私の機関において貿易その他の事業の経営を行い若しくは当該事業の管理に従事する活動又は当該活動と併せて当該活動と関連する事業を自ら経営する活動</td></tr>
<tr><td colspan="2">２号
　１号に掲げる活動を行った者であって，その在留が我が国の利益に資するものとして法務省令で定める基準に適合するものが行う次に掲げる活動
イ　本邦の公私の機関との契約に基づいて研究，研究の指導又は教育をする活動
ロ　本邦の公私の機関との契約に基づいて自然科学又は人文科学の分野に属する知識又は技術を要する業務に従事する活動
ハ　本邦の公私の機関において貿易その他の事業の経営を行い又は当該事業の管理に従事する活動
ニ　２号イからハまでのいずれかの活動と併せて行うこの表の教授，芸術，宗教，報道，法律・会計業務，医療，教育，技術・人文知識・国際業務，介護，興行，技能，特定技能２号の項に掲げる活動（２号イからハまでのいずれかに該当する活動を除く。）</td><td>無期限</td></tr>
<tr><td>経営・管理</td><td colspan="2">本邦において貿易その他の事業の経営を行い又は当該事業の管理に従事する活動（この表の法律・会計業務の項に掲げる資格を有しなければ法律上行うことができないこととされている事業の経営又は管理に従事する活動を除く。）</td><td>企業等の経営者・管理者</td><td>５年，３年，１年，６月，４月又は３月</td></tr>
</table>

在留資格	本邦において行うことができる活動	該当例	在留期間
法律・会計業務	外国法事務弁護士，外国公認会計士その他法律上資格を有する者が行うこととされている法律又は会計に係る業務に従事する活動	弁護士，公認会計士等	5年，3年，1年又は3月
医療	医師，歯科医師その他法律上資格を有する者が行うこととされている医療に係る業務に従事する活動	医師，歯科医師，看護師	5年，3年，1年又は3月
研究	本邦の公私の機関との契約に基づいて研究を行う業務に従事する活動（この表の教授の項に掲げる活動を除く。）	政府関係機関や私企業等の研究者	5年，3年，1年又は3月
教育	本邦の小学校，中学校，義務教育学校，高等学校，中等教育学校，特別支援学校，専修学校又は各種学校若しくは設備及び編制に関してこれに準ずる教育機関において語学教育その他の教育をする活動	中学校・高等学校等の語学教師等	5年，3年，1年又は3月
技術・人文知識・国際業務	本邦の公私の機関との契約に基づいて行う理学，工学その他の自然科学の分野若しくは法律学，経済学，社会学その他の人文科学の分野に属する技術若しくは知識を要する業務又は外国の文化に基盤を有する思考若しくは感受性を必要とする業務に従事する活動（この表の教授，芸術，報道，経営・管理，法律・会計業務，医療，研究，教育，企業内転勤，介護，興行の項に掲げる活動を除く。）	機械工学等の技術者，通訳，デザイナー，私企業の語学教師，マーケティング業務従事者等	5年，3年，1年又は3月
企業内転勤	本邦に本店，支店その他の事業所のある公私の機関の外国にある事業所の職員が本邦にある事業所に期間を定めて転勤して当該事業所において行うこの表の技術・人文知識・国際業務の項に掲げる活動	外国の事業所からの転勤者	5年，3年，1年又は3月
介護	本邦の公私の機関との契約に基づいて介護福祉士の資格を有する者が介護又は介護の指導を行う業務に従事する活動	介護福祉士	5年，3年，1年又は3月
興行	演劇，演芸，演奏，スポーツ等の興行に係る活動又はその他の芸能活動（この表の経営・管理の項に掲げる活動を除く。）	俳優，歌手，ダンサー，プロスポーツ選手等	3年，1年，6月，3月又は15日

在留資格	本邦において行うことができる活動		該当例	在留期間
技能	本邦の公私の機関との契約に基づいて行う産業上の特殊な分野に属する熟練した技能を要する業務に従事する活動		外国料理の調理師，スポーツ指導者，航空機の操縦者，貴金属等の加工職人等	5年，3年，1年又は3月
特定技能	1号	法務大臣が指定する本邦の公私の機関との雇用に関する契約（入管法第2条の5第1項から第4項までの規定に適合するものに限る。次号において同じ。）に基づいて行う特定産業分野（人材を確保することが困難な状況にあるため外国人により不足する人材の確保を図るべき産業上の分野として法務省令で定めるものをいう。同号において同じ。）であって法務大臣が指定するものに属する法務省令で定める相当程度の知識又は経験を必要とする技能を要する業務に従事する活動	特定産業分野に属する相当程度の知識又は経験を要する技能を要する業務に従事する外国人	1年，6月又は4月
	2号	法務大臣が指定する本邦の公私の機関との雇用に関する契約に基づいて行う特定産業分野であって法務大臣が指定するものに属する法務省令で定める熟練した技能を要する業務に従事する活動	特定産業分野に属する熟練した技能を要する業務に従事する外国人	3年，1年又は6月
技能実習	1号	イ　技能実習法上の認定を受けた技能実習計画（第一号企業単独型技能実習に係るものに限る。）に基づいて，講習を受け，及び技能等に係る業務に従事する活動	技能実習生	法務大臣が個々に指定する期間（1年を超えない範囲）

在留資格	本邦において行うことができる活動		該当例	在留期間
		ロ　技能実習法上の認定を受けた技能実習計画（第一号団体監理型技能実習に係るものに限る。）に基づいて，講習を受け，及び技能等に係る業務に従事する活動		
	2号	イ　技能実習法上の認定を受けた技能実習計画（第二号企業単独型技能実習に係るものに限る。）に基づいて技能等を要する業務に従事する活動		法務大臣が個々に指定する期間（2年を超えない範囲）
		ロ　技能実習法上の認定を受けた技能実習計画（第二号団体監理型技能実習に係るものに限る。）に基づいて技能等を要する業務に従事する活動		
	3号	イ　技能実習法上の認定を受けた技能実習計画（第三号企業単独型技能実習に係るものに限る。）に基づいて技能等を要する業務に従事する活動		法務大臣が個々に指定する期間（2年を超えない範囲）
		ロ　技能実習法上の認定を受けた技能実習計画（第三号団体監理型技能実習に係るものに限る。）に基づいて技能等を要する業務に従事する活動		
文化活動	収入を伴わない学術上若しくは芸術上の活動又は我が国特有の文化若しくは技芸について専門的な研究を行い若しくは専門家の指導を受けてこれを修得する活動（この表の留学，研修の項に掲げる活動を除く。）		日本文化の研究者等	3年，1年，6月又は3月

在留資格	本邦において行うことができる活動	該当例	在留期間
短期滞在	本邦に短期間滞在して行う観光，保養，スポーツ，親族の訪問，見学，講習又は会合への参加，業務連絡その他これらに類似する活動	観光客，会議参加者等	90日若しくは30日又は15日以内の日を単位とする期間
留学	本邦の大学，高等専門学校，高等学校（中等教育学校の後期課程を含む。）若しくは特別支援学校の高等部，中学校（義務教育学校の後期課程及び中等教育学校の前期課程を含む。）若しくは特別支援学校の中学部，小学校（義務教育学校の前期課程を含む。）若しくは特別支援学校の小学部，専修学校若しくは各種学校又は設備及び編制に関してこれらに準ずる機関において教育を受ける活動	大学，短期大学，高等専門学校，高等学校，中学校及び小学校等の学生・生徒	4年3月，4年，3年3月，3年，2年3月，2年，1年3月，1年，6月又は3月
研修	本邦の公私の機関により受け入れられて行う技能等の修得をする活動（この表の技能実習1号，留学の項に掲げる活動を除く。）	研修生	1年，6月又は3月
家族滞在	この表の教授，芸術，宗教，報道，高度専門職，経営・管理，法律・会計業務，医療，研究，教育，技術・人文知識・国際業務，企業内転勤，介護，興行，技能，特定技能2号，文化活動，留学の在留資格をもって在留する者の扶養を受ける配偶者又は子として行う日常的な活動	在留外国人が扶養する配偶者・子	5年，4年3月，4年，3年3月，3年，2年3月，2年，1年3月，1年，6月又は3月
特定活動	法務大臣が個々の外国人について特に指定する活動	外交官等の家事使用人，ワーキング・ホリデー，経済連携協定に基づく外国人看護師・介護福祉士候補者等	5年，3年，1年，6月，3月又は法務大臣が個々に指定する期間（5年を超えない範囲）

在留資格	本邦において行うことができる活動	該当例	在留期間
永住者	法務大臣が永住を認める者	法務大臣から永住の許可を受けた者（入管特例法の「特別永住者」を除く。）	無期限
日本人の配偶者等	日本人の配偶者若しくは特別養子又は日本人の子として出生した者	日本人の配偶者・子・特別養子	5年，3年，1年又は6月
永住者の配偶者等	永住者等の配偶者又は永住者等の子として本邦で出生しその後引き続き本邦に在留している者	永住者・特別永住者の配偶者及び本邦で出生し引き続き在留している子	5年，3年，1年又は6月
定住者	法務大臣が特別な理由を考慮し一定の在留期間を指定して居住を認める者	第三国定住難民，日系3世，中国残留邦人等	5年，3年，1年，6月又は法務大臣が個々に指定する期間（5年を超えない範囲）

用 語 索 引

さ

た

な

は

ま

や

ら

わ

〔編著者紹介〕

■ 編著者 ■

深澤　邦光（ふかざわ　くにみつ）

上尾税務署副署長、国税不服審判所副審判官、新津税務署長、関東信越国税局課税第二部資料調査第一課長、同法人課税課長、同課税第一部課税総括課長、同課税第一部次長、新潟税務署長を経て現在税理士

■ 著　者 ■

丸田　　均（まるた　ひとし）

杉並税務署副署長、関東信越国税局徴収部統括国税徴収官、国税不服審判所審判官、柏崎税務署長、関東信越国税局課税第二部法人課税課長、同課税第一部課税総括課長、同課税第一部次長、新潟税務署長を経て現在税理士

横山　　薫（よこやま　かおる）

税務大学校教育第一部教授、松本税務署副署長、東京国税不服審判所審判官、古河税務署長、関東信越国税局課税第二部資料調査第一課長、同法人課税課長、同課税第一部課税総括課長、名古屋国税不服審判所部長審判官、税務大学校関東信越研修所長、水戸税務署長を経て現在税理士

三訂版　多様な雇用形態をめぐる源泉徴収　Q&A

令和２年11月16日　初版印刷
令和２年12月４日　初版発行

編著　深　澤　邦　光

一般財団法人　大蔵財務協会　理事長
発行者　木　村　幸　俊

発行所　一般財団法人　大蔵財務協会
〔郵便番号　130-8585〕
東京都墨田区東駒形１丁目14番１号
(販　売　部) TEL03(3829)4141・FAX03(3829)4001
(出版編集部) TEL03(3829)4142・FAX03(3829)4005
http://www.zaikyo.or.jp

乱丁、落丁の場合は、お取替えいたします。
印刷　恵友社
ISBN 978-4-7547-2844-1